Anonymus

Compendiaria Graecae Grammatices

Anonymus

Compendiaria Graecae Grammatices

ISBN/EAN: 9783742848871

Manufactured in Europe, USA, Canada, Australia, Japa

Cover: Foto ©Andreas Hilbeck / pixelio.de

Manufactured and distributed by brebook publishing software (www.brebook.com)

Anonymus

Compendiaria Graecae Grammatices

COMPENDIARIA
GRÆCÆ
GRAMMATICES
INSTITUTIO
IN USUM
SEMINARII PATAVINI

Multo, quam antea, emendatior, atque auctior, ut indicat sequens Epistola.

PATAVII, MDCCLXXXIII.
Typis Seminarii. Apud Joannem Manfrè.
SUPERIORUM PERMISSU.

TYPOGRAPHUS LECTORI.

Grammaticam Græcam tibi do, veterem quidem illam meam, sed nonnullis locis emendatam, pluribus auctam. Additamenta, quæ apposita sunt, Verba Anomala præsertim spectant, Adverbia, Conjunctiones, Præpositiones, Syntaxim, & Prosodiam, quibus partibus, necessariæ cum sint, multa tamen deerant necessaria. In Præpositionibus amplificandis illud maxime spectatum est, ut majoribus præsidiis destituti Pueri quoddam quasi Lexicon haberent, in quo varias illarum significationes, & constructiones exiguo labore, minimaque impensa intuerentur. Plura darem, si re vera Lexicon, non Grammaticam instituerem. Quantumcumque hoc, & qualecumque est, æqui bonique fac; ejusque industriam, qui assiduis Scholarum distentus curis & cum Operis incæpit opus, & cum iisdem festinavit, proba; illudque scias, se in hac

Grammatica reperturum, quæ in aliis quibuslibet non reperies; ac plura in posterum habiturum, si hic tibi labor, hoc tuis commodis inserviendi studium non displicuerit. Illud quoque te monitum volo, siqua alia Editio hujus Grammaticæ ad te pervenerit cum hoc titulo: in usum Seminarii Patavini; sed ab aliis typis, quam nostris, profecta, eam in usus & commoda nostra non esse adornatam; sed ad conciliandos aliis emptores, & aucupium faciendum non suo titulo inscriptam. Vale.

GRÆ.

GRÆCORUM
LITERÆ
VIGINTI QUATUOR.

Nomen.	Figura.			Potestas.
Alpha	A	α		a
Bēta	B	β		b
Gamma	Γ	γ	Γ	g
Delta	Δ	δ		d
E psilon	E	ε		e
Zēta	Z	ζ		z
ēta	H	η		t
Thēta	Θ	ϑ	θ	th
Iota	I	ι		i
Cappa	K	κ		c, k
Lamda	Λ	λ		l
My	M	μ		m
Ny	N	ν		n
Xi	Ξ	ξ		x, cs
O micron	O	ο		o parvum
Pi	Π	π		p
Rho	P	ρ		r
Sigma	Σ	σ ς		ſ
Tau	T	τ ͳ		t
Y psilon	Υ	υ		y
Phi	Φ	φ		ph
Chi	X	χ		ch
Psi	Ψ	ψ		pſ
O mega	Ω	ω		o magnum

De quarumdam literarum pronuntiatione.

β pronuntiatur ut *b* latinum, tametsi quidam malint pronuntiare ut *v* consonans.

δ pronuntiatur ut *d* latinum, sed aliquanto blesius.

η a Græcis nostris pronuntiatur ut *i* latinum; sed revera magis accedere debet ad sonum literæ *e*; & quidem in *e* convertitur, quoties a Græcis ad Latinos migrat.

ο, & ω hodie pronuntiatione non distinguuntur; sed tamen credibile est, ω apud veteres Græcos aliquanto sonantius, ac plenius fuisse.

υ pronuntiari deberet ut *u* Gallicum, labris tamquam ad sibilum pressis; Græci nostri ita pronuntiant, quemadmodum *y* in vocibus latinis.

Diphthongi, ut ex ipso nomine patet, duplici sono pronuntiari deberent; sed jam usus obtinuit in Italia, & in Græcia, ut αι, η, οι, ου tamquam simplices vocales proferantur. Itaque αι, valet *æ*, η & οι valent *i*; ου valet *u*.

γ ante γ sonat perinde ut ν, ut ἀγγελ⊙, *nuncius*: item ante κ, ut πέφαγκα, *apparui*; ante ξ, ut λύγξ, *singultus*; & ante χ, ut ἔγχ⊙, *hasta*. Imo antiqua monumenta in his locis habent modo γ, modo ν.

NE-

NEXUS LITERARUM.

αι valet αι.		θρ valet θρ.		σπ valet σπ.	
ἀπό	ἀπό.	και	και.	ος	σσ.
ἀν	ἀν.	ξ	καί.	ς	στ.
αρ	αρ.	ϗ	καί.	χ	σχ.
ας	ας.	κ͞η	κατά.	τα	τα.
αυ	αυ.	κ͞ων	κῶν.	τ͞η	ταῖς.
αὐτ͞	αὐτοῦ.	λλ	λλ.	τε	τε.
αὐτ͞	αὐτοῦ.	μα	μα.	ται	ται.
γ͞	γάρ.	μ͞θ	μεθ.	τη	τη̃.
γ͞ν	γεν.	μ͞ν	μεν.	τ͞ης	τη̃ς.
γ͞	γρ.	μ͞τ	μετά.	τ͞ν	τν̃.
δ͞	δε.	μ͞ων	μῶν.	το	το.
δ͞ια	δια.	ȣ	ου.	τ͞ν	τον.
ει	ει.	ὀυδ	οὐδ.	τ͞ν	τω̃ν.
ει	ει.	ὀυκ	οὐκ.	τ͞	τω̃ν.
εἶναι	εἶναι.	παρα	παρα.	τ͞	τοῦ.
ἐκ	ἐκ.	περ	περ.	υ	ῦ.
ἐν	ἐν.	περι	περι.	υι	υι.
ἐξ	ἐξ.	πρ	πρ.	υν	υν.
ἐπι	ἐπι.	ρι	ρι.	υπ	ὐπ.
ἐστι	ἐστι.	σθ	σθ.	χρ	χρ.
εὐ	εὐ.	σθαι	σθαι.	ω	ω.
ἠν	ἠν.	σι	σι.	ω̃	ω̃.
	Θ͞ος	ȣ	ου		

Institutio Graeca
De Divisione Literarum.

Septem sunt Vocales, α, ε, η, ι, ο, υ, ω. Reliquæ omnes sunt Consonantes.
De Divisione Vocalium.

Vocales
- Longæ, η, ω.
- Breves, ε, ο.
- Ancipites, α, ι, υ.
- Mutabiles, α, ε, ο.
- Immutabiles, η, ι, υ, ω.
- Præpositivæ, α, ε, η, ο, ω.
- Subjunctivæ, ι, υ.

Dicuntur *longæ*, quia suapte natura producuntur: *Breves*, quia corripiuntur: *Ancipites*, quia alicubi producuntur, alicubi corripiuntur: *Mutabiles*, quia in quibusdam temporibus Verborum mutantur. *Immutabiles*, quia non mutantur: *Præpositivæ*, quia præcedunt in componendis diphthongis; *Subjunctivæ*, quia in componendis diphthongis subsequuntur.

De Diphthongis.

Diphthongi
- Propriæ, αι, αυ, ει, ευ, οι, ου.
  valent, æ, av, i, ev, i, u.
- Impropriæ, ᾳ, ῃ, ῳ, ηυ, υι, ωυ.
  valent, a, i, o, iv, yi, ou.
- Mutabiles, αι, αυ, οι.
- Immutabiles, ει, ευ, ου.

Appellantur Propriæ, quia, si recte pronuntientur, ut veteres pronuntiabant, duplicem sonum reddunt: *Impropriæ*, quia simplicem efficiunt sonum: *Mutabiles*, quia in quibusdam temporibus Verborum mutantur: *Immutabiles*, quia non mutantur.

De Divisione Consonantium.

Consonantes
- Mutæ.
- Semivocales.

Mutæ
- Tenues, π, κ, τ.
- Mediæ, β, γ, δ.
- Aspiratæ, φ, χ, θ.

Dicuntur *Tenues*, quia proferuntur minima spiritus copia; *Mediæ*, quia mediocri; *Aspiratæ*, quia maxima. Quoniam vero sola spiritus intensione differunt, facile una Tenuis migrat ad Mediam, vel Aspiratam sibi affinem.

Mu-

Mutæ inter se affines $\begin{cases} \pi, \beta, \phi, \\ \varkappa, \gamma, \chi, \\ \tau, \delta, \vartheta, \end{cases}$ *propter idem instrumentum* Labiorum. Palati. Dentium

Semivocales $\begin{cases} \text{Liquidæ, seu Immutabiles.} \\ \text{Duplices.} \end{cases}$

Liquidæ, λ, μ, ν, ρ.
Nuncupantur Liquidæ, quia post Mutam positæ quasi liquescunt. Immutabiles, quia non facile mutantur, ut aliæ consonantes in inflexionibus Nominum, & Verborum.

Duplices $\begin{cases} \zeta \\ \xi \\ \psi \end{cases}$ valent, $\begin{array}{l} \sigma\delta, \text{vel } \delta\sigma. \\ \varkappa\sigma, \gamma\sigma, \chi\sigma. \\ \pi\sigma, \beta\sigma, \phi\sigma. \end{array}$

σ, Semivocalis est suæ potestatis: *nec Liquida, nec Duplex; credita non vera litera, sed potius sibilus.*

De Accentibus.

Accentus sunt tres: Acutus ´: Θεός, Deus: Gravis `: τιμή, honor: Circumflexus ˜: ποιῶ, facio. Acutus habet locum in ultima syllaba, penultima, & antepenultima: Circumflexus in ultima, & penultima: Gravis tantum in ultima signatur, sed in omni syllaba intelligitur, in qua nullus est Accentus. Acutus, & Circumflexus attollunt syllabam: Gravis deprimit.

Omnis Acutus finalis in orationis contextu vertitur in Gravem: ut Θεὸς ἡμῶν: sed ἃς interrogativum semper Acutum retinet.

De Spiritibus.

Spiritus duo sunt: Lenis, sive Tenuis, ᾽: ut ἰς: Asper, sive Densus. ῾: ut ὁ:

Omnis dictio incipiens a vocali, vel diphthongo spiritum Lenem, vel Asperum accipit in principio: ut ὄρος, mons: ἑκατὼν, centum. Omnes dictiones incipientes ab ὐ, vel ῥ aspirantur. Sed si in medio ρ geminetur, prius Leni spiritu, alterum Aspero notatur, ut ἔῤῥωσο, vale.

De Apostropho.

Apostrophus ᾽ est nota rejectæ vocalis ob vocalem sequentem.

Rejiciuntur per Apostrophum vocales, α, ε, ι, ο,

di-

diphthongi αι, οι: ut κατ' αὐτῶν, pro κατα αὐτῶν: βι-
λομ' ἐγώ, pro βύλομαι ἐγώ.

Si post Apostrophum sequitur vocalis, aut diphthongus Aspirata, tunc præcedens Tenuis, vel una, vel
duæ, mutantur in suas Aspiratas; ut ἀφ' ἕ, pro ἀπὸ
ἕ: νύχθ' ὅλην, pro νύκτα ὅλην.

De Partibus Orationis.

Octo sunt partes Orationis: Articulus, Nomen,
Pronomen, Verbum, Participium, Adverbium, Con-
junctio, Præpositio.

Numeri sunt tres: Singularis, Dualis, Pluralis.

Casus sunt quinque: Nominativus, Genitivus, Dativus, Accusativus, Vocativus.

Genera sunt tria: Masculinum, Fœmininum, Neutrum.

De Articulo.

Articulus duplex est: Præpositivus, ὁ, ἡ, τό, hic,
hæc, hoc: *apud Italos, il, la, lo*: Subjunctivus, ὅς,
ἥ, ὅ, qui, quæ, quod.

Articulus Præpositivus.

	Singular.				Dual.		Plural.			
	N.	G.	D.	A.	N.A.	G.D.	N.	G.	Da.	A.
Masc.	ὁ,	τοῦ,	τῷ,	τόν.	τώ,	τοῖν.	οἱ,	τῶν,	τοῖς,	τούς.
Fœm.	ἡ,	τῆς,	τῇ,	τήν.	τά,	ταῖν.	αἱ,	τῶν,	ταῖς,	τάς.
Neut.	τό,	τοῦ,	τῷ,	τό.	τώ,	τοῖν.	τά,	τῶν,	τοῖς,	τά.

Articulus Subjunctivus.

	Singular.				Dual.		Plural.			
	N.	G.	D.	A.	N.A.	G.D.	N.	G.	Da.	A.
Masc.	ὅς,	οὗ,	ᾧ,	ὅν.	ὥ,	οἷν.	οἵ,	ὧν,	οἷς,	οὕς.
Fœm.	ἥ,	ἧς,	ᾗ,	ἥν.	ἅ,	αἷν.	αἵ,	ὧν,	αἷς,	ἅς.
Neut.	ὅ,	οὗ,	ᾧ,	ὅ.	ὥ,	οἷν.	ἅ,	ὧν,	οἷς,	ἅ.

De Nomine.

Nominum Declinationes sunt decem: Quinque nominum Simplicium: Quinque nominum Contractorum.
Quatuor priores Declinationes Simplicium sunt pari-
syllabæ, idest non crescentes in genitivo. Quinta vero est imparisyllaba, in genitivo crescens; ex qua oriuntur omnes Declinationes Contractorum.

SIMPLICIUM

Declinatio Prima.

Duas habet terminationes, ας, & ης, generis tantum masculini, ut ὁ αἰνείας, Æneas, ὁ χρύσης, Chryses: sed ὁ, ἢ ἡ λῃςής, latro, communis generis, ut aliqui volunt.

Sing. Nom. ὁ αἰνείας, Gen. τῶ αἰνείω, Dat. τῷ αἰνείᾳ, Acc. τὸν αἰνείαν, Voc. ὦ αἰνεία.
Dual. Nom. Acc. Voc. τὼ αἰνεία, Genit. & Dat. τοῖν αἰνείαιν.
Plur. Nom. οἱ αἰνέαι, Gen. τῶν αἰνειῶν, Dat. τοῖς αἰνείαις, Acc. τὰς αἰνείας. Voc. ὦ αἰνέαι.
Sing. Nom. ὁ χρύσης, Gen. τῶ χρύσω. Dat. τῷ χρύσῃ, Acc. τὸν χρύσην, Voc. ὦ χρύση.
Dual. Nom. Acc. Voc. τὼ χρύσα, Gen. & Dat. τοῖν χρύσαιν.
Plural. Nom. οἱ χρύσαι, Gen. τῶν χρυσῶν, Dat. τοῖς χρύσαις, Acc. τὰς χρύσας, Voc. ὦ χρύσαι.

Omnis Genitivus pluralis definit perpetuo in ων.

In prima autem, & secunda Declinatione semper circumflectitur in ultima. Excipe tamen fœminea a masculinis tertiæ ducta, ut ἡ ἁγία, τῶν ἁγίων.

Dativus singularis in quatuor primis Declinationibus habet ι semper subscriptum, scilicet ᾳ, ῳ, ῃ, ῳ, punctulo subjecto.

Quædam nomina in ας *Dorice declinata formant* Gen. *in* α, *ut* ὁ θωμᾶς, τῶ θωμᾶ.

Attice Vocativus est idem cum nominativo in omni declinatione: in hac autem prima Vocativi quidem in α, Attice, & poetice pro nominativis usurpantur.

Exceptio.

Nomina in της, ut προφήτης, propheta; Gentilia, ut Σκύθης, Scytha; Poetica in της, ut κωμότης, impudens; Composita a πωλῶ vendo, ut βιβλιοπώλης, librorum venditor; a μετρῶ metior, ur γεωμέτρης, terræ mensor, a τρίβω tero, ut παιδοτρίβης, puerorum
præ-

præceptor, formant Vocativum in α breve, ut ὦ προ-
φῆτα, ὦ σκύθα, &c.
Sing. Nom. ὁ κριτής, judex, Gen. τῶ κριτῶ, Dat.
τῷ κριτῇ, Acc. τὸν κριτὴν, Voc. ὦ κριταί.
Dual. Nom. Acc. Vocat. τὼ κριτά, Gen. & Dat.
τοῖν κριταῖν.
Plural. Nom. οἱ κριταὶ, Gen. τῶν κριτῶν, Dat. τοῖς
κριταῖς, Acc. τὰς κριτὰς, Voc. ὦ κριταί.

Declinatio Secunda.

Duas complectitur terminationes, α, & η, generis
fœminini, ut ἡ μοῦσα, musa, ἡ τιμή, honor.
Sing. Nom. ἡ μοῦσα, Gen. τῆς μούσης, Dat. τῇ μού-
σῃ, Acc. τὴν μοῦσαν, Vocat. ὦ μοῦσα.
Dual. Nom. Acc. Voc. τὰ μούσα, Gen. & Dat. ταῖν
μούσαιν.
Plur. Nom. αἱ μοῦσαι, Gen. τῶν μουσῶν, Dat. ταῖς
μούσαις, Acc. τὰς μούσας, Voc. ὦ μοῦσαι.
Sing. Nom. ἡ τιμή, Gen. τῆς τιμῆς, Dat. τῇ τιμῇ,
Acc. τὴν τιμήν, Voc. ὦ τιμή.
Dual. Nom. Acc. Voc. τὰ τιμά, Gen. & Dat. ταῖν
τιμαῖν.
Plural. Nom. αἱ τιμαὶ, Gen. τῶν τιμῶν, Dat. ταῖς
τιμαῖς, Acc. τὰς τιμὰς, Voc. ὦ τιμαί.
Sing. Nom. ἡ λύπη, dolor. Gen. τῆς λύπης, Dat.
τῇ λύπῃ, Acc. τὴν λύπην, Voc. λύπη.
Dual. Nom. Accus. Voc. τὰ λύπα, Gen. & Dat.
ταῖν λύπαιν.
Plur. Nom. αἱ λῦπαι, Gen. τῶν λυπῶν, Dat. ταῖς
λύπαις, Acc. τὰς λύπας, Voc. ὦ λῦπαι.

Exceptio.

Finita in δα, θα, ρα, & α purum, retinent in toto singulari α. Itaque Genitivus est in ας; Dativus in
ᾳ: Sic Ἀθηνᾶ, Minerva, Ναυσικᾶ, Nausica, μνᾶ, mina, contracta ex Ἀθηναία, Ναυσικάα, μνάα. His adde Θέκλα, Thecla, Genit. ας, Dat. ᾳ. Dicitur α purum, cum vocalis, vel diphthongus præcedit α.
Sing. Nom. ἡ φιλία, amicitia Gen. τῆς φιλίας, Dat.
τῇ φιλίᾳ, Acc. τὴν φιλίαν, Voc. ὦ φιλία.
Dual.

Grammatices. 13

Dual. Nom. Acc. Vocat. τὰ φιλία, Gen. & Dat. ταῖν φιλίαιν.

Plural. Nom. αἱ φιλίαι, Gen. τῶν φιλιῶν, Dat. ταῖς φιλίαις, Acc. τὰς φιλίας. Voc. ὦ φιλίαι.

Sing. Nom. ἡ γέφυρα, pons, Gen. τῆς γεφύρας, Dat. τῇ γεφύρᾳ, Acc. τὴν γέφυραν, Voc. ὦ γέφυρα.

Dual. Nom. Acc. Voc. τὰ γεφύρα, Gen. & Dat. ταῖν γεφύραιν.

Plur. Nom. αἱ γέφυραι, Gen. τῶν γεφυρῶν, Dat. ταῖς γεφύραις, Acc. τὰς γεφύρας, Voc. ὦ γέφυραι.

Quædam nomina secundæ Declinationis in Dativo, & Accusativo singulari patiuntur Metaplasmum, ut ἀλκὶ, pro ἀλκῇ, robori, & plurima augentur syllabis φι, & φιν, ut θύρα, janua, θύρῃφι.

Declinatio Tertia.

Duas continet terminationes, ☼, & ον. ☼ masculini, fœminini, & communis generis; ον neutrius: ut ὁ καρπὸς, fructus; τὸ ξύλον, lignum, &c.

Sing. Nom. ὁ καρπὸς, fructus; Gen. τοῦ καρποῦ, Dat. τῷ καρπῷ, Acc. τὸν καρπὸν, Voc. ὦ καρπέ.

Dual. Nom. Acc. Voc. τὼ καρπὼ, Gen. & Dat. τοῖν καρποῖν.

Plur. Nom οἱ καρποὶ, Gen. τῶν καρπῶν, Dat. τοῖς καρποῖς, Acc. τοὺς καρποὺς, Voc. ὦ καρποί.

Sing. Nom. ὁ λόγος, sermo, Gen. τοῦ λόγου, Dat. τῷ λόγῳ, Acc. τὸν λόγον, Voc. ὦ λόγε.

Dual. Nom. Acc. Voc. τὼ λόγω, Gen. & Dat. τοῖν λόγοιν.

Plur. Nom. οἱ λόγοι, Gen. τῶν λόγων, Dat. τοῖς λόγοις, Acc. τοὺς λόγους, Voc. ὦ λόγοι.

Sing. Nom. ἡ ἄμπελος, vitis, Gen. τῆς ἀμπέλου, Dat. τῇ ἀμπέλῳ, Acc. τὴν ἄμπελον. Voc. ὦ ἄμπελε.

Dual. Nom. Acc. Voc. τὰ ἀμπέλω, Gen. & Dat. ταῖν ἀμπέλοιν.

Plur. Nom. αἱ ἄμπελοι, Gen. τῶν ἀμπέλων, Dat. ταῖς ἀμπέλοις, Acc. τὰς ἀμπέλους, Voc. ὦ ἄμπελοι.

Sing. Nom. ὁ, ἡ ἄνθρωπος, hic, & hæc homo, Gen. τοῦ, ἡ τῆς ἀνθρώπου, Dat. τῷ, ἡ τῇ ἀνθρώπῳ, Acc. τὸν, ἡ τὴν ἄνθρωπον, Voc. ἄνθρωπε.

Dual.

Dual. Nom. Accuſ. Voc. τὼ, ἢ τὰ ἀνθρώπω, Gen. & Dat. τοῖν, ἢ τοῖν ἀνθρώποιν.

Plur. Nom. οἱ, ἢ αἱ ἄνθρωποι, Gen. τῶν ἀνθρώπων. Dat. τοῖς, ἢ ταῖς ἀνθρώποις, Acc. τοὺς, ἢ τὰς ἀνθρώπους. Voc. ὦ ἄνθρωποι.

Sing. Nom. τὸ ξύλον, Gen. τοῦ ξύλου, Dat. τῷ ξύλῳ, Acc. τὸ ξύλον, Voc. ὦ ξύλον.

Dual. Nom. Acc. Voc. τὼ ξύλω, Gen. & Dat. τοῖν ξύλοιν.

Plur. Nom τὰ ξύλα, Gen. τῶν ξύλων, Dat. τοῖς ξύλοις, Accuſ. τὰ ξύλα, Voc. ὦ ξύλα.

Poetice Dativus, & Accuſativus ſingularis, & Dativus pluralis mutantur per Metaplaſmum, ut παρθένι pro παρθένῳ, ἄτρασι, pro ἄτροις, σάββασι pro σαββάτοις. Pauca patiuntur Apocopen, ut ἔρι pro ἔριον, lana: & nonnullis φι & φιν, adjungitur, ut ςρατόφι, pro ςρατὸς, exercitus.

Quarta Declinatio Atticorum propria.

Duas habet terminationes, ως & ων · ως maſculini, fœminini, & communis generis, & ων neutrius, ut ὁ μενέλεως, Menelaus, τὸ ἄγεων, fertile.

Sing. Nom. ὁ μενέλεως, Gen. τοῦ μενέλεω, Dat. τῷ μενέλεῳ, Acc. τὸν μενέλεων, Voc. ὦ μενέλεως.

Dual. Nom. Acc. Voc. τὼ μενέλεω, Gen. & Dat. τοῖν μενέλεῳν.

Plur. Nom. οἱ μενέλεῳ, Gen. τῶν μενέλεων, Dat. τοῖς μενέλεῳς, Acc. τοὺς μενέλεως, Voc. ὦ μενέλεῳ.

Singul. Nom. τὸ ἄγεων. Gen. τοῦ ἄγεω, Dat. τῷ ἄγεῳ. Accuſ. τὸ ἄγεων, Voc. ὦ ἄγεων.

Dual. Nom. Acc. Voc. τὼ ἄγεω, Gen. & Dat. τοῖν ἀγεῳν.

Plural. Nom. τὰ ἄγεω, Gen. τῶν ἄγεων, Dat. τοῖς ἄγεῳς, Acc. τὰ ἄγεω, Voc. ὦ ἄγεω.

Quinque nomina hujus Declinationis formant Accuſativum in ω: uti ἄθως, ἄθω, Atho mons, ἕως, ἕω, aurora, κέως, κέω, Ceos inſula, κῶς, κῶ, Cos inſula, λαγώς, λαγώ, lepus.

Veteres Attici ν finalem ex accuſativo removerunt, ut

ἀγή-

Grammatices. 15

ἀγύρω pro ἀγήρων. *Unicum est nomen hujus Declinationis in* ως *neutrius generis:* τὸ χρέως, *debitum*.

Quinta Declinatio imparisyllaba.

Novem habet terminationes, quatuor vocales, α, ι, υ, ω, & quinque consonantes, ν, ρ, σ, ξ, ψ: genera vero comprehendit omnia.

Sing. Nom. ὁ πᾶν, Titan. Gen. τοῦ πᾶντος. Dat. τῷ πᾶνι, Acc. τὸν πᾶντα, Voc. ὦ πᾶν.

Dual. Nom. Acc. Voc. τὼ πᾶντε, Gen. & Dat. τοῖν πτάνοιν.

Plural. Nom. οἱ πᾶντες, Gen. τῶν πτάνων, Dat. τοῖς πᾶσι, Acc. τοὺς πᾶντας, Voc. ὦ πᾶντες.

Sing. Nom. ἡ λαμπάς, lucerna, Gen. τῆς λαμπάδος, Dat. τῇ λαμπάδι, Acc. τὴν λαμπάδα, Voc. ὦ λαμπάς.

Dual. Nom. Acc. Voc. τὰ λαμπάδε, Gen. & Dat. ταῖν λαμπάδοιν.

Plural. Nom. αἱ λαμπάδες, Gen. τῶν λαμπάδων, Dat. ταῖς λαμπάσι, Acc. τὰς λαμπάδας. Voc. ὦ λαμπάδες.

Sing. Nom. τὸ σῶμα, Gen. τοῦ σώματος, Dat. τῷ σώματι, Acc. τὸ σῶμα, Voc. ὦ σῶμα.

Dual. Nom. Acc. Voc. τὼ σώματε, Gen. & Dat. τοῖν σωμάτοιν.

Plur. Nom. τὰ σώματα, Gen. τῶν σωμάτων, Dat. τοῖς σώμασι, Acc. τὰ σώματα, Voc. ὦ σώματα.

Accusativus definit in α.

Exceptiones.

Nomina in ις, & υς, pura in genitivo, formant Accusativum in ιν, & υν: ut ὁ ὄφις serpens, τὸν ὄφιν, ὁ βότρυς, racemus, τὸν βότρυν.

Gravitona in ις, & υς, non pure declinata, utramque retinent terminationem, α, & ν: ut ἡ ἔρις, contentio, τὴν ἔριδα, & ἔριν. ὁ τέτλυς, advena, τὸν τέτλαδα, & τέτλυν.

Nomina in αυς, & υς, formant accusativum in αυν, & υν, ut γραῦς, anus, γραῦν. βοῦς, bos, βοῦν, poetice βόα. Sed πούς, pes, habet πόδα, & ὀδούς, dens, ὀδόντα.

Ve-

Vocativus similis est Nominativo.

Exceptiones.

Nomina, quæ declinantur in Genitivo per αντος, ut ὁ Θόας, Θόαντος, Thoas: per εντος, ut, ὁ χαρίεις, χαρίεντος, gratiosus: per οντος, ut ὁ γέρων, γέροντος, senex; formant Vocativum ablato τος Genitivi: ut ὦ Θόαν, ὦ χαρίεν, ὦ γέρον. Adjectiva tamen in εις habent Vocativum etiam in η, ut ὦ χαρίη.

Excluduntur ab hac regula omnia Participia, itemque nomina propria in ης: horum enim Vocativus similis est Nominativo: ut ὁ τύψας, τύψαντος, ὦ τύψας: ὁ τυφθείς, τυφθέντος, ὦ τυφθείς: ὁ τύπτων, τύπτοντος, ὦ τύπτων: ὁ Κλήμης, εντος, ὦ Κλήμης, Clemens: ὁ Οὐάλης, εντος, ὦ Οὐάλης, Valens.

Adjectiva in ην, ut ὁ, ἡ ἡ τέρην, τέρενος, tener, & Gravitona in ωρ, ut ὁ παντοκράτωρ, παντοκράτορος, omnipotens, ὁ Νέςωρ, Νέςορος, Nestor; & in ας, ανος, ut ὁ μέλας, μέλανος, niger; & in ων, ονος, ut δαίμων, δαίμονος, formant Vocativum ablato ος Genitivi: ut ὦ τέρεν, ὦ παντοκράτωρ, ὦ Νέςορ, ὦ μέλαν, ὦ δαῖμον.

Gravitona in ηρ formant vocativum in ερ, ut ἡ μήτηρ, mater, ὦ μῆτερ: & quatuor acutitona, ὁ πατήρ, pater, ὁ δαήρ, levir, ὁ ἀνήρ, vir, ὁ σωτήρ, salvator, ὦ πάτερ, δᾶερ, ἄνερ, σῶτερ.

Nomina in ευς, & υς abjiciunt σ: ut βασιλεύς, rex, ὦ βασιλεῦ: præter πούς pes, ὦ πούς: (ambiguum id tamen in δίπους, & cæteris compositis) & ὀδούς, dens, ὦ ὀδούς, & participia δούς, & γνούς.

Gravitona in ις, & υς, ut ὁ ὄφις serpens, ὁ βότρυς, botrus; & adjectiva acutitona in υς: ut ὀξύς, acutus, itemque monosyllaba in υς, ut ὁ μῦς, mus: amittunt σ in Vocativo: ut ὦ ὄφι, ὦ βότρυ, ὦ ὀξύ, ὦ μῦ. Substantiva acutitona, in ις, & υς; ut ἡ πατρίς, patria; ἡ χλαμύς, chlamys; retinent σ in Vocativo: ut ὦ πατρίς, ὦ χλαμύς.

No-

Grammatices.

Nomen ὁ, ἡ παῖς, puer, & puella, Vocativum habet, ὦ παῖ. Sed ejus composita retinent σ: ut ὁ, ἡ ἄπαις, expers liberorum, ὦ ἄπαις. ὁ ἡ εὔπαις, prole felix, ὦ εὔπαις.

De Dativo Plurali.

Dativus pluralis formatur vel a Dativo singulari assumendo σ ante ι, & abjiciendo δ, θ, ν, τ, vel a nominativo singulari, addendo ι in nominibus exeuntibus in ξ, ψ, vel diphthongo, ut Ἄραψ, Arabs, Ἄραψι. βασιλεύς, rex βασιλεῦσι. κόραξ, corvus, κόραξι. βοῦς, bos, βουσί. At πούς, pes, ποσί.

Cum penultima Dativi singularis est longa positione, fit longa etiam in Dativo plurali addendo ι post ε, & υ post ο; ita ut, quæ habent in Dativo singulari ειτι, habeant in Dativo plurali εισι· quæ vero ουσι, habeant ουσι: ut τιθέντι, τιθεῖσι· λέοντι, λέουσι.

Nomina, quæ Syncopen patiuntur, formant Dativum pluralem in ασι, ut πατήρ, πατρός, πατράσι. μήτηρ, μητρός, μητράσι. Sed in Accusativo singulari πατέρα, & μητέρα, tantum leguntur; quia πάτρα, patriam, & μήτρα, matricem significant.

Dativis pluralibus in σι, & personis verborum desinentibus in ε, vel σι, itemque tertiæ personæ singulari verbi εἰμὶ, additur ν, cum vocalis vel diphthongus subsequitur: ut λέουσιν ἐκείνοις: ἔτυπτεν αὐτὸν: τύπτουσιν ἐκεῖνον. Quod aliquando fieri solet, etiamsi consonans subsequatur, præsertim in fine periodi.

Dativus Poeticus formatur a genitivo singulari mutando ου *in* εσι, *vel* εσσι· *ut* ἥρωος, ἡρώεσι, & ἡρώεσσι, *heros.* ἔπεος, ἐπέεσσι, *verbum*.

Quibusdam neutris hujus declinationis in ος *additur Syllaba* φι, & *φιν verso* ο *in* ε: *ut* τὸ στῆθος, pectus, στήθεσφι· τὸ ὄρος, mons, ὄρεσφι· τὸ ὄχος, currus, ὄχεσφι. *In fœmininis vero in* ων, *abjicitur* σ *genitivi: ut* ἡ κοτυληδών, coxa, κοτυληδόνος, κοτυληδονόφι: ἡ μελεδών, cura, μελεδονόφι.

Apocope etiam accidit in hac declinatione in omnibus casibus singularibus: ut in Nominativo τὸ σκέπα, *pro* σκέπασμα, *tegmen. In Genitivo,* τῶ αἰῶ, *pro* αἰῶνος.

B   *In*

In Dativo, τῇ δα΄, pro δαίδι, pugna : παράκοιτι pro παρακοίτιδι, uxori: τῷ ἱδρῷ, pro ἱδρῶτι, sudori. In Accusativo, τὸν Ἀπόλω, pro Ἀπόλωνα. τὸν ἱδρῶ pro ἱδρῶτα, sudorem. In Vocativo, ὦ Λαοδάμα, pro Λαοδάμαν, Laodamas. Αἶα, pro Αἴαν, Ajax.

Nomina ad confirmandum usum Declinationum Simplicium.

Primæ.

ὁ ταμίας, *quæstor.*   ὁ ἱπποπώλης, *equorum venditor.*
ὁ μεσσίας, *Messias.*
ὁ ἀγχίσης, *Anchises.*   ὁ σιτομέτρης, *mensor frumenti.*
ὁ μαθητής, *discipulus.*
ὁ προφήτης, *propheta.*   ὁ οἰκοτρίβης, *verna.*

Secundæ.

ἡ δόξα, *gloria.*   ἡ σελήνη, *luna.*
ἡ ἀρετή, *virtus.*   ἡ λήδα, *Leda.*
ἡ ἄκανθα, *spina.*   ἡ μάχαιρα, *gladius.*
ἡ χαρά, *gaudium.*   ἡ σοφία, *Sapientia.*

Tertiæ.

ὁ θυμός, *animus.*   ἡ παρθένος, *virgo.*
ὁ φόβος, *timor.*   ἡ σύνοδος, *conventus.*
ὁ, ἡ ἔνδοξος, *gloriosus.*   τὸ ἔργον, *opus.*

Quartæ.

ὁ νεώς, *templum.*   ὁ, ἡ βαθύγεως, *profundus.*
ὁ ἄνεως, *tacitus.*   ὁ, ἡ δίκερως, *bicornis.*
ὁ νικόλεως, *Nicolaus.*   τὸ ἀνώγεων, *cœnaculum.*
ἡ ἅλως, *area.*   τὸ ἀνάπλεων, *plenum.*

Quintæ.

In qua, ut variæ sunt terminationes nominativi, ita etiam variæ vocales, & consonantes sunt ante & Genitivi.
α. τὸ γράμμα, τος, *litera.*   ω. ὁ ἕλλω, λως, *Græcus.*
ι. τὸ μέλι, ιτος, *mel.*   ιν. ἡ ἀκτίν, ινος, *radius.*
υ. τὸ γόνυ, υος, *genu.*   ον. τὸ μεῖζον, ονος, *majus.*
ω. ἡ λητώ, ούς, *Latona.*   τὸ τύπτον, οντος, *verberans.*
αν. ὁ παιάν, ᾶνος, *Pæan.*
εν. τὸ τέρεν, ενος, *tenerum.*   υν. τὸ δίπυν, οδος, *bipes.*
τὸ χαρίεν, εντος, *gratiosum.*   ω. ὁ μόσσυν, υνος, *turris.*

Grammatices.

ων. ὁ κλών, ωνὸς, *ramus.*
ἡ χελιδών, όνος, *hirundo.*
ὁ δράκων, οντ☉, *draco.*
ξ, ὁ θώραξ, ακ☉, *thorax.*
ἡ θρὶξ, τριχὸς, *capillus.*
ὁ ὄνυξ, υχ☉, *unguis.*
ρ. ἡ δάμαρ, αρτ☉, *uxor.*
ὁ φθεὶρ, ειρὸς, *pediculus.*
ηρ. ὁ σὴρ, ηρὸς, *vermis.*
ὁ ἀνὴρ, ἐρ☉, & ἀνδρὸς, *vir.*
ορ. τὸ ἦτορ, ορ☉, *cor.*
υρ. ὁ, & ἡ μάρτυρ, υρ☉, *testis.*
ωρ. ὁ φώρ, ωρὸς, *fur.*
τὸ ὕδωρ, ατ☉, *aqua.*
ας. ὁ Αἴας, αντ☉, *Ajax.*
ὁ μέλας, αν☉, *niger.*
τὸ γῆρας, ατος, *senectus.*
ις. ὁ, & ἡ παῖς, αιδὸς, *puer, puella.*
αυς. ἡ ναῦς, *vel*, νηῦς, αὸς.

vel νὸς, *navis.*
εις. ὁ κτεὶς, ενὸς, *pecten.*
ἡ κλεὶς, ειδὸς, *clavis.*
ευς. ὁ βασιλεὺς, ἑ☉, *rex.*
ης. ἡ ἐσθὴς, ἦτ☉, *vestis.*
ὁ Κλήμης, εντ☉, *Clemens.*
ις. ὁ, & ἡ ὄρνις, ιθ☉, *avis.*
ος. τὸ πτυρὸς, ετ☉, *quod verberavit.*
υς. ὁ, & ἡ βοῦς, οὸς, *bos.*
ὁ ὀδοὺς, οντ☉, *dens.*
τὸ οὖς, ὠτὸς, *ouris.*
υς. ὁ μῦς, μυὸς, *mus.*
ἡ χλαμὺς, ύδ☉, *chlamys.*
ως. ὁ γέλως, ωτ☉, *risus.*
ὁ Τρώς, ωὸς, *Trojanus.*
λς. ὁ ἅλς, λὸς, *sal.*
ης. ἡ ἕλμινς, ιθ☉, *tinea.*
ρς. ὁ & ἡ μάκαρς, ρτος, *beatus.*
ψ. ὁ ὤψ, πὸς, *vultus.*
ὁ Ἄραψ, β☉, *Arabs.*

CONTRACTORUM.

Hæc oriuntur ex Quinta Simplicium. Appellantur autem Contracta, quia in illis duæ syllabæ contrahuntur in unam, vel Synæresi, cum duæ vocales in unam ita coeunt, ut ambæ serventur, ut τάχει, τάχη, val Crasi, cum vel mutatur utraque vocalis; ut τάχεα, τάχη, vel altera tollitur: ut τάχεων, ών.

Declinatio Prima.

Tres continet terminationes, in ης masculini, fœminini, & communis generis; ut ὁ Δημοσθένης, Demosthenes, ἡ τριήρης, triremis: ὁ, & ἡ ἀληθὴς, verus, vera: in ες, & ☉ neutrius: τὸ σαφὲς, manifestum, τὸ τεῖχ☉, murus.

Sing. Nom. ὁ Δημοσθένης, Gen. τοῦ Δημοσθέν☉, 'ους, Dat. τῷ Δημοσθένει, νη, Acc. τὸν Δημοσθένεα, νη, Voc. ὦ Δημόσθενες.

Dual.

Dual. Nom. Acc. Voc. τὼ Δημοσθένεε, νε, Gen. &
Dat. τοῖν Δημοσθενέοιν, νοῖν.
Plural. Nom. οἱ Δημοσθένεες, νεις, Gen. τῶν Δημοσθε-
νέων, νῶν, Dat. τοῖς Δημοσθένεσι, Acc. τὰς Δημοσθέ-
νεας, νεις, Voc. ὦ Δημοσθένεες, νεις.
Sing. Nom. ἡ τριήρης, triremis, Gen. τῆς τριήρεος,
ρες, Dat. τῇ τριήρεϊ, ρει, Acc. τὴν τριήρεα, ρη, Voc.
ὦ τριῆρες.
Dual. Nom. Acc. Voc. τὰ τριήρεε, ρη, Gen. &
Dat. ταῖν τριηρέοιν, ροῖν.
Plur. Nom. αἱ τριήρεες, ρεις. Gen. τῶν τριηρέων,
ρῶν, Dat. ταῖς τριήρεσι. Acc. τὰς τριήρεας, ρεις, Voc.
ὦ τριήρεες, ρεις.
Sing. Nom. ὁ, ἡ ἡ ἀληθής, verus, vera. Gen. τȣ,
ἡ τῆς ἀληθέ⊕, θȣς. Dat. τῷ, ἡ τῇ ἀληθέϊ, θεῖ, Acc.
τὸν, ἡ τὴν ἀληθέα, θῆ, Voc. ὦ ἀληθές, vel ἀληθής.
Dual. Nom. Acc. Voc. τὼ, ἡ τὰ ἀληθέε, θῆ, Gen.
& Dat. τοῖν, καὶ ταῖν ἀληθέοιν, θοῖν.
Plur. Nom. οἱ, ἡ αἱ ἀληθέες, θεῖς, Gen. τῶν ἀλη-
θέων, θῶν, Dat. τοῖς, ἡ ταῖς ἀληθέσι, Acc. τȣς, καὶ
τὰς ἀληθέας, θεῖς, Voc. ὦ ἀληθέες, θεῖς.
Sing. Nom. τὸ σαφές, manifestum, Gen. τȣ σαφέ⊕,
φȣς, Dat. τῷ σαφέϊ, φεῖ, Acc. τὸ σαφές, Voc. ὦ σαφές.
Dual. Nom. Acc. Voc. τὼ σαφέε, φῆ, Gen. & Dat.
τοῖν σαφέοιν, φοῖν.
Plur. Nom. τὰ σαφέα, φῆ, Gen. τῶν σαφέων, φῶν, Dat.
τοῖς σαφέσι. Acc. τὰ σαφέα, φῆ. Voc. ὦ σαφέα, φῆ.
Sing. Nom. τὸ τεῖχ⊕, murus, Gen. τȣ τείχε⊕,
χȣς, Dat. τῷ τείχεϊ, χει, Acc. τὸ τεῖχ⊕, Voc. ὦ τεῖχ⊕.
Dual. Nom. Acc. Voc. τὼ τείχεε, χη, Gen. & Dat.
τοῖν τηχέοιν, χοῖν.
Plur. Nom. τὰ τείχεα, χη, Gen. τῶν τηχέων, χῶν,
Dat. τοῖς τείχεσι, Acc. τὰ τείχεα, χη, Voc. ὦ τείχεα, χη.

Regula.

Nomina propria hujus declinationis habent nonnunquam terminationem primæ Simplicium in quibuſdam caſibus, ut τὸν Ἀριστοφάνω, οἱ Ἀριστοφάναι, τὰς
Ἀριστοφάνας, & τὸν Σωκράτω, ὦ Σώκρατω· unde latinum,

num, o Socrate. Item composita ab ἔτος, annus; ut ὁ ἑπταέτης, septennis, τὸς ἑπταέτας.

Nomina, quæ desinunt in ης purum, contrahuntur Attice in Accusativo in α, ut ὁ, καὶ ἡ εὐφυής, ingeniosus, Accusat. τὸν, καὶ τὴν εὐφυία, εὐφυᾶ.

Declinatio Secunda.

Duas habet terminationes, ις, masculini, & fœminini generis: ut ὁ ὄφις, serpens, ἡ λέξις, dictio: & neutrius, ut τὸ σίνηπι, sinapi.

Sing. Nom. ὁ ὄφις, Gen. τῶ ὄφιος, Dat. τῷ ὄφιϊ, ὄφι, Acc. τὸν ὄφιν, Voc. ὦ ὄφι.
Dual. Nom. Acc. Voc. τὼ ὄφιε, φι. Gen. & Dat. τοῖν ὀφίοιν.
Plur. Nom. οἱ ὄφιες, ὄφις. Gen. τῶν ὀφίων, Dat. τοῖς ὄφισι, Acc. τὰς ὄφιας, ὄφις, Voc. ὦ ὄφιες, ὄφις.

Sing. Nom. ἡ λέξις, dictio, Gen. τῆς λέξιος, Dat. τῇ λέξιϊ, λέξι, Acc. τὴν λέξιν, Voc. ὦ λέξι.
Dual. Nom. Acc. Voc. τὰ λέξιε, ξι', Gen. & Dat. ταῖν λεξίοιν.
Plur. Nom. αἱ λέξιες, λέξις, Gen. τῶν λεξίων, Dat. ταῖς λέξισι, Acc. τὰς λεξίας, ξις, Voc. ὦ λέξιες, λέξις.

Sing. Nom. τὸ σίνηπι, Gen. τῶ σινήπιος, Dat. τῷ σινήπιϊ, πι, Acc. τὸ σίνηπι, Voc. ὦ σίνηπι.
Dual. Nom. Acc. Voc. τὼ σινήπιε, πι, Gen. & Dat. τοῖν σιναπίοιν.
Plural. Nom. τὰ σινήπια, σίνηπι, Gen. τῶν σινηπίων, Dat. τοῖς σινήπισι, Acc. τὰ σινήπια, πι, Voc. ὦ σινήπια, πι.

Regula.

Inflexio Attica multo usitatior.
Casus Attici accentum habent in antepenultima, quamvis ultima sit longa.

Sing. Nom. ὁ ὄφις, Gen. τῶ ὄφεως, Dat. τῷ ὄφεϊ, φει, Acc. τὸν ὄφιν, Voc. ὦ ὄφι.
Dual. Nom. Acc. Voc. τὼ ὄφεε, φη, Gen. & Dat. τοῖν, ὀφέοιν, ὀφέων.
Plur. Nom. οἱ ὄφεες, φεις, Gen. τῶν ὄφεων, Dat. τοῖς ὄφεσι, Acc. τὰς ὄφεας, φεις, Voc. ὦ ὄφεες, φεις.

Sing.

Sing. Nom. ἡ λέξις, Gen. τῆς λέξεως, Dat. τῇ λέξει, ξιν, Acc. τὴν λέξιν, Voc. ὦ λέξι.
Dual. Nom. Acc. Voc. τὼ λέξει, ξιν, Gen. & Dat. ταῖν λεξέοιν λέξεων.
Plur. Nom. αἱ λέξεις, ξεις, Gen. τῶν λέξεων, Dat. ταῖς λέξεσι, Acc. τὰς λέξεας, ξεις, Voc. ὦ λέξεις, ξεις.
Sing. Nom. τὸ σύνηπι, Gen. τοῦ συνήπεως, Dat. τῷ συνήπει, νύπει, Acc. τὸ σύνηπι, Voc. ὦ σύνηπι.
Dual. Nom. Acc. Voc. τὼ συνήπει, νύπη, Gen. & Dat. τοῖν συνηπέοιν, νήπεων.
Plur. Nom. τὰ συνήπεα, νύπη, Gen. τῶν συνήπεων, Dat. τοῖς συνήπεσι, Acc. τὰ συνήπεα, νύπη, Voc. ὦ συνήπεα, τυ.

Declinatio Tertia.

Unicam habet terminationem in ὺς, generis masculini tantum: ut ὁ βασιλεὺς, rex.
Sing. Nom. ὁ βασιλεὺς, Gen. τοῦ βασιλέως, Att. έως, Dat. τῷ βασιλεῖ, λῆ, Acc. τὸν βασιλέα, Voc. ὦ βασιλεῦ.
Dual. Nom. Acc. Voc. τὼ βασιλεῖ, λῆ Gen. & Dat. τοῖν βασιλέοιν.
Plur. Nom. οἱ βασιλεῖς, λεῖς, Gen. τῶν βασιλέων, Dat. τοῖς βασιλεῦσι, Acc. τοὺς βασιλέας, λεῖς, Voc. ὦ βασιλεῖς, λεῖς.

Exceptio.

Genitivus in έως non contrahitur: contrahuntur tamen nomina, quæ ante έως vocalem, vel diphthongum habent: ut ὁ πηραιεὺς, Piræus, τοῦ πηραιέως, πηραιῶς· ὁ Στηριεὺς, Stiricus, τοῦ Στηριέως, Στηριᾶς, ὁ χοεὺς, congius, τοῦ χοέως, χοῶς. Eadem accusativum contrahunt in ᾶ: τὸν πηραιᾶ, τὸν Στηριᾶ, τὸν χοᾶ.

Declinatio Quarta.

Duas habet terminationes, in ω, & ως, generis tantum fœminini: ut ἡ λητώ, Latona: ἡ αἰδώς, verecundia.
Sing. Nom. ἡ λητώ, Gen. τῆς λητόος, οῦς, Dat. τῇ λητόι, οῖ, Acc. τὴν λητόα, ώ, Voc. ὦ λητοῖ.
Dual. Nom. Accuf. Voc. τὼ λητώ, Gen. & Dat. ταῖν λυτοῖν.
Plur. Nom. αἱ λητοί, Gen. τῶν λητῶν, Dat. ταῖς λητοῖς, Acc. τὰς λητούς, Voc. ὦ λητοί.
Sing. Nom. ἡ αἰδώς, Gen. τῆς αἰδόος, αἰδῶς, Dat. τῇ

τῇ αἰδοῖ, αἰδοῖ, Acc. τὼ αἰδόα, αἰδώ, Voc. ὦ αἰδοῖ.
Dual. Nom. Accuſ. Voc. τὼ αἰδών, Gen. & Dat. ταῖν. αἰδοῖν.
Plur. Nom. αἱ αἰδοῖ, Gen. τῶν αἰδῶν, Dat. ταῖς αἰδοῖς, Acc. τὰς αἰδὼς, Voc. ὦ αἰδοῖ.

Numerus ſingularis tantum in hac Declinatione contrahitur. Dualis, & pluralis ſequuntur formam tertiæ Declinationis ſimplicium.

Vocativus ſingularis ſimilis eſt Dativo, qui deſinit in οῖ.

Declinatio Quinta.

Duas complectitur terminationes, in *as* purum, & *ρας*, generis neutrius tantum: ut τὸ κρέας, caro, τὸ κέρας, cornu. Ex inflexione communi, quæ eſt in ατ⁕, Jonice eximitur τ; deinde Attice fit contractio, in genitivis quidem per ω, in reliquis autem caſibus per α.

Sing. Nom. τὸ κρέας, Gen. τοῦ κρέατ⁕, ‑‑‑, ‑‑‑, Dat. τῷ κρέατι, ‑‑‑, ‑‑‑, Acc. τὸ κρέας, Voc. ὦ κρέας.
Dual. Nom. Acc. Voc. τὼ κρέατε, κρέα, ‑‑‑, Gen. & Dat. τοῖν κρεάτοιν, κρεάοιν, κρεῶν.
Plural. Nom. τὰ κρέατα, κρέαα, κρέα, Gen. τῶν κρεάτων, κρεάων, κρεῶν, Dat. τοῖς κρέασι, Acc. τὰ κρέατα, κρέαα, κρέα, Voc. ὦ κρέατα, κρέαα, κρέα.
Sing. Nom. τὸ κέρα, Gen. τοῦ κέρατ⁕, κέρα⁕, κέρως, Dat. τῷ κέρατι, κέραϊ, κέρᾳ, Acc. τὸ κέρας, Voc. ὦ κέρας.
Dual. Nom. Acc. Voc. τὼ κέρατε, κέραε, κέρα, Gen. & Dat. τοῖν κεράτοιν, κεράοιν, κερῶν.
Plural. Nom. τὰ κέρατα, κέραα, κέρα. Gen. τῶν κεράτων, κεράων, κερῶν, Dat. τοῖς κέρασι, Acc. τὰ κέρατα, κέραα, κέρα, Voc. ὦ κέρατα, κέραα, κέρα.

Ad confirmandum uſum Nominum Contractorum.

Prima.

ὁ σωσιγένης, Soſigenes.   τὸ ἱππομανὲς, Hippomanes.
ἡ, ᾗ ἡ δυσεβὴς, pius, pia.   τὸ ἄλγ⁕, dolor.
ἡ διώρης, biremis.   τὸ μέρ⁕, pars.

ὁ φίνης, *auriga*.   ἡ γνῶσις, *cognitio*.
ὁ κỳ ἡ νῆςις, *jejunus*.   ἡ ἀποκάλυψις, *revelatio*.
ἡ πόλις, *civitas*.   τὸ νῆςι, *jejunium*.

Tertiæ.

ὁ γονεὺς, *parens*.   ὁ φονεὺς, *homicida*.
ὁ τομεὺς, *sector*.   ὁ ἀρχιερεὺς, *Pontifex*.

Quartæ.

ἡ σαρδὼ, *Sardinia*.   ἡ διδὼ, *Dido*.
ἡ κλωθὼ, *Clotho*.   ἡ ἐρατὼ, *Erato*.
ἡ ἰὼ, *Io*.   ἡ καλλισὼ, *Callisto*.

Quintæ.

τὸ ἀρτόκρεας, *Artocreas*. τὸ γῆρας, *senectus*.
τὸ γέρας, *præmium*.   τὸ πέρας, *finis*.

De Adjectivis.

Nomina Adjectiva in tres claſſes diſtribuuntur. Alia habent tres articulos, & tres terminationes ; alia tres articulos, & duas terminationes ; alia tres articulos, & unam terminationem.

Adjectiva trium Articulorum, & trium terminationum.

Habent ma- { os   } { η   } { ον
ſculinum in { ας } fœmini- { α } neu- { αν
            { ης } num in { εσσα } trum in { εν
            { υς } { εια   } { υ

Maſculin. & neutr. 3. Simplic. fœmin. eſt 2.
Sing. Nom. ὁ καλὸς, *pulcher*, ἡ καλὴ, τὸ κα-λὸν, Gen. τῦ καλῦ, τῆς καλῆς, τῦ καλῦ, Dat. τῷ καλῷ, τῇ καλῇ, τῷ καλῷ, Acc. τὸν καλὸν, τὴν καλὴν, τὸ καλὸν, Voc. ὦ καλὲ, καλὴ, καλόν.
Dual. Nom. Acc. Voc. τὼ καλὼ, τὰ καλὰ, τὼ καλὼ, Genit. & Dat. τοῖν, καλοῖν τοῖν καλαῖν, τοῖν καλοῖν.
Plur. Nom. οἱ καλοὶ, αἱ καλαὶ, τὰ καλὰ, Gen. τῶν κα-λῶν, Dat. τοῖς καλοῖς ταῖς, καλαῖς, τοῖς καλοῖς, Acc. τὺς καλὺς, τὰς καλὰς, τὰ καλὰ, Voc. ὦ καλοὶ, καλαὶ, καλά.

Maſculin. & neutr. 5. Simplic. fœminin. 2.
Sing. Nom. ὁ πᾶς, *omnis*, ἡ πᾶσα, τὸ πᾶν, Gen. τῦ παντὸς, τῆς πάσης, τῦ παντὸς, Dat. τῷ παντὶ, τῇ πάσῃ, τῷ παντὶ, Acc. τὸν πάντα, τὴν πᾶσαν, τὸ πᾶν, Voc. ὦ πᾶς, πᾶσα, πᾶν.
Dual.

Grammatices.

Dual. Nom. Acc. Voc. τὼ πάντε, τὰ πάσα, τὼ πάντε,
Gen. & Dat. τοῖν παντοῖν, ταῖν πάσαιν, τοῖν παντοῖν.
Plur. Nom. οἱ πάντες, αἱ πᾶσαι, τὰ πάντα, Gen. τῶν
πάντων, τῶν πασῶν, τῶν πάντων, Dat. τοῖς πᾶσι, ταῖς
πάσαις, τοῖς πᾶσι. Acc. τοὺς πάντας, τὰς πάσας, τὰ
πάντα, Voc. ὦ πάντες, πᾶσαι, πάντα.

Masculin. Sing. Nom. ὁ χαρίεις, gratiosus, ἡ χαρίεσσα,
& neutr. τὸ χαρίεν, Gen. τῦ χαρίεντος, τῆς χαρίεσσης,
3. Simplic. τῦ χαρίεντος, Dat. τῷ χαρίεντι, τῇ χαριέσσῃ,
fœminin. 2. τῷ χαρίεντι, Acc. τὸν χαρίεντα, τὴν χαρίεσσαν,
τὸ χαρίεν, Voc. ὦ χαρίεν, & χαρίη, χαρίεσσα, χαρίεν.
Dual. Nom. Acc. Voc. τὼ χαρίεντε, τὰ χαρίεσσα,
τὰ χαρίεντα, Gen. & Dat. τοῖν χαριέντοιν, ταῖν χα-
ριέσσαιν, τοῖν χαριέντοιν.
Plur. Nom. οἱ χαρίεντες, αἱ χαρίεσσαι, τὰ χαρίεντα,
Gen. τῶν χαριέντων, τῶν χαριεσσῶν, τῶν χαριέντων,
Dat. τοῖς χαρίεσσι, ταῖς χαριέσσαις, τοῖς χαρίεσσι, Acc.
τοὺς χαρίεντας, τὰς χαριέσσας, τὰ χαρίεντα, Voc. ὦ
χαρίεντες, χαρίεσσαι, χαρίεντα.

Masculin. Sing. Nom. ὁ ὀξύς, acutus, ἡ ὀξεῖα, τὸ ὀξύ,
& neutr. Gen. τῦ ὀξέος, τῆς ὀξείας, τῦ ὀξέος, Dat.
1. Simplic. τῷ ὀξεῖ, τῇ ὀξείᾳ, τῷ ὀξεῖ, Acc. τὸν ὀξύν,
fœmin. est 2. τὴν ὀξεῖαν, τὸ ὀξύ, Voc. ὦ ὀξύ, ὀξεῖα, ὀξύ.
Dual. Nom. Acc. Voc. τὼ ὀξέε, τὰ ὀξεία, τὼ ὀξέε,
Gen. & Dat. τοῖν ὀξέοιν, ταῖν ὀξείαιν, τοῖν ὀξέοιν.
Plur. Nom. οἱ ὀξέες, αἱ ὀξεῖαι, τὰ ὀξέα, Gen. τῶν
ὀξέων, τῶν ὀξειῶν, τῶν ὀξέων, Dat. τοῖς ὀξέσι, ταῖς ὀξείαις,
τοῖς ὀξέσι, Acc. τοὺς ὀξέας, τὰς ὀξείας, τὰ ὀξέα, Voc.
ὦ ὀξέες, ὀξεῖαι, ὀξέα.

Exceptiones.

Adjectiva in ος purum, & ρος, formant fœmininum
per α: ut, ὁ ἅγιος, ἡ ἁγία, τὸ ἅγιον, sanctus: ὁ ἀνϑη-
ρὸς, ἡ ἀνϑηρὰ, τὸ ἀνϑηρὸν, floridus, præter ὁ ὄγδοος,
ἡ ὀγδόη, τὸ ὄγδοον, octavus: ὁ ἁπλόος, ἡ ἁπλόη, τὸ ἁ-
πλόον, simplex; & quæ huic affinia funt, διπλόος, duplex, τριπλόος, triplus, τετραπλόος, quadruplus, &c.
Quorundam neutra funt in ο, ut ὁ ἄλλος, ἡ ἄλλη, τὸ
ἄλλο, alius; ὁ τηλικοῦτος, ἡ τηλικαύτη, τὸ τηλικοῦτο, tan-
tus; ὁ τοσοῦτος, ἡ τοσαύτη, τὸ τοσοῦτο, tam magnus, vel
tam

tam multus; τοιόσδε, ἡ τοιαύτη, τὸ τοιῦτο, talis : & tria pronomina, ὅτ©, αὕτη, τᾶτο, hic : αὐτὸς, αὐτὴ, αὐτό, ipſe : ἐκεῖνος, ἐκείνη, ἐκεῖνο, ille : quanquam paſ-ſim etiam neutra ſunt τηλικῦτον, τοσῦτον, τοιῦτον, ταυ-τὸν, pro τὸ αὐτό, ταυτοῦ pro αὐτοῦ. Reperitur & ſim-plex αὐτὸν pro αὐτό.

Adjectivum ὁ μέγας, magnus, variat alicubi.

Maſculin. Sing. Nom. ὁ μέγας, ἡ μεγάλη, τὸ μέγα, Gen.
& neutr. τῦ μεγάλου, τῆς μεγάλης, τῦ μεγάλου, Dat. τῷ με-
ſ. Simplic. γάλῳ, τῇ μεγάλῃ, τῷ μεγάλῳ, Acc. τὸν μέγαν,
fæmin. 2. τὴν μεγάλην, τὸ μέγα, Voc. ὦ μέγας, μεγάλη, μέγα.

Dual. Nom. Acc. Voc. τὼ μεγάλω, τὰ μεγάλα, τὼ μεγάλω, Gen. & Dat. τοῖν μεγάλοιν, ταῖν μεγάλαιν, τοῖν μεγάλοιν.

Plur. Nom. οἱ μεγάλοι, αἱ μεγάλαι, τὰ μεγάλα, Gen. τῶν μεγάλων, τῶν μεγαλῶν, τῶν μεγάλων, Dat. τοῖς μεγά-λοις, ταῖς μεγάλαις, τοῖς μεγάλοις, Acc. τοὺς μεγάλους, τὰς μεγάλας, τὰ μεγάλα, Voc. ὦ μεγάλοι, μεγάλαι, μεγάλα.

Participia paſſiva, & activa in εἰς, habent fœmini-num in ησα, neutrum in εν : ὁ τυφθείς, ἡ τυφθεῖσα, τὸ τυφθέν, verberatus: ὁ αθείς, ἡ αθεῖσα, τὸ αθέν, ponens.

Adjectivum πολύς, multus, in quibuſdam caſibus pe-culiarem habet inflexionem.

Maſculin. Sing. Nom. ὁ πολύς, ἡ πολλὴ, τὸ πολύ, Gen.
& neutr. τῦ πολῦ, τῆς πολλῆς, τῦ πολῦ, Dat. τῷ πολῷ,
1. Simplic. τῇ πολλῇ, τῷ πολῷ, Acc. τὸν πολύν, τὴν πολλὴν,
fæminin. 2. τὸ πολύ, Voc. ὦ πολύ, πολλὴ, πολύ.

Dual. Nom. Acc. Voc. τὼ πολλώ, τὰ πολλά, τὼ πολλώ, Gen. & Dat. τοῖν πολλοῖν, ταῖν πολλαῖν, τοῖν πολλοῖν.

Plural. Nom. οἱ πολλοὶ, αἱ πολλαὶ, τὰ πολλά, Gen. τῶν πολλῶν, Dat. τοῖς πολλοῖς, ταῖς πολλαῖς, τοῖς πολλοῖς, Acc. τοὺς πολλοὺς, τὰς πολλὰς, τὰ πολλά, Voc. ὦ πολλοὶ, πολλαὶ, πολλά.

Exempla Adjectivorum

Prima Claſſis.

ἀγαθὸς, ἡ ἀγαθὴ, τὸ ἀγαθὸν, bonus, na, num.
ὁ και-

Grammatices. 27

ὁ κμνὸς, ἡ κμνὴ, τὸ κμνὸν, novus, va, vum.
ὁ κοῖλος, ἡ κοίλη, τὸ κοῖλον, cavus, va, vum.
ὁ ἕκαςος, ἡ ἑκάςη, τὸ ἕκαςον, quisque, quæque, quodque.
ὁ μέλας, ἡ μέλαινα, τὸ μέλαν, niger, gra, grum.
ὁ σύμπας, ἡ σύμπασα, τὸ σύμπαν, universus, sa, sum.
ὁ τύψας, ἡ τύψασα, τὸ τύψαν, qui, quæ, quod verberavit.
ὁ τιμήεις, ἡ τιμήεσα, τὸ τιμῆεν, honeſtus, a, um.
ὁ φοινικόεις, ἡ φοινικόεσα, τὸ φοινικόεν, puniceus, a, um.
ὁ γραφθεὶς, ἡ γραφθεῖσα, τὸ γραφθὲν, ſcriptus, a, um.
ὁ εἷς, ἡ εἷσα, τὸ ἓν, qui, quæ, quod miſit.
ὁ βαθὺς, ἡ βαθεῖα, τὸ βαθὺ, profundus, a, um.
ὁ ἡδὺς, ἡ ἡδεῖα, τὸ ἡδὺ, ſuavis, ve.
ὁ ἐλαχὺς, ἡ ἐλαχεῖα, τὸ ἐλαχὺ, parvus, a, um.
ὁ ἥμισυς, ἡ ἡμίσεια, τὸ ἥμισυ, dimidius, a, um.
ὁ δημόσιος, ἡ δημοσία, τὸ δημόσιον, publicus, a, um.
ὁ ἄξιος, ἡ ἀξία, τὸ ἄξιον, dignus, a, um.
ὁ ἀρχαῖος, ἡ ἀρχαία, τὸ ἀρχαῖον, antiquus, a, um.
ὁ ὅμοιος, ἡ ὁμοία, τὸ ὅμοιον, ſimilis, le.
ὁ ἱερὸς, ἡ ἱερὰ, τὸ ἱερὸν, ſacer, cra, crum.
ὁ φοβερὸς, ἡ φοβερὰ, τὸ φοβερὸν, formidabilis, le.
ὁ πίων, ἡ πίειρα, τὸ πῖον, pinguis, e.
ὁ ἕτερος, ἡ ἑτέρα, τὸ ἕτερον, alter, ra, rum.

Adjectiva trium Articulorum, & duarum terminationum.

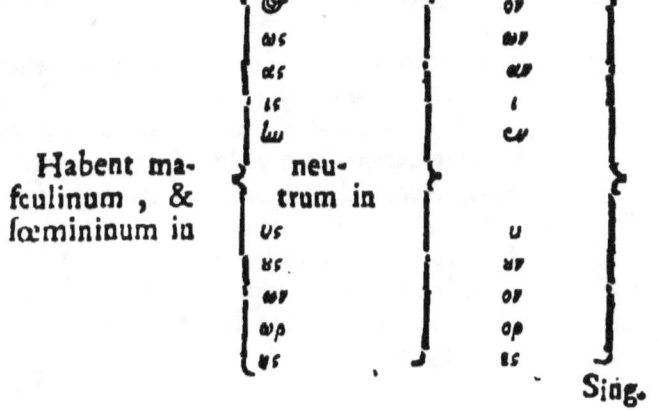

Sing.

Masculin. *& neutr.* Singul. Nom. ὁ, ϰ̓ ἡ ἔνδοξος, ϰ̓ τὸ ἔνδοξον,
3. Simpli. fœminin. 2. gloriosus, Gen. τȣ̃, ϰ̓ τῆς, ϰ̓ τȣ̃ ἐνδόξȣ, Dat.
τῷ, ϰ̓ τῇ, ϰ̓ τῷ ἐνδόξῳ, Acc. τὸν, ϰ̓ τὴν,
ϰ̓ τὸ ἔνδοξον, Voc. ὦ ἔνδοξε, ϰ̓ ὦ ἔνδοξον.
  Dual. Nom. Acc. Voc. τὼ, ϰ̓ τὰ, ϰ̓ τὼ ἐνδόξω, Gen.
& Dat. τοῖν, ϰ̓ ταῖν, ϰ̓ τοῖν ἐνδόξοιν.
  Plur. Nom. οἱ ϰ̓ αἱ ἔνδοξοι, ϰ̓ τὰ ἔνδοξα, Gen. τῶν
ἐνδόξων, Dat. τοῖς, ϰ̓ ταῖς, ϰ̓ τοῖς ἐνδόξοις, Acc. τȣ̀ς,
ϰ̓ τὰς ἐνδόξȣς, ϰ̓ τὰ ἔνδοξα, Voc. ὦ ἔνδοξοι, ϰ̓ ὦ ἔνδοξα.

4. Simplicium. Sing. Nom. ὁ, ϰαὶ ἡ καταπλέως, ϰαὶ τὸ καταπλέων, expletus, a, um, Gen. τȣ̃, ϰ̓ τῆς, ϰ̓
τȣ̃ καταπλέω, Dat. τῷ, ϰ̓ τῇ, ϰ̓ τῷ καταπλέῳ, Acc. τὸν, ϰ̓
τὴν, ϰ̓ τὸ καταπλέων, Voc. ὦ καταπλέως, ϰ̓ ὦ καταπλέων.
  Dual. Nom. Acc. Voc. τὼ, ϰαὶ τὰ, ϰαὶ τὼ καταπλέω,
Gen. & Dac. τοῖν, ϰαὶ ταῖν, ϰαὶ τοῖν καταπλέων.
  Plural. Nom. οἱ, ϰαὶ αἱ καταπλέῳ, ϰ̓ τὰ καταπλέω,
Gen. τῶν καταπλέων, Dat. τοῖς, ϰαὶ ταῖς, ϰ̓ τοῖς καταπλέῳς, Acc. τȣ̀ς, ϰ̓ τὰς καταπλέως, ϰ̓ τὰ καταπλέω, Voc.
ὦ καταπλέῳ, ϰ̓ ὦ καταπλέω.

5. Simplicium. Sing. Nom. ὁ, ϰ̓ ἡ ἀείνας, ϰ̓ τὸ ἀείναν, perpetuo fluens, Gen. τȣ̃, ϰ̓ τῆς, ϰ̓ τȣ̃ ἀείναντος,
Dat. τῷ, ϰ̓ τῇ, ϰ̓ τῷ ἀεινάντι, Acc. τὸν, ϰ̓ τὴν ἀείναντα, ϰ̓ τὸ ἀείναν, Voc. ὦ ἀείναν.
  Dual. Nom. Acc. Voc. τὼ, ϰ̓ τὰ, ϰ̓ τὼ ἀείναντε,
Gen. & Dat. τοῖν, ϰ̓ ταῖν, ϰ̓ τοῖν ἀεινάντοιν.
  Plural. Nom. οἱ, ϰ̓ αἱ ἀείναντες, ϰ̓ τὰ ἀείναντα, Gen.
τῶν ἀεινάντων, Dat. τοῖς, ϰ̓ ταῖς, ϰ̓ τοῖς ἀείνασι, Acc.
τȣ̀ς, ϰ̓ τὰς ἀείναντας, ϰ̓ τὰ ἀείναντα, Voc. ὦ ἀείναντες,
καὶ ὦ ἀείναντα.

5. Simplicium. Sing. Nom. ὁ, ϰ̓ ἡ τὶς, ϰ̓ τὸ τὶ, aliquis,
Gen. τȣ̃, ϰ̓ τῆς, ϰ̓ τȣ̃ τινός, Dat. τῷ, ϰ̓ τῇ
ϰαὶ τῷ τινὶ, Acc. τὸν, ϰαὶ τὴν τινά, ϰαὶ τὸ τὶ, Vocativo caret, sicut carent omnia Indefinita.
  Dual. Nom. Acc. τὼ, ϰαὶ τὰ, ϰαὶ τὼ τινέ, Gen. &
Dat. τοῖν, ϰαὶ ταῖν, ϰαὶ τοῖν τινοῖν.
  Plural. Nom. οἱ, ϰαὶ αἱ τινὲς, ϰαὶ τὰ τινά, Gen. τῶν
τινῶν, Dat. τοῖς, ϰαὶ ταῖς, ϰαὶ τοῖς τισὶ, Acc. τȣ̀ς,
ϰαὶ τὰς τινὰς, ϰαὶ τὰ τινά. Sic Interrogativum τίς, τί νȣ, quis, quæ, quod?

Sing.

s. Simpli-
cium.   Sing. Nom. ὁ, καὶ ἡ ἄδακρυς, καὶ τὸ ἄδακρυ, non lacrymans, Gen. τῦ, καὶ τῆς, κỳ τῦ
ἀδάκρυ⊕, Dat. τῷ, καὶ τῇ, καὶ τῷ ἀδάκρυϊ. Acc. τὸν,
καὶ τὴν ἄδακρυν, καὶ τὸ ἄδακρυ, Voc. ὦ ἄδακρυ.
Dual. Nom. Acc. Voc. τὼ, καὶ τὰ, καὶ τὼ ἀδάκρυε,
Gen. & Dat. τοῖν, κỳ ταῖν, καὶ τοῖν ἀδακρύοιν.
Plural. Nom. οἱ, καὶ αἱ ἄδακρυες, καὶ τὰ ἄδακρυα,
Gen. τῶν ἀδακρύων, Dat. τοῖς, καὶ ταῖς, καὶ τοῖς ἀδά-
κρυσι, Acc. τὺς, καὶ τὰς ἀδάκρυας, καὶ τὰ ἄδακρυα,
Voc. ὦ ἀδάκρυες, καὶ ὦ ἀδάκρυα.

s. Simpli-
cium.   Sing. Nom. ὁ, κỳ ἡ τετράπυς, κỳ τὸ τετράπυν, quadrupes, Gen. τῦ, κỳ τῆς, κỳ τῦ τε-
τράποδ⊕, Dat. τῷ, κỳ τῇ, κỳ τῷ τετράποδι, Acc. τὸν,
κỳ τὴν τετράποδα, κỳ τὸ τετράπυν, Voc. ὦ τετράπυς,
vel τετράπυ, κỳ ὦ τετράπυν.
Dual. Nom. Acc. Voc. τὼ, κỳ τὰ, κỳ τὼ τετράποδε,
Gen. & Dat. τοῖν, κỳ ταῖν, κỳ τοῖν τετραπόδοιν.
Plural. Nom. οἱ, κỳ αἱ τετράποδες, κỳ τὰ τετράποδα,
Gen. τῶν τετραπόδων, Dat. τοῖς, κỳ ταῖς, κỳ τοῖς τετρά-
ποσι, Acc. τὺς, κỳ τὰς τετράποδας, κỳ τὰ τετράποδα,
Voc. ὦ τετράποδες, κỳ ὦ τετράποδα.

s. Simpli-
cium.   Sing. Nom. ὁ, κỳ ἡ σώφρων, κỳ τὸ σῶφρον,
moderatus, Gen. τῦ, κỳ τῆς, κỳ τῦ σώφρον⊕,
Dat. τῷ, κỳ τῇ, κỳ τῷ σώφρονι, Acc. τὸν, κỳ τὴν σώφρονα, καὶ τὸ σῶφρον, Voc. ὦ σῶφρον.
Dual. Nom. Acc. Voc. τὼ, καὶ τὰ, καὶ τὼ σώ-
φρονε, Gen. & Dat. τοῖν, κỳ ταῖν, καὶ τοῖν σωφρόνοιν.
Plur. Nom. οἱ, καὶ αἱ σώφρονες, κỳ τὰ σώφρονα,
Gen. τῶν σωφρόνων, Dat. τοῖς, καὶ ταῖς, καὶ τοῖς σώ-
φροσι, Acc. τὺς, καὶ τὰς σώφρονας, καὶ τὰ σώφρονα,
Voc. ὦ σώφρονες, καὶ ὦ σώφρονα.

s. Simpli-
cium.   Sing. Nom. ὁ, καὶ ἡ μεγαλήτωρ, καὶ τὸ
μεγαλῆτωρ, magnanimus, Gen. τῦ, καὶ τῆς,
καὶ τῦ μεγαλήτορ⊕, Dat. τῷ, καὶ τῇ, καὶ τῷ μεγα-
λήτορι, Acc. τὸν, καὶ τὴν μεγαλήτορα, καὶ τὸ μεγαλῆτωρ, Voc. ὦ μεγαλῆτωρ.
Dual. Nom. Acc. Voc. τὼ, καὶ τὰ, καὶ τὼ μεγαλήτο-
ρε, Gen. & Dat. τοῖν, καὶ ταῖν, καὶ τοῖν μεγαλητόροιν.
Plur. Nom. οἱ, καὶ αἱ μεγαλήτορες, καὶ τὰ μεγαλήτορα,
Gen.

Gen. τῶν μεγαλητόρων, Dat. τοῖς, ἢ ταῖς, ἢ τοῖς μεγαλήτορσι, Acc. τούς, ἢ τάς μεγαλήτορας, ἢ τά μεγαλήτορα, Voc. ὦ μεγαλήτορες, ἢ ὦ μεγαλήτορα.

2. Contractorum.
Sing. Nom. ὁ, ἢ ἡ νημερτής, ἢ τὸ νημερτές, verus. Gen. τοῦ, ἢ τῆς, ἢ τοῦ νημερτέος, τοῦς, Dat. τῷ, ἢ τῇ, ἢ τῷ νημερτέι, τῆ, Acc. τὸν, ἢ τὴν νημερτέα, τὸ, ἢ τὸ νημερτές, Voc. ὦ νημερτές.

Dual. Nom. Acc. Voc. τὼ, ἢ τὰ, ἢ τὼ νημερτέε, τὼ, Gen. & Dat. τοῖν, ἢ ταῖν, ἢ τοῖν νημερτέοιν, τοῖν.

Plur. Nom. οἱ, ἢ αἱ νημερτέες, ταῖς, ἢ τὰ νημερτέα, τῶν, Gen. τῶν νημερτέων, ὧν, Dat. τοῖς, ἢ ταῖς, ἢ τοῖς νημερτέσι, Acc. τούς, ἢ τὰς νημερτέας, τὰς, ἢ τὰ νημερτέα, τῶν, Voc. ὦ νημερτέες, ταῖς, ἢ ὦ νημερτέα, τῶν.

Exempla Adjectivorum.

Secundæ Classis.

ὁ, καὶ ἡ αἱμύλος, καὶ τὸ αἱμύλον, *blandus, a, um.*
ὁ, καὶ ἡ αἴσιος, καὶ τὸ αἴσιον, *faustus, a, um.*
ὁ, καὶ ἡ ἵλεως, καὶ τὸ ἵλεων, *propitius, a, um.*
ὁ, καὶ ἡ λιπόκρεως, ἢ τὸ λιπόκρεων, *macilentus, a, um.*
ὁ, καὶ ἡ πολύτλας, ἢ τὸ πολύτλαν, *multa passus, a, um.*
ὁ, ἢ ἡ πολυδειράς, ἢ τὸ πολυδειράν, *cacuminosus, a, um.*
ὁ, ἢ ἡ ἁπλοκαμίς, ἢ τὸ ἁπλοκαμί, *pulchre cincinnatus.*
ὁ, καὶ ἡ ἄχαρις, καὶ τὸ ἄχαρι, *injucundus, a, um.*
ὁ, καὶ ἡ ὄρνις, καὶ τὸ ὄρνι, *orbus, a, um.*
ὁ, καὶ ἡ ἄρσων, καὶ τὸ ἄρσεν, *mas, & fortis, te.*
ὁ, καὶ ἡ πολύρρην, καὶ τὸ πολύρρεν, *multos agnos habens.*
ὁ, καὶ ἡ φιλόδακρυς, καὶ τὸ φιλόδακρυ, *lacrymarum amans.*
ὁ, καὶ ἡ ἔνδακρυς, ἢ τὸ ἔνδακρυ, *cui lacrymæ oboriuntur.*
ὁ, καὶ ἡ οἰδίπους, ἢ τὸ οἰδίπουν, *tumidos pedes habens.*
ὁ, καὶ ἡ πλατύπους, ἢ τὸ πλατύπουν, *latos pedes habens.*
ὁ, ἢ ἡ πολυτήμων, ἢ τὸ πολύτημον, *damna multa inferens.*
ὁ, καὶ ἡ ἀχήμων, καὶ τὸ ἄχημον, *indecorus, a, um.*
ὁ, καὶ ἡ παντοκράτωρ, καὶ τὸ παντόκρατορ, *omnipotens.*
ὁ καὶ ἡ δυσήτωρ, καὶ τὸ δύσητορ, *tristis, te.*
ὁ, καὶ ἡ ἀσφαλής, καὶ τὸ ἀσφαλές, *tutus, a, um.*
ὁ, καὶ ἡ λυσιτελής, καὶ τὸ λυσιτελές, *utilis, le.*

Adje-

Grammatices. 31

Adjectiva trium articulorum, & unius terminationis.

desinunt in
$\begin{cases} ιν \\ ξ \\ ρ \text{ 5. simpl.} \\ \text{ut } ὁ, καὶ ἡ, \\ καὶ τὸ \\ ς \\ ψρς \\ ↓ \end{cases}$
$\begin{matrix} τρίγλωχιν \\ ἅρπαξ \\ μάκαρ \\ \\ \\ λευκόκρας \\ μάκαρς \\ αἰθαλ↓ \end{matrix}$
$\begin{cases} τρίγλωχινΘ, \text{tricuspis.} \\ ἁρπαγΘ, \text{rapax.} \\ \text{Gen. } μάκαρΘ, \text{felix.} \\ τῦ, καὶ τῆς, \\ καὶ τῦ \\ λευκόκρατΘ, \text{albi capitis.} \\ μάκαρτΘ, \text{felix.} \\ αἰθοπΘ, \text{subfuscus.} \end{cases}$

Exempla Adjectivorum.

Tertiæ Classis.

Simul observandæ proponuntur quorundam variæ terminationes in Nominativo, & Genitivo.

ὁ καὶ ἡ, καὶ τὸ ἀάκτιν, *pulchros habens radios.*
ὁ, καὶ ἡ, καὶ τὸ ἄρριν, *sagax.*
ὁ, καὶ ἡ, καὶ τὸ καμπυλόρριν, *aduncum habens nasum.*
ὁ, καὶ ἡ, καὶ τὸ πλατύριν, *nares latas habens.*
ὁ, καὶ ἡ, καὶ τὸ πτάξ, κὸς, *pavidus.*
ὁ, καὶ ἡ, καὶ τὸ χειρῶναξ, κτΘ, *qui manibus operatur.*
ὁ, καὶ, ἡ, καὶ τὸ αἰνοπλὴξ, ἠγΘ, *graviter feriens.*
ὁ, καὶ ἡ, καὶ τὸ αἰολοθώρηξ, ηκος, *varium habens thoracem.*
ὁ, καὶ ἡ καὶ τὸ κυναλώπηξ, ηκΘ, *cane, & vulpe natus.*
ὁ, καὶ ἡ, καὶ τὸ πτώξ, κὸς, *timidus.*
ὁ, καὶ ἡ, καὶ τὸ ἀπόρρωξ, γΘ, *abruptus.*
ὁ, καὶ ἡ, καὶ τὸ σύζυξ, γΘ, *conjunctus.*
ὁ, καὶ ἡ, καὶ τὸ μιξόθηρ, ἠρΘ, *semiferus.*
ὁ, καὶ ἡ, καὶ τὸ ἐπιμάρτυρ, υρΘ, *testis.*
ὁ, καὶ ἡ, καὶ τὸ πολυθηρὰς, άδΘ, *cacuminosus.*
ὁ, καὶ ἡ, καὶ τὸ φιλόπαις, αιδΘ, *puerorum amans.*
ὁ, καὶ ἡ, καὶ τὸ μυριόναυς, αως, *permultis navibus instructus.*
ὁ, καὶ ἡ, καὶ τὸ πολύαρς, αρνΘ, *multos agnos possidens.*
ὁ, καὶ ἡ, καὶ τὸ αἰγίλι↓, πΘ, *relictus a capris.*
ὁ, καὶ ἡ, καὶ τὸ γλαυκώ↓, ωπΘ, *cæsios habens oculos.*

De

De Adjectivis Numeralibus.

Quædam sunt Cardinalia, quædam Ordinalia.

CARDINALIA

Numerum absolute significant.
εἷς, unus.

Sing. { Masc. Nom. εἷς, Gen. ἑνὸς, Dat. ἑνὶ, Acc. ἕνα.
       { Fœm. Nom. μία, Gen. μιᾶς, Dat. μιᾷ, Acc. μίαν.
       { Neut. Nom. ἓν, Gen. ἑνὸς, Dat. ἑνὶ, Acc. ἕν.

Caret Duali, & Plurali. Eodem modo declinantur composita: οὐδεὶς, οὐδεμία, οὐδέν: μηδεὶς, μηδεμία, μηδέν, nullus, nulla, nullum.

δύο, duo.

Dual. { N. A. δύο, & Attice δύω, G. & D. δυοῖν, &
       { Attice in fœminino δυεῖν.

Observatur tamen, δύο esse omnium casuum, & omnium generum. Inveniuntur & δυῶν, &. δυσί, in Plurali.

τρεῖς, tres.

Plural. οἱ, κ᾽ αἱ τρεῖς, κ᾽ τὰ τρία, Gen. τῶν τριῶν, Dat. τοῖς τρισὶ, Acc. τὰς, καὶ τὰς τρεῖς, καὶ τὰ τρία.

τέσσαρες, quatuor.

Plur. οἱ, καὶ αἱ τέσσαρες, καὶ τὰ τέσσαρα, Gen. τῶν τεσσάρων, Dat. τοῖς τέσσαρσι, Acc. τὰς, καὶ τὰς τέσσαρας, καὶ τὰ τέσσαρα.

A quatuor usque ad centum sunt indeclinabilia, πέντε, quinque, ἓξ, ἑπτά, ὀκτώ, ἐννέα, δέκα, decem, ἕνδεκα, δώδεκα, δεκατρεῖς, δεκατέσσαρες, δεκατέντε, δεκαέξ, δεκαεπτά, δεκαοκτώ, δεκαεννέα, εἴκοσι, viginti: εἰκοσιεῖς, εἰκοσιδύο, &c. τριάκοντα, τεσσαράκοντα, πεντήκοντα, ἑξήκοντα, ἑβδομήκοντα, ὀγδοήκοντα, ἐνενήκοντα, ἑκατὸν, centum: hinc jam declinantur, οἱ διακόσιοι, αἱ διακόσιαι, τὰ διακόσια, ducenti, tæ, ta; τριακόσιοι, τεσσαρακόσιοι, πεντακόσιοι, ἑξακόσιοι, ἑπτακόσιοι, ὀκτακόσιοι, ἐννακόσιοι, χίλιοι, mille: διχίλιοι, τριχίλιοι, τετραχίλιοι, πεντακισχίλιοι, ἑξακισχίλιοι, ἑπτακισχίλιοι, ὀγδοακισχί-

Grammatices.

κιχίλιοι, ἐννεακιχίλιοι, μύριοι, decies mille: δισμύριοι, τρισμύριοι: & ita in reliquis.

ORDINALIA

Numerum significant in ordine.

Πρῶτος, primus: δεύτερος, τρίτος, τέταρτος, πέμπτος, ἕκτος, ἕβδομος, ὄγδοος, ἔννατος, δέκατος, decimus: ἑνδέκατος, δυοκαιδέκατος, τρισκαιδέκατος, &c. εἰκοστὸς, vicesimus: εἰκοστὸς πρῶτος, εἰκοστὸς δεύτερος, &c. τριακοστὸς, τεσσαρακοστὸς, πεντηκοστὸς, ἑξηκοστὸς, ἑβδομηκοστὸς, ὀγδοηκοστὸς, ἐννενηκοστὸς, ἑκατοστὸς, centesimus: διακοσιοστὸς, τριακοσιοστὸς, &c. χιλιοστὸς, millesimus: διχιλιοστὸς, μυριοστὸς, decies millesimus: δισμυριοστὸς: & sic deinceps.

De Nominibus Derivativis.

Derivativorum Nominum species sunt præsertim Comparativum, Superlativum, Patronymicum, Diminutivum, Possessivum, Verbale.

De Comparativis, & Superlativis.

Formantur a Positivis: Comparativa masculina in τερος, fœminina in τέρα, neutra in τερον: Superlativa masculina in τατος, fœminina in τάτη, neutra in τατον: ita ut masculina, & neutra sint tertiæ Simplicium, fœminina secundæ.

Positivum. Comparativum. Superlativum.

ὁ λευκός,   ὁ λευκότερος,   ὁ λευκότατος,
ἡ λευκή,   ἡ λευκοτέρα,   ἡ λευκοτάτη.
τὸ λευκόν,   τὸ λευκότερον,   τὸ λευκότατον.

candidus, a, um, candidior, ius, candidissimus, a, um.

Quoniam vero in formandis Comparativis aut litera tollitur, aut vocalis permutatur pro terminationibus Positivorum; exempla sequentia, in singulis terminationibus collocata, planius docebunt, quam præcepta.

C   Po-

Positiva. Comparativa. Superlativa.

	in	in
ος	(ότερ☞	(όπατ☞
	(ώτερ☞	(ώπατ☞
ων	ονέστερ☞	ονέσατ☞
αρ	άρτερ☞	άρπατ☞
ας	άντερ☞	άνπατ☞
ις	ίστερ☞	ίσατ☞
ας ην ης	έστερ☞	έσατ☞
ϰς	ύστερ☞	ύσατ☞
υς	ύτερ☞	ύπατ☞

Positivum. Comparativum. Superlativum.

ος	(πρᾶος,	πραότερ☞,	πραόπατ☞, *mitis.*
	(σοφὸς,	σοφώτερ☞,	σοφώπατ☞, *sapiens.*
ων	σώφρων,	σωφρονέστερος,	σωφρονέσατος, *modestus.*
αρ	μάκαρ,	μακάρτερος,	μακάρπατος, *felix.*
ας	μέλας,	μελάντερος,	μελάνπατος, *niger.*
ας	χαρίεις,	χαριέστερος,	χαρίεσατος, *gratiosus.*
ην	τέρην,	τερενέστερ☞,	τερενέσατ☞, *tener.*
ης	ἀσεβὴς,	ἀσεβέστερ☞,	ἀσεβέσατ☞, *pius.*
ις	γάστρις,	γαστρίστερ☞,	γαστρίσατ☞, *gulosus.*
ϰς	ἁπλῆς,	ἁπλύστερ☞,	ἁπλύσατ☞, *simplex.*
υς	ἀρύς,	ἀρύτερ☞,	ἀρύπατ☞, *latus.*

Observatio.

Positiva in ☞, quæ habent penultimam brevem, mutant in Comparativo, & Superlativo ο in ω: ut φρόνιμ☞, φρονιμώτερ☞, φρονιμώπατ☞, *prudens.* σοφὸς, σοφώτερ☞, σοφώπατ☞. Excipe tamen κενὸς, κενότερ☞, κενόπατ☞, *vacuus:* ςενὸς, ςενότερ☞, ςενόπατ☞, *angustus.* Reperiuntur tamen κενώτερ☞, & ςενώτερ☞: ἰσότερ☞, & ἰσώτερ☞.

Com-

Grammatices.

Comparatio Irregularis.

	Compar.		Superlat.	
ἀγαθὸς bonus	⎧ ἀμείνων ⎪ ἀρείων ⎨ κρείττων ⎩ λωίων	melior,	⎧ ἄριστ⸺ ⎨ κράτιστ⸺ ⎩ λῷστ⸺	optimus.
κακὸς malus.	⎧ κακώτερ⸺ ⎪ κακίων ⎨ ⎪ χείρων ⎩ χερείων poet.	pejor,	⎧ κάκιστ⸺ ⎨ ⎩ χείριστ⸺	pessimus.
μέγας magnus	⎧ μείζων ⎨ ⎩ μάσσων	major,	μέγιστ⸺	maximus.
μικρὸς parvus	⎧ μικρότερ⸺ ⎪ μείων ⎨ ⎪ ἥττων, ἥσσων ⎩ ἐλάττων ἐλάσσων	minor	⎧ μικρότατ⸺, ⎨ ὄκιστ⸺ ⎩ ἐλάχιστ⸺.	minimus.
καλὸς,	καλλίων,	κάλλιστ⸺,	pulcher.
αἰσχρὸς,	αἰσχίων,	αἴσχιστ⸺,	turpis.
ἐχθρὸς,	ἐχθίων,	ἔχθιστ⸺,	inimicus.
ῥᾴδι⸺,	ῥᾴων,	ῥᾷστ⸺,	facilis.
πολὺς,	πλείων,	πλεῖστ⸺,	multus.

Quædam in ⸺, abjiciunt ο, vel ω, in Comparativo, & Superlativo.

φίλ⸺, φίλτερ⸺, ⎧ φίλτατ⸺,
⎨
⎩ φίλιστ⸺, amicus.

γεραιὸς, γεραίτερ⸺, γεραίτατ⸺, senex.

Ita παλαιὸς, antiquus, σχολαῖος, otiosus, θερεῖος, æstivus, παλαίτερ⸺, παλαίτατ⸺: σχολαίτερ⸺, σχολαίτατος: θερείτερ⸺, θερείτατ⸺, &c.

Attici formant multa a Positivis in ⸺ per ⎧ ἱστερ⸺, ἱστατ⸺.
⎨ αἴτερ⸺, αἴτατ⸺.
⎩ ἰστερ⸺, ἰστατ⸺.

C 2 ἀκρα-

36 *Institutio Græcæ*

ἄκρατ**Ͼ**, ἀκρατέςερ**Ͼ**, ἀκρατίςατ**Ͼ**, incontinens.
ἥσυχ**Ͼ**, ἡσυχαίτερ**Ͼ**, ἡσυχαίτατ**Ͼ**, quietus.
ὀλίγ**Ͼ**, ὀλιγίτερ**Ͼ**, ὀλιγίτατ**Ͼ**, & ὀλίγις**Ͼ**, parvus.

Sunt hujusmodi αἰδοῖ**Ͼ**, αἰδοιέτερ**Ͼ**, αἰδοιέτατ**Ͼ**, *venerabilis*: ἄμορφος, ἀμορφέτερος, ἀμορφέτατος, *deformis*: ἄσμινος, ἀσμενέτερος, ἀσμενέτατος, *lubens*: σπουδαῖος, σπουδαιέτερος, σπουδαιέτατος, *studiosus*: ἴδιος, ἰδιαίτερος, ἰδιαίτατος, *peculiaris*: μέσος, μεσαίτερος, μεσαίτατος, *medius*: ἴσος, ἰσαίτερος, ἰσαίτατος, *æqualis*: πλήσιος, πλησαίτερος, πλησαίτατος, *vicinus*: λάλος, λαλίτερος, λαλίτατος, *loquax*: λάγνος, λαγνίτερος, λαγνίτατος, *salax*.

Eamdem formam sequuntur orta à Positivis aliarum terminationum.

Nam ab ἀλαζών, *ostentator*, fit ἀλαζονίτατος: ἅρπαξ, *rapax*, ἁρπαγίτατος: βλάξ, *mollis*, βλακίτατος: κλέπτης, *fur*, *seu callidus*, κλιπτάτατος: πλήκτης, *percussor*, πληκτάτατος: πότης, *bibulus*, ποτάτατος: ψευδής, *mendax*, ψευδίτατος. Quædam item in ης, sunt in ότερος, vel ώτερος: ut διπλοῦς, *duplex*, διπλότερος: πορφυροῦς, *purpureus*, πορφυρώτερος. Aliqua in ω formant in ωτερος: ut τέρην, *tener*, τερηνότερος.

Plurima in υς habent Comparativum in ίων, Superlativum in ιςος, ut βραδύς, tardus, βραδίων, βράδιςος: βαθύς, profundus, βαθίων, βάθιςος: ita γλυκύς dulcis: παχύς, crassus: ὠκύς, velox: εὐρύς, latus: ταχύς, celer, quod & ταχίων, & θάσσων.

Comparativa in ων, præsertim irregularia, inflectuntur ad normam quintæ Simplicium.

Sing. Nom. ὁ, ἡ πλείων, & τὸ πλέον, amplior, & amplius, Gen. τοῦ, & τῆς, & τοῦ πλείονος, Dat. τῷ, & τῇ, & τῷ πλείονι, Acc. τὸν, & τὼ πλείονα, & τὸ πλέον, Voc. ὦ πλέον.

Dual. Nom. Acc. Voc. τὼ, & τὰ, & τὼ πλείονε, Gen. & Dat. τοῖν, & ταῖν, & τοῖν πλειόνοιν.

Plur. Nom. οἱ, & αἱ πλείονες, & τὰ πλείονα, Gen. τῶν πλειόνων, Dat. τοῖς, & ταῖς, & τοῖς πλείοσι, Acc. τοὺς, & τὰς πλείονας, & τὰ πλείονα, Voc. ὦ πλείονες, & ὦ πλείονα.

Comparatio est etiam ex aliis dictionibus, quæ per Comparationem migrant in Adjectiva.

Ex

Grammatices.

Ex substantivo.

Κέρδος, lucrum, fit κερδίων, lucrosior, κέρδισος, lucrosissimus: ὕψος, altitudo, ὑψίτερος, altior, ὕψισος, altissimus: κῦδος, gloria, κυδίων, & κυδότερος, gloriosior, κύδισος, gloriosissimus: Θεός, deus, Θεώτερος, divinior: βασιλεύς, rex, βασιλεύτερος, βασιλεύτατος, regno potentior, & potentissimus; & alia plurima.

Ex pronomine:

Αὐτὸς, ipse, αὐτότατος, ipsissimus.

Ex verbis:

Βάλλω, mitto, βέλτερος, & βελτίων, melior, βέλτισος, optimus: φέρω, fero, φέρτερος, præstantior, φέρτατος, φέρτιστος, & φέριστος, præstantissimus: δύω, relinquo, δύτερος, posterior, δύτατος, postremus.

Ex participio:

Ἐῤῥωμένος, validus, ἐῤῥωμενέστερος, ἐῤῥωμενέστατος, validior, validissimus.

Ex adverbiis:

Ἄνω, supra, ἀνώτερος, ἀνώτατος, superior, supremus; κάτω, infra, κατώτερος, κατώτατος, inferior, infimus: μάλα, valde, μᾶλλον, μάλιστα, magis, maxime: πόῤῥω, longe, ποῤῥώτερος, ποῤῥώτατος, longior, longissimus: πέρα, ultra, περαιτέρω, περαίτατον, ulterius, ultimum: ἐγγὺς prope, ἐγγύτερος, ἐγγύτατος, vel ἐγγίων, ἔγγιστος, propior, proximus: ἔξω, extra, ἐξώτερος, ἐξώτατος, exterior, extimus.

Ex præpositionibus:

Ὑπέρ, supra, ὑπέρτερος, ὑπέρτατος, superior, supremus: πρὸ, ante, πρότερος, prior, πρότατος, & eliso τ, factaque crasi, πρόατος, πρῶτος, primus.

De Patronymicis.

Patronymicum est, quod vel a patre, vel ab alia quapiam suæ familiæ persona derivatur: ut Κρόνος, Saturnus, Κρονίδης, Saturnius, idest Saturni filius: Αἰακὸς, Æacus, Αἰακίδης, Æacides, idest Æaci nepos.

Institutio Græcæ

Masculina sunt in

ἄδης, orta a rectis Primitivorum primæ Simplicium, mutato ας, vel ης, in ἄδης: ut Αἰνέας, Æneas, Αἰνειάδης, Æneades: Ἱππότης, Hippotes, Ἱπποτάδης, Hippotades: vel etiam in ιάδης, quoties Primitivum in penultima genitivi est longum: ut Λαέρτης, Laertes, Λαερτιάδης, Laertiades.

ίδης, ducta tum a Primitivis tertiæ Simplicium, verso ϛ recti in ίδης: ut Πρίαμος, Priamus, Πριαμίδης, Priamides: quamquam & in άδης, cum scilicet terminationem ος præcedit ι: ut Ἥλιος, Sol, Ἡλιάδης, Solis filius: tum a Primitivis quintæ Simplicium, verso ος genitivi in ίδης: ut Νέστωρ, Νέστορος, Nestor, is, Νεστορίδης, Nestorides: Λητώ, Λητόος, Latona, æ, Λητοΐδης, Latonides: Πηλεύς, Πηλέος, Peleus, & Πηλείδης, & synæresi Πηλείδης, Pelides: quoties enim terminationem ίδης præcedit ε, vel ο, vocales εϊ, & οϊ coalescunt in diphthongos ει, οι.

Cæterum Πηλεύς, ϛ reliqua in ευς, habent Jonice genitivum in ῆος: a quo itidem formatur Patronymicum: ut a τῷ Πηλῆος, ὁ Πηληΐδης, ϛ epenthesi vocalis a, Poetis in Patronymicis familiari, ὁ Πηληϊάδης, τῶ Πηληϊάδε, ϛ Jonice Πηληϊάδεω apud Homerum primo versu Iliados; apud quem etiam a Πηλεύς, aliud Patronymicum Πυλήων, ωνος, Iliad. α, φ, ϛ χ.

Fœminina sunt in

Ἀς, & ἰς, nata a Patronymicis masculinis in άδης, & ίδης, rejecto δης: ut ὁ Ἡλιάδης, ἡ Ἡλιάς, filia Solis: ὁ Νεστορίδης, ἡ Νεστορίς, filia Nestoris.

Ἰω, vel ώνη, rejecta ultima recti Primitivorum: quæ si fuerint tertiæ Simplicium in ος impurum, habebunt in ὄνη: ut ὁ Ἄδραστος, Adrastus, ἡ Ἀδραστίνη, Adrasti filia: præcedente autem ι, in ώνη ut ὁ Ἰκάριος, Icarius, ἡ Ἰκαριώνη, Icarii filia: ὁ Ἠετίων, Eetion, ἡ Ἠετιώνη, Eetionis filia.

De

Grammatices.
De Diminutivis.

Diminutiva ducuntur & a propriis, & ab appellativis: varias habent terminationes; uſitatiores, quæ ſequuntur.

Maſculina in
- ος: μωρὸς, ſtultus, μωρίων, ſtultulus.
- αξ: Ῥόδιος, Rhodius; Ῥόδαξ, Rhodiolus.
- ας: Ζηνόδωρος, Zenodorus; Ζηνᾶς, Zenodorulus.
- σκος: ἄνθρωπος, homo; ἀνθρωπίσκος, homunculus.
- λος; ναύτης, nauta: ναυτίλος, nautulus.
- ῦς: Διονύσιος, Bacchus: Διονῦς, Bacchulus.

Fœminina in
- ων: Ὑψιπύλη, Hypſipyla, Ὑψιπυλώ, Hypſipylula.
- ις: κρήνη, fons; κρηνίς, ἰδος, fonticulus.
- νη: πόλις, urbs; πολίχνη, urbecula.
- σκη: ἡ παῖς, puella: παιδίσκη, puellula.

Neutra in
- ιον: γνώμη, ſententia; γνωμίδιον, ſententiola.
- αιον: γυνή, mulier; γυναιον, muliercula.
- ειον: ἄγγος, dolium; ἀγγεῖον, doliolum.

De poſſeſſivis.

Poſſeſſiva etiam ducuntur tum a propriis, tum ab appellativis.

Deſinunt in
- κος: Πλάτων, Plato; Πλατωνικὸς, Platonicus.
- ιος: Ἕκτωρ, Hector; Ἑκτόρεος, Hectoreus.
- ινος: ἄνθρωπος, homo; ἀνθρώπινος, humanus.
- ιος: οὐρανὸς, cœlum; οὐράνιος, cœleſtis.
- αιος: Ῥώμη, Roma; Ῥωμαῖος, Romanus.
- ειος: Ἀχιλλεὺς, Achilles; Ἀχίλλειος, Achilleus.
- οιος: πᾶς, omnis; παντοῖος, omnigena.
- ῷος: πατήρ, pater, πατρῷος, patrius.

His addunt aliqua in ώδης, & εις exeuntia: quæ interdum materiam, interdum ſimilitudinem, ſeu affectionem, interdum copiam ſignificant: ut λίθος, lapis; λιθώδης, lapidoſus: χάρις, gratia; χαρίεις, gratioſus: ἄμαθος, arena; ἀμαθώδης, & ἀμαθόεις, arenoſus.

Denominativa hic recenſeri ſolent, quæ a nomine derivantur: ut a φίλος, amicus, ὁ φίλων, Philo; ἡ φιλότης, φιλία, φιλοσύνη, amicitia: τὸ φίλιον, amicum: quo quidem nomine appellari poſſunt reliquæ etiam ſpecies jam dictæ.

Verbalia ſunt, quæ proficiſcuntur a Verbis. De his ſtatim poſt Verba.

De Heteroclitis.

Heteroclita sunt, quæ a communi declinandi ratione deflectunt.

Heteroclita genere.

In singulari numero generis sunt masculini, in plurali neutrius: ὁ ἐρετμός, remus; τὰ ἐρετμά: ὁ ζυγός, jugum, τὰ ζυγά: ὁ τάρταρος, tartarus, τὰ τάρταρα: ὁ χίδρωψ, legumen, τὰ χίδρωτα.

In singulari numero generis sunt masculini, in plurali masculini, & neutrius: ὁ δεσμός, vinculum, οἱ δεσμοί, & τὰ δεσμά: ὁ κύκλος, circulus, οἱ κύκλοι, & τὰ κύκλα: ὁ δίφρος, currus, οἱ δίφροι, & τὰ δίφρα. Sic ὁ λύχνος, lucerna: ὁ μοχλός, vectis: ὁ μηρός, femur: ὁ νῶτος, dorsum: ὁ πυρσός, fax: ὁ σταθμός, statio: ὁ ταρσός, planta pedis: ὁ τράχηλος, collum: ὁ χαλινός, frænum.

In singulari numero generis sunt fœminini, in duali vero masculini: ἡ γυνή, mulier, τὼ γυναῖκε: ἡ πόλις, civitas, τὼ πόλιε: ἡ χείρ, manus, τὼ χεῖρε: ἡ ὁδός, via, τὼ ὁδώ, cum compositis. Attice fœminina omnia sic inflectuntur. ἡ τέχνη, ars, τὼ τέχνα: ἡ ἡμέρα, dies, τὼ ἡμέρα.

In singulari numero generis sunt fœminini, in plurali fœminini, & neutrius: ἡ κέλευθος, via, αἱ κέλευθοι, & τὰ κέλευθα.

In singulari neutrius, in plurali & masculini, & neutrius, τὸ στάδιον stadium; οἱ στάδιοι, ἢ τὰ στάδια.

Variatur genus etiam in eodem numero, atque adeo in eodem casu; sed vel propter significationem: ut ὁ ἵππος, equus; ἡ ἵππος, equa, & equitatus: ὁ λίθος, lapis; ἡ λίθος, lapillus, seu lapis pretiosus: vel propter dialectum: ut communiter masculina, ὁ ἀσβολος, fuligo, βῶλος, gleba, θόλος, testudo templi, Attice fœminina sunt, ἡ ἄσβολος, ἡ βῶλος, ἡ θόλος. Sic ὁ κίων, communiter, sed Jonice, ἡ κίων, columna.

Heteroclita Numero.

Duali, & plurali carent nomina propria; itemque ut plurimum ὁ ἀήρ, aer; ἡ ἅλς, mare; ἡ γῆ, terra; τὸ πῦρ ignis: τὸ ἔλαιον, oleum.

Sin-

Singulari, & Duali carent Festa; ut τὰ Κρόνια, Saturnalia; τὰ Διονύσια, Bacchanalia; τὰ Ὀλύμπια, Olympia: nomina quædam urbium: ut Ἀθῆναι, Athenæ; Θῆβαι, Thebæ; Μέγαρα, Megara: ita, ἄλφιτα, necessaria ad victum; ἐπιτίμια, præmia; ὀνείρατα, somnia, cum pluribus aliis.

Heteroclita Casibus.
Deficientia casibus.

Nullos casus habent nomina literarum, ut ἄλφα, βῆτα: omnes numeri a quatuor usque ad centum, ut πέντε, quinque, ἕξ, sex: quæ apocopen patiuntur; ut δῶ pro δῶμα, domus; τρόφι, pro τρόφιμον, nutrimentum: aucta poetice per paragogen, ut τοῖς δακρυόφι, lacrymis, ποντόφιν, e ponto. Similiter βρέτας, statua, δέμας, corpus, σέβας, veneratio, ὄναρ, somnium, ὄφελος, utilitas, σέλας, lumen, νῶκαρ, torpor, δῶς, donum, χρεών, fatum, cum aliis. Item pleraque nomina peregrina, ut Δαβίδ, David, Δανιήλ, Daniel.

Unius tantum casus est ὦ τᾶν, o amice, & o amici. Duorum casuum ἄμφω, ambo, ambæ, ἀμφοῖν: οἱ φθόες, φθοῖς, placentæ, τᾶς φθόιας, φθοῖς, placentas; ἅττα pro ἅτινα, quædam; nom. & accus. plural.

Trium casuum, ἀλλήλων, ἀλλήλων, ἀλλήλων: ἀλλήλοις, ἀλλήλαις, ἀλλήλοις: ἀλλήλους, ἀλλήλας, ἄλληλα, mutuo, invicem: τοῦ ἀρνός, agni, τὸν ἄρνα, οἱ ἄρνες. His adde sanctum nomen Ἰησοῦς, Jesus, Ἰησοῦ, Ἰησοῦ, Ἰησοῦν, Ἰησοῦ. Sic diminutiva circumflexa in ῦς, ut ὁ Διονῦς, Bacchulus, τοῦ ῦ, τῷ ῦ, τὸν ῦ. Vocativo carent Indefinita, & Interrogativa.

Redundantia Casibus.

ὁ Ζεύς, Jupiter: ὁ Ζὼ, Ζὰν, Δὼ, Δὰν, Ζής, Ζάς, Δάς, Βδίς, Δίς, Gen. τοῦ Ζωνός, Διός, Dat. τῷ Ζωνί. Διΐ, Acc. τὸν Ζῶνα, Δία, Voc. ὦ Ζεῦ. Communis inflexio: ὁ Ζεύς, Gen. τοῦ Διός, Dat. τῷ Διΐ, Acc. τὸν Δία, Voc. ὦ Ζεῦ.

Plurima redundant, quia simul redundant vel terminatione, ut ἡ ἀκτίς, & ἀκτίν, radius: vel genere, ut ὁ δεῖπνος, & τὸ δεῖπνον cœna: vel declinatione,

ut

ut ὁ ὑός, τῦ ὑῦ, & ὁ ὑΐς, τῦ ὑίως, seu ὁ ὑις, τῶ ὑιῶ, ὑῶ, filius.

Sic τὸ κάρα, τῦ κάρατος, & τὸ κάρλωον, τῦ καρλώυ· & κὰρ indeclinabile, & τὸ κρὰς, τῦ κρατὸς, & τὸ κράας, τῦ κράατος, caput: ὁ μάκαρ, sive μάκαρς, τῦ μάκαρος, & ὁ μακάριος, τῦ μακαρίυ, beatus: ὁ δίνδρος, & τὸ δίνδρον, arbor: ὁ μάρτυς, & μάρτυρ, τῦ μάρτυρῶ, & ὁ μάρτυρος, τῦ μαρτύρυ, testis: ὁ ἵλιος, & τὸ ἵλιος, misericordia: ὁ σκότος, & τὸ σκότος, tenebræ.

Eadem ratione: ὁ Δάρης, τῦ Δάρυ, Δάριως, Δάρητος, Dares: τὸ δόρυ, τῦ δόρυος, per metathesin δυρὸς: & τὸ δόρας, τῦ δόρατος, & τὸ δόρος, τῦ δόρυος, δόρυς, & τῦ δύρας, ατος, hasta: ὁ λᾶας, lapis, τῦ λάατος, & per crasin λᾶος, & ὁ λᾶος, τῦ λάυ, & ὁ λάας, τῦ λάα, τῷ λάᾳ, τὸν λάαν (Homerus tamen Iliad. η. λᾶαν cum circumflexo, quia ultimam ibi corripit licentia poetica) & τὸ λᾶος, τῦ λάιος, & ὁ λᾶίς, τῦ λαίιος, & ὁ λᾶς, τῦ λαὸς, lapis: ὁ Μίνως, τῦ Μίνωος, & Μίνω, Minos: ὁ γέλως, τῦ γέλωτος, & γίλω, risus. Hujusmodi sunt ὁ Θαλῆς, ῦ, vel Θάλης, ητος, Thales: ὁ λάχης, χυ, vel λάχης, ητος, Laches: ὁ Μυσῆς, τῦ Μυσῦ, vel ὁ Μωϋσῆς, τῦ Μωϋσῦ, vel ὁ Μωσᾶς, τῦ Μωσίως, vel ὁ Μωϋσᾶς, τῦ Μωϋσίως, Moyses: ὁ Οἰδίπυς, τῦ Οἰδίποδος, vel ὁ Οἰδιπόδης, τῦ Οἰδιπόδυ, OEdipus.

Heteroclita Declinatione.

Quædam neutra in αρ genitivum habent in ατος, ab inusitatis nominibus in ας: ut τὸ ἧπαρ, τῦ ἥπατος, hepar, ab ἧπας: sic ἧμαρ, dies; ἔδαρ, esca; φρέαρ, puteus; στέαρ, adeps; δέλεαρ, illecebra, ὄναρ, utilitas, ὗδαρ, mamma, κτέαρ, possessio. His addi possunt τὸ ὕδωρ, τῦ ὕδατος, aqua, τὸ ὗς, τῦ ὠὸς, auris, τὸ σκὼρ, τῦ σκωτὸς, oletum, τὸ ὄναρ, τῦ ὀνείρατος, somnium & alia.

Quandoque nomina ejusdem rei sumunt casus a diversis: ut ἡ γυναίξ, inusitatum, pro quo ἡ γυνὴ, mulier, τῆς γυναικὸς, τῇ γυναικί, τὴν γυναῖκα, ὦ γύναι, sine ξ: interdum ὁ ἄνα, ab ἄναξ, rex: tria ἄναξ, νύξ, γάλαξ, genitivum faciunt in κτος, pleonasmo literæ τ, unde ἄνακτος, νυκτός, γάλακτος, pro ἄνακος, νυκὸς,

γάλα-

γάλακος, a nominativis ὁ ἄναξ, rex, ἡ νύξ, nox, τὸ γάλαξ, pro quo γάλα, lac.

Heteroclita Syncope.

Quinque nomina in ηρ patiuntur syncopen: ἀνὴρ, vir, τῦ ἀνέρος, & ἀνδρὸς, ita deinceps, post syncopen, interposito δ, ὁ ἀνὴρ. Quatuor non habent syncopen, nisi in genitivo, & dativo sing. πέρος, τρὸς, πέρι, τρὶ: ὁ πατὴρ, pater: ὁ γαστὴρ, venter, ἡ μήτηρ, mater, ἡ θυγάτηρ, filia: Hæc omnia formant dativum pluralem in ᾶσι: quidam tamen volunt γαστῆρσι, non γαστράσι.

Patiuntur syncopen ὁ, κỳ ἡ κύων, canis, κυνὸς, κυνὶ, κύνα, pro κύονος, κύονι, κύονα: sic ὁ κỳ ἡ, ἀμνὼ, agnus, ἀρνὸς, ἀρν', ἄρνα, pro ἀρένος, &c.

Heteroclita Contractione.

Multa nomina contractionem patiuntur, nec tamen ad ullam declinationem contractorum commode referri possunt. Ea autem vel sunt ὁλοτατὴ, idest quæ contrahuntur in omnibus casibus; vel ὀλιγοτατὴ, quæ in paucioribus.

Ὁλοτατὴ
Nomina in οος

1. Simpli-
cium. Sing. Nom. ὁ νόος, νῦς, mens, Gen. τῦ νόου, νῦ, Dat. τῷ νόῳ, νῷ, Acc. τὸν νόον, νῦν, Voc. ὦ νόε, νῦ.

Dual. Nom. Acc. Voc. τὼ νόω, νῶ, accentu acuto, Gen. & Dat. τοῖν νόοιν, νοῖν.

Plural. Nom. οἱ νόοι, νοῖ, Gen. τῶν νόων, νῶν, Dat. τοῖς, νόοις, νοῖς, Acc. τὰς, νόας, νῦς, Voc. ὦ νόοι, νοῖ.

Sic ὁ ῥόος, ῥῦς, fluxus: ὁ πλόος, πλῦς, navigatio: & adjectiva ἁπλόος, ἁπλῦς, simplex: διπλόος, διπλῦς, duplex: τριπλόος, τριπλῦς, triplex: quorum fœminina, & neutra ubique contrahuntur.

2. Simpli-
cium. Sing. Nom. ἡ ἁπλόη, ἁπλῆ, Gen. τῆς ἁπλόης, ἁπλῆς, Dat. τῇ ἁπλόῃ, ἁπλῇ, Acc. τὴν ἁπλόην, ἁπλῆν, Voc. ὦ ἁπλόη, ἁπλῆ.

Dual. Nom. Acc. Voc. τὰ ἁπλόα, ἁπλᾶ, Gen. & Dat. ταῖν ἁπλόαιν, ἁπλαῖν.

Plur.

Institutio Græcæ

Plur. Nom. αἱ ἁπλόαι, ἁπλαῖ, Gen. τῶν ἁπλόων, ἁπλῶν, Dat. ταῖς ἁπλόαις, ἁπλαῖς, Acc. τὰς ἁπλόας, ἁπλᾶς, Voc. ὦ ἁπλόαι, ἁπλαῖ.

3. *Simplicium.* Sing. Nom. τὸ ἁπλόον, ἁπλῶν. Genit. τῶ ἁπλόω, ἁπλῶ, Dat. τῷ ἁπλόῳ, ἁπλῷ, Acc. τὸ ἁπλόον, ἁπλῶν, Voc. ὦ ἁπλόον, ἁπλῶν.

Dual. Nom. Acc. Voc. τὼ ἁπλόω, ἁπλώ, Genit. & Dat. τοῖν ἁπλόοιν, ἁπλοῖν.

Plural. Nom. τὰ ἁπλόα, ἁπλᾶ, Gen. τῶν ἁπλόων, ἁπλῶν, Dat. τοῖς ἁπλόοις, ἁπλοῖς, Acc. τὰ ἁπλόα, ἁπλᾶ, Voc. ὦ ἁπλόα, ἁπλᾶ.

Nomina in ο.

Sing. Nom. ὁ χρύσεος, χρυσῦς, aureus, pro χρύσυς: irregulariter enim accentus locum suum non servat, Gen. τῶ χρυσέυ, χρυσῦ, Dat. τῷ χρυσέῳ, χρυσῷ, Acc. τὸν χρύσεον, χρυσῦν, Voc. ὦ χρύσεε, χρυσὲ, &c.

Sing. Nom. ἡ χρυσέη, χρυσῆ, aurea, Gen. τῆς χρυσέης, χρυσῆς, Dat. τῇ χρυσέῃ, χρυσῇ, Acc. τὴν χρυσέην, χρυσῶ, Voc. ὦ χρυσέη, χρυσῆ, &c.

Sing. Nom. τὸ χρύσεον, χρυσῦν, aureum, Gen. τῶ χρυσέυ, χρυσῦ, Dat. τῷ χρυσέῳ, χρυσῷ, Acc. τὸ χρύσεον, χρυσῦν, Voc. ὦ χρύσεον, χρυσῦν, &c.

Similiter ὁ ἀργύρεος ἀργυρῦς, ἡ ἀργυρέα ἀργυρᾶ, τὸ ἀργύρεον ἀργυρῦν, argenteus: ὁ χάλκεος χαλκῦς, ἡ χαλκέη χαλκῆ, τὸ χάλκεον χαλκῦν, æreus: τὸ ὀστέον ὀσῦν, τῶ ὀστέυ ὀσῦ, os ossis.

Terminationes plures habet quinta declinatio per crasin factas.

όεις (ὁ σιμόεις σιμῦς, Simois, τῶ σιμόεντος σιμῦντος: ὁ
ῦς (πλακόεις πλακῦς, placenta, τῶ πλακόεντος πλακῦντος.
ήεις (ὁ τιμήεις τιμῆς, honoratus, τῶ τιμήεντος τιμῆντος.
ῆς (τος.
άεις (ὁ ἀλλάεις ἀλᾶς, botellus, τῶ ἀλλάεντος ὀλᾶντος.
ᾶς (
αῖς (ὁ, καὶ ἡ παῖς, παῖς, puer, vel puella, τῦ, καὶ τῆς
αῦς (παΐδος, παιδός.
αῖς (ἡ δαῒς δᾶς, fax, τῆς δαΐδος δᾳδός.
ᾶς (

ἴαρ

Grammatices.

ἔαρ (τὸ κέαρ, κῆρ, cor, τῦ κέαρος, κῆρος : τὸ ἔαρ,
ἦρ (ςῆρ, adeps, τῦ ςέαρος, ςῆρος.
τὸν (ὁ κενεὼν, κενὼν, venter, τῦ κενῶντος, κενῶνος.
ὼν (
ἄας (τὸ κράας, κρᾶς, caput, τῦ κράατος, κρατός.
ἆς (

Ad Heteroclita ὁλοτανῆ revocantur aliqua nomina etiam primæ declinationis: ut Ἑρμέας ῆς, τῦ Ἑρμέω ὦ, Mercurius : ὁ Ἀπελλῆς ῆς, τῦ Ἀπελῶ ὦ, Apelles: aliqua etiam secundæ ; ut ὁ μνάα ᾶ, ὡς μνάας ᾶς, mina : ἡ γαλῆν ῆ, τῆς γαλένης ῆς, mustela. Itaque omnes declinationes simplicium, præter quartam, admittunt contractionem in casibus omnibus.

Ὁλοταθῆ.

Substantiva in υς υος, & ὑς ύος contrahuntur in Nominativo, Accusativo, & Vocativo plural. ut ὁ βότρυς, τῦ βότρυος, racemus, οἱ βότρυες βότρυς, τὰς βότρυας βότρυς, ὢ βότρυες βότρυς : ὁ ἰχθὺς, τῦ ἰχθύος, piscis, οἱ ἰχθύες ἰχθῦς, τὰς ἰχθύας ἰχθῦς, ὢ ἰχθύες ἰχθῦς.

Adjectiva in ύς ώς crasin patiuntur in Dativo singulari, Nominativo, Accusativo, & Vocativo plurali more primæ declinationis contractorum: ut ὁ ἡδὺς, τῦ ἡδέος, suavis, τῷ ἡδέι ἡδεῖ, οἱ, ἢ αἱ ἡδέες ἡδεῖς, τὰς, ἢ τὰς ἡδέας ἡδεῖς, ὢ ἡδέες ἡδεῖς.

Imparisyllaba in ας similiter contrahuntur in tribus illis casibus plural. ut ὁ βοῦς, τῦ βοὸς, bos, οἱ βόες βοῦς, τὰς βόας βοῦς, Dorice βῶς, ὢ βόες βοῦς.

Item ναῦς, navis, αἱ, ἢ τὰς, ἢ ὢ ναῦς. Sic γραῦς, anus, vetula.

Comparativa in ων contrahuntur in Accusativo singulari communis generis, elisa litera ν, ac deinde facta crasi ex ο, & sequenti vocali: ut ὁ, ἢ ἡ μείζων, major : τὸν μείζονα, μείζοα, μείζω : tum in tribus casibus pluralibus, Nom. Acc. Voc. omnis generis : οἱ, ἢ αἱ μείζονες, μείζοες, μείζους, ἢ τὰ μείζονα, μείζοα, μείζω : τὰς, ἢ τὰς μείζονας, μείζοας, μείζους, ἢ τὰ μείζονα, μείζοα, μείζω : ὢ μείζονες, μείζοες, μείζους, ἢ ὢ μείζονα, μείζοα, μείζω.

Casibus aliquibus contrahuntur etiam hæc : ἡ ἴεις, lis,

Institutio Græcæ

αἱ ἐρίδες, ταῖς ἐρίδας, ἔρις: ἡ κάλπις, urna, αἱ κάλπιδες, ταῖς κάλπιδας, κάλπης: ὁ, ἢ ἡ ὄρνις, avis, οἱ, ἢ αἱ ὄρνιθες, τὰς, ἢ. ταῖς ὄρνιθας, ὄρνης: ἡ κλεῖς, clavis, τῆς κληδὸς, τῇ κληδί, τὴν κλεῖδα, ἢ κλεῖν, & in plur. αἱ κλεῖδες, τὰς κλεῖδας, κλῆς: τὸ ἄςυ, urbs, τὰ ἄςεος, τῷ ἄςει, ἄςη: τὸ πῶϋ, grex, τὰ πώεος, τῷ πώϊ, πώη: ὁ σάος, salvus, τὰς Attice, τὸν σάον σῶν, τὰς σάας σῶς, τὰ σάα σᾶ.

Contractio quædam Heteroclita
In Prima Contractorum.

Nomina propria ως, composita a κλέος, contrahuntur in Nominativo singulari, & dupliciter in reliquis casibus: ut vides in hoc exemplo.

Sing. Nom. ὁ Ἡρακλέης, Ἡρακλῆς, Hercules, Gen. τὰ Ἡρακλέεος Ἡρακλέους, Ἡρακλέος Ἡρακλοῦς, Dat. τῷ Ἡρακλέϊ Ἡρακλέϊ, Ἡρακλέϊ Ἡρακλῆ, Acc. τὸν Ἡρακλέεα Ἡρακλέη, Ἡρακλέα Ἡρακλῆ, & Ἡρακλέω Ἡρακλῶ Att. Voc. ὦ Ἡράκλεες Ἡράκλεις, Ἡρακλες, & Ἡρακλῆς Att.

Dual. Nom. Acc. Voc. τὼ Ἡρακλέεα Ἡρακλ.έω, Ἡρακλεῖς Ἡρακλῆ, Gen. & Dat. τοῖν Ἡρακλέοιν Ἡρακλέοιν, Ἡρακλεῖν.

Plural. Nom. Ἡρακλέεες Ἡρακλέεις, Ἡρακλεῖς Ἡρακλῆς, Gen. τῶν Ἡρακλέεων Ἡρακλέων, Ἡρακλῶν, Dat. τοῖς Ἡρακλέεσι Ἡρακλέσι, Acc. τὰς Ἡρακλέεας Ἡρακλέεις, Ἡρακλέας Ἡρακλεῖς, Voc. ὦ Ἡρακλέεες Ἡρακλέεις, Ἡρακλέες Ἡρακλῆς.

Eodem modo declinantur Θεμιςοκλέης, Themistocles: Σοφοκλέης, Sophocles, Περικλέης, Pericles; Ἰφικλέης, Iphicles: & alia plurima.

DE PRONOMINE.

Pronomen vel est Primitivum, vel Possessivum, vel Demonstrativum, vel Relativum, vel Infinitum.

. Primitivum.
Primæ Personæ.

Sing. Nom. ἐγώ, ego, Gen. ἐμοῦ, Dat. ἐμοί, Acc. ἐμέ. & per aphærensin μοῦ, μοί, μέ.

Dual. Nom. Acc. νῶϊ νώ, & νώ, Gen. Dat. νῶϊν νῶν,

Plur. Nom. ἡμεῖς, Gen. ἡμῶν, Dat. ἡμῖν, Acc. ἡμᾶς.

Se-

Grammatices. 47
Secundæ Personæ.
Sing. Nom. σύ, tu, Gen. σῦ, Dat. σοί, Acc. σί.
Dual. Nom. Acc. σφῶϊ σφώ, Gen. Dat. σφῶϊν σφῶν.
Plural. Nom. ὑμεῖς, Gen. ὑμῶν, Dat. ὑμῖν, Acc. ὑμᾶς.
Tertiæ Personæ.
Sing. Nom. caret, Gen. ἓ, sui, Dat. οἷ, Acc. ἓ.
Dual. Nom. Acc. σφωέ σφί, Gen. Dat. σφωΐν σφίν.
Plural. Nom. σφεῖς, Gen. σφῶν, Dat. σφίσι, Acc. σφᾶς.
Omnes casus hujus pronominis adhiberi solent a græcis loco casuum pronominis αὐτός, *ipse.*

Possessivum est octuplex.
ἐμός, ἐμή, ἐμόν, meus, mea, meum.
σός, σή, σόν, tuus, tua, tuum.
ὅς, ἥ, ὅν, suus, sua, suum.
νωΐτερος, νωϊτέρα, νωΐτερον, noster, a, um duorum.
σφωΐτερος, σφωϊτέρα, σφωΐτερον, vester, a, um duorum.
Non est duale possessivum Tertii Primitivi.
ἡμέτερος, ἡμετέρα, ἡμέτερον, noster, a, um.
ὑμέτερος, ὑμετέρα, ὑμέτερον, vester, a, um.
σφέτερος, σφετέρα, σφέτερον, suus, a, um.
Horum masculina, & neutra sunt tertiæ simplicium; fœminina autem secundæ.
Derivantur Possessiva ἐμός, σός, ὅς *a tribus genitivis primitivorum,* ἐμῦ, σῦ, ἓ : νωΐτερος, & σφωΐτερος *a genitivis dualibus poeticis* νῶϊν, σφῶϊν : *reliqua tria* ἡμέτερος, ὑμέτερος, σφέτερος, *a genitivis pluralibus,* ἡμῶν, ὑμῶν, σφῶν.
Demonstrativum est duplex.
Sing. Nom. οὗτος, αὕτη, τοῦτο, hic, hæc, hoc, Gen. τούτου, ταύτης, τούτου, Dat. τούτῳ, ταύτῃ, τούτῳ, Acc. τοῦτον, ταύτην, τοῦτο, Voc. ὦ οὗτος, ὦ αὕτη, ὦ τοῦτο, heus tu.
Dual. Nom. Accus. τούτω, ταύτα, τούτω, Gen. & Dat. τούτοιν, ταύταιν, τούτοιν, Voc. ὦ τούτω, ὦ ταύτα, ὦ τούτω, heus vos duo.
Plur. Nom. οὗτοι, αὗται, ταῦτα, Gen. τούτων, Dat. τούτοις, ταύταις, τούτοις, Acc. τούτους, ταύτας, ταῦτα, Voc. ὦ οὗτοι, ὦ αὗται, ὦ ταῦτα : heus vos.
Sing. Nom. ἐκεῖνος, ἐκείνη, ἐκεῖνο : ille, illa, illud,
Gen.

Gen. ἐκείνου, ἐκείνης, ἐκείνου, Dat. ἐκείνῳ, ἐκείνῃ, ἐκείνῳ,
Acc. ἐκεῖνον, ἐκείνην, ἐκεῖνο.
Dual. Nom. Accuſ. ἐκείνω, ἐκείνα, ἐκείνω, Gen. &
Dat. ἐκείνοιν, ἐκείναιν, ἐκείνοιν,
Plur. Nom. ἐκεῖνοι, ἐκεῖναι, ἐκεῖνα, Gen. ἐκείνων, Dat.
ἐκείνοις, ἐκείναις, ἐκείνοις, Acc. ἐκείνους, ἐκείνας, ἐκεῖνα.

*Attici emphaſeos cauſa, ut res quaſi præſens indicetur, addunt Demonſtrativis jota acutum, ut οὑτοσί,
αὑτηί, τωτηί, τωτονί: οὑτοσί, ἐκεινοί, &c. In neutro
autem ſingulari τωτοί, & ſæpius τωτί: in plurali vero
pro ταῦτα dicunt ταυτί.*

Relativum eſt unum.

Sing. Nom. αὑτός, αὑτή, αὑτό, ipſe, a, um, Gen.
αὑτοῦ, αὑτῆς, αὑτοῦ, Dat. αὑτῷ, αὑτῇ, αὑτῷ, Acc. αὑτόν, αὑτήν, αὑτό, &c.

Compoſita tria ſunt carentia Nominativo: ἐμαυτοῦ,
meiipſius, σεαυτοῦ, tuiipſius, ἑαυτοῦ, ſuiipſius.

Sing. Gen. ἐμαυτοῦ, ἐμαυτῆς, ἐμαυτοῦ, Dat. ἐμαυτῷ,
ἐμαυτῇ, ἐμαυτῷ, Accuſ. ἐμαυτόν, ἐμαυτήν, ἐμαυτό.

Sing. Gen. σεαυτοῦ, σεαυτῆς, σεαυτοῦ, Dat. σεαυτῷ,
σεαυτῇ, σεαυτῷ, Acc. σεαυτόν, σεαυτήν, σεαυτό: & per
craſin σαυτοῦ, σαυτῷ, σαυτόν, &c.

Sing. Gen. ἑαυτοῦ, ἑαυτῆς, ἑαυτοῦ, Dat. ἑαυτῷ, ἑαυτῇ,
ἑαυτῷ, Acc. ἑαυτόν, ἑαυτήν, ἑαυτό. Hoc habet pluralem
numerum, quo carent duo præcedentia, declinaturque pluraliter & conjunctim, & diviſim, ἑαυτῶν, &
σφῶν αὑτῶν: ἑαυτοῖς, & σφίσιν αὑτοῖς: ἑαυτούς, & σφᾶς
αὑτούς.

Imo plurale ipſius in omnes quoque perſonas quadrat:
ἑαυτῶν, *noſtrum, veſtrum, ſuiipſorum:* ἑαυτούς, *nos,
vos, ſeipſos. Sic & interdum ſingulariter* ἑαυτοῦ, *tuiipſius,*
ἑαυτόν, *teipſum. Quum reperiuntur aſpirata* αὑτοῦ, αὑτῷ,
αὑτόν, *& ſimilia, craſis eſt pro* ἑαυτοῦ, ἑαυτῷ, ἑαυτόν.

Infinitum.

ὁ, ἡ, τὸ δεῖνα, quidam, quædam, quoddam: quo
utuntur Græci, cum certum hominem ſignificare volunt, neque tamen nominant: Itali, *un certo tale.*
Declinatur autem ſic:

Grammatices. 49

ὁ   τῶ   τῷ   τὸν
ἡ δῖνα τῆς δῖνΘ τῇ δῖνι τὼ δῖνα.
ὼ   τῶ   τῷ   ὼ

Declinatur etiam ὁ δῖνα, τῶ δεῖνατΘ, τῷ δεῖναπ.
Et, ὁ δῖνα, τῶ δῖνα: ἐΤ ὁ δεῖς, τῶ δειν Θ, τῷ δεῖνι,
ὼ δῖνα, apud Poetas.

DE VERBO.

Affectiones propriæ Verbi.

Conjugationes {sex Barytonorum in ω,
tredecim tres Circumflexorum in ῶ.
        quatuor Verborum in μι.

Voces, sive For- {Activa in ω, ῶ, μι.
mæ inflectendi. {Passiva } in μαι.
        Media}

Modi quinque {Indicativus.
Imperativus.
Optativus.
Subjunctivus.
Infinitivus.

Tempora novem {Præsens.
Præteritum imperfectum
Præteritum perfectum.
Præteritum plusquam perfectum.
Aoristus primus {indefinita
Aoristus secundus} Præterita.
Futurum primum.
Futurum secundum.
Paulo post futurum, in Passivo.

Numeri tres {Singularis.
Dualis.
Pluralis.

Personæ tres {Prima.
Secunda.
Tertia.

Affectiones aliæ.

Qualitas, qua {Personale, ut γράφω, scribo.
Verbum est {Impersonale; ut δεῖ, oportet.

D   Ge-

Institutio Græcæ

Genera quinque
- *Activum*; ut τύπτω, mitto.
- *Passivum*; ut πέμπομαι, mittor.
- *Neutrum*; ut ὑγιαίνω; valeo.
- *Commune*, sive *Medium*, ut βιάζομαι, cogo, & cogor.
- *Deponens*, sive *Submedium*: ut μάχομαι, pugno.

Species duæ
- *Primitiva*; ut γαμέω, uxorem duco.
- *Derivativa*; ut γαμησείω, nuptias cupio.

Figuræ tres
- *Simplex*; ut ἄγω, duco.
- *Composita*; ut περιάγω, circumduco.
- *Decomposita*; ut συμπεριάγω, una circumduco.

De Conjugationibus Barytonorum.

Vocantur Barytona, quia habent Gravem Tonum in ultima, qui non appingitur, sed intelligitur, & Acutum in penultima; ut τύπτω, verbero.

Barytonorum Conjugationes dignoscuntur per literas Characteristicas, quæ Figurativæ, sive Indices nominantur. Est autem litera Characteristica, quæ proxime præcedit terminationem ω, α, aut ομαι.

Characteristica præcipue consideratur in Præsenti, Futuro primo, Præterito perfecto Vocis Activæ; a quibus pendent cetera Tempora.

Characteristicæ Conjungationis.

Præsentis.	Primæ. Futuri.	Præteriti.
π)		
β)	(ψ)	(φ)
φ)		
πτ)		
	Secundæ.	
κ)	(ξ)	(χ)
γ)		
χ)		
κτ)		

Ter-

Grammatices.
Tertiæ.

τ)
δ)   (σ)   (κ
θ)

                Quartæ.
ζ)   (ξ)   (χ
ω)
  vel
ζ)   (σ)   (κ.
ω)

                Quintæ.
λ)   (λ)
μ)   (μ)   (κ.
ν)   (ν)
ρ)   (ρ)
μν)

                Sextæ.
ω purum 2ιθ.γ)   (σ)   (κ.

In terminationibus πω, κω, μνω, prior confonans cenfetur Characteriſtica, nempe π, κ, μ.

Tabula Latior Primæ.

Sunt Verba in πω, βω, φω, πτω: quorum Futurorum in ψω: Præteritum in φα.

Præſens   Futur.   Præter.
π (τύπτω)   (τύψω)   (τέτυφα, delecto.
β (λείβω)   ψω (λείψω) φα (λέλειφα, ibo.
φ (γράφω)   (γράψω)   (γέγραφα, ſcribo.
πτ(τύπτω)   (τύψω)   (τέτυφα, verbero.

                Secundæ.
In κω, γω, χω, κτω. Futur. in ξω. Præter. in χα.
κ (πλέκω)   (πλέξω)   (πέπλεχα, plico.
γ (λέγω) ξω (λέξω) χα (λέλεχα, dico.
χ (βρέχω)   (βρέξω)   (βέβρεχα, rigo.
κτ(τίκτω)   (τέξω)   (τέτεχα, pario.

                Tertiæ.
In τω, δω, θω. Futur. in σω. Præter. in κα.
τ (ἀνύτω)   (ἀνύσω)   (ἤνυκα, perficio.
δ (ᾄδω) σω (ᾄσω) κα (ᾖκα, cano.
θ (πλήθω)   (πλήσω)   (πέπληκα, impleo.

D 2   Quar-

Quarta.

In ζω, οσω, vel Attice ττω: Fut. in ξω. Præt. in χα, ut in Secunda Conjugatione: aut σω, & κα, ut in Tertia.

ζ (παίζω)   ξω (παίξω)   χα (πέπαιχα, ludo.
οσ (ὀρύοσω)   (ὀρύξω)   (ὤρυχα, fodio.

vel

οσ (φράζω)   σω (φράσω)   κα (τέφρακα, dico.
ζ (πλάοσω)   (πλάσω)   (τέπλακα, fingo.

Verba in ζω fere sequuntur Tertiam, non pauca Secundam, illa præsertim, quæ lamentationem, aut motum animi significant: ut οἰμώζω, ploro; στενάζω, ingemisco; κράζω, clamo. Fut. ξω. Præter. χα. Quædam etiam sequuntur & Secundam, & Tertiam; ut παίζω, ludo; ἁρπάζω, rapio; σαλπίζω, buccina cano. Futur. ξω, & σω. Præter. χά, & κα.

Verba in οσω sequuntur Secundam; aliqua Tertiam; ut πράοσω, vendo: πάοσω, pinso; πάοσω, spargo. Futur. σω. Præt. κα. Nonnulla utramque: ut ἐρέοσω, remigo: ἀφίοσω, haurio. Fut. σω, & ξω. Præt. κα, & χα.

Sunt etiam, quorum unum est Fut. in ξω, & Præt. in χα; at duplex Præsens. Hujusmodi sunt σφάζω, vel σφάοσω, jugulo: φοινίζω, & φοινίοσω, rubefacio: μάζω, & μάοσω, pinso. Sed φρίοσω, sive φρίττω, horreo. Fut. ξω, Præt. κα.

Quinta.

In λω, μω, νω, ρω, μνω: Futur. λῶ, μῶ, νῶ, ρῶ circumflexum: Præter. κα.

λ   ⎧ ψάλω   ⎫   ⎧ ψαλῶ ⎫   ⎧ ἔψαλκα, digitis pulso.
μ   ⎪ νέμω   ⎪   ⎪ νεμῶ ⎪   ⎪ νενέμηκα, tribuo.
ν   ⎨ φαίνω   ⎬ ῶ ⎨ φανῶ ⎬ κα   ⎨ πέφαγκα, ostendo.
ρ   ⎪ σπείρω ⎪   ⎪ σπερῶ ⎪   ⎪ ἔσπαρκα, sero.
μν   ⎩ τέμνω   ⎭   ⎩ τεμῶ ⎭   ⎩ τετέμηκα, scindo.

Liquidæ λ, μ, ν, ρ, dicuntur immutabiles, quod in Futuro non mutentur, sed permaneant, ut in præsenti; tantum abjecta altera, si sint duæ, ut ψάλω, ψαλῶ, quod penultima hujus Futuri sit brevis; ut infra dicetur.

Sex-

Grammatices.   53.
Sextæ.

In ω purum, hoc est, præcedente vocali, aut diphthongo : Futur. σω : Præt. κα. Nam quæ in Futuro habent simplex σ, habent κ in Præterito.

α	γελάω		γελάσω		γεγέλακα, rideo.
ε	τελέω		τελέσω		τετέλεκα, finio.
ι	τίω		τίσω		τέτικα, honoro.
ο	ὁμόω		ὁμόσω		ὤμοκα, juro.
υ	δύω		δύσω		δέδυκα, ingredior.
ω	ῥώω		ῥώσω		ἔῤῥωκα, roboro.
αι	παίω	σω	παίσω	κα	πέπαικα, ferio.
αυ	ψαύω		ψαύσω		ἔψαυκα, tango.
ει	σείω		σείσω		σέσεικα, quatio.
ἀ	ἱππάω		ἱππάσω		ἵππακα, equito.
οι	οἴω		οἴσω		ᾦκα, fero.
ου	κρούω		κρούσω		κέκρουκα, pulso.
υι	ὀπύιω		ὀπύισω		ὤπυικα, uxorem habeo.

Pauca ante Inflexionem Verbi notanda.

Prima dualis deest, cum prima pluralis exit in μεν. Secunda, & tertia dualis sunt similes, cum tertia pluralis exit in σι, quod fit in Activis ; aut in ται, quod fit in Passivis.

Modus Imperativus, & Subjunctivus carent Futuris: sed pro his usurpantur Aoristi.

Præsens, & Imperfectum ; Præt. perf. & plusq. perf. in Modo Indicativo inflectuntur divisim : in aliis vero Modis conjunctim.

Verbum Barytonum vocis Activæ ex prima Conjugatione inflexum secundum cognata
Tempora.

Modus Indicativus, a quo omnes alii Modi deducuntur.

Tempus Præsens.
S. (τύπτω, τύπτεις, τύπτει.   *Verbero.*
D. (τύπτετον, τύπτετον.
P. (τύπτομεν, τύπτετε, τύπτουσι.

Unde

Institutio Græcæ
Unde Imperfectum.

S. (ἔτυπτον, ἔτυπτες, ἔτυπτε. Verberabam.
D. (ἐτύπτετον, ἐτυπτέτην.
P. (ἐτύπτομεν, ἐτύπτετε, ἔτυπτον.

Aoristus secundus.

S. (ἔτυπον, ἔτυπες, ἔτυπε. Verberavi.
D. (ἐτύπετον, ἐτυπέτην.
P. (ἐτύπομεν, ἐτύπετε, ἔτυπον.

Unde Futurum secundum.

S. (τυπῶ, τυπῆς, τυπῆ. Verberabo.
D. (τυπῆτον, τυπήτων.
P. (τυπῶμεν, τυπῆτε, τυπῶσι.

Futurum primum.

S. (τύψω, τύψεις, τύψει. Verberabo.
D. (τύψετον, τύψετον.
P. (τύψομεν, τύψετε, τύψουσι.

Unde Aoristus primus.

S. (ἔτυψα, ἔτυψας, ἔτυψε. Verberavi.
D. (ἐτύψατον, ἐτυψάτην.
P. (ἐτύψαμεν, ἐτύψατε, ἔτυψαν.

Perfectum,

S. (τέτυφα, τέτυφας, τέτυφε. Verberavi.
D. (τετύφατον, τετύφατον.
P. (τετύφαμεν, τετύφατε, τετύφασι.

Unde plusquam perfectum.

S. (ἐτετύφην, ἐτετύφης, ἐτετύφη. Verberaveram.
D. (ἐτετύφητον, ἐτετυφήτην.
P. (ἐτετύφημεν, ἐτετύφητε, ἐτετύφησαν.

Modus Imperativus.
Præsens, & Imperfectum.

S. (τύπτε, τυπτέτω. Verbera.
D. (τύπτετον, τυπτέτων.
P. (τύπτετε, τυπτέτωσαν.

Aoristus secundus.

S. (τύπε, τυπέτω. Verberato tu.
D. (τύπετον, τυπέτων.
P. (τύπετε, τυπέτωσαν.

Aoristus primus.

S. (τύψον, τυψάτω Verberato tu.
D. (τύ

Grammatices. 55

D. (τύψαιον, τυψάτων.
P. (τύψατε, τυψάτωσαν.
Perfectum, & plusquam perfectum.
S. (τέτυφε, τετυφέτω,   Verberaveris.
D. (τετύφετον, τετυφέτων.
P. (τετύφετε, τετυφέτωσαν.

Modus Optativus.

Præsens, & Imperfectum.

εἴθε, utinam.
S. (τύπτοιμι, τύπτοις, τύπτοι.   Verberarem.
D. (τύπτοιτον, τυπτοίτην.
P. (τύπτοιμεν, τύπτοιτε, τύπτοιεν.
Aoristus secundus.
S. (τύποιμι, τύποις, τύποι.   Verberaverim.
D. (τύποιτον, τυποίτην.
P. (τύποιμεν, τύποιτε, τύποιεν.
Futurum secundum.
S. (τυποῖμι, τυποῖς, τυποῖ.   Verberem.
D. (τυποῖτον, τυποίτην.
P. (τυποῖμεν, τυποῖτε, τυποῖεν.
Futurum primum.
S. (τύψοιμι, τύψοις, τύψοι,   Verberem.
D. (τύψοιτον, τυψοίτην.
P. (τύψοιμεν, τύψοιτε, τύψοιεν.
Aoristus primus.
S. (τύψαιμι, τύψαις, τύψαι.   Verberaverim.
D. (τύψαιτον, τυψαίτην.
P. (τύψαιμεν, τύψαιτε, τύψαιεν.
Aoristus Æolicus, Atticis usitatissimus.
S. (τύψεια, τύψειας, τύψειε.   Verberaverim.
D. (τυψείατον, τυψειάτην.
P. (τυψείαμεν, τυψείατε, τύψειαν.
Perfectum, & plusquam perfectum.
S. (τετύφοιμι, τετύφοις, τετύφοι.   Verberavissem.
D. (τετύφοιτον, τετυφοίτην.
P. (τετύφοιμεν, τετύφοιτες, τετύφαιεν.

D 4   Mo-

Modus Subjunctivus.
Præsens, & Imperfectum.
ἐάν, cum.

S. (τύπτω, τύπτῃς, τύπτῃ.   Si verberem, vel verberarem.
D.(τύπτητον, τύπτητον.
P. (τύπτωμεν, τύπτητε, τύπτωσι.

Aoristus secundus ἐάν
S. (τύπω, τύπῃς, τύπῃ.   Si verberavero.
D,(τύπητον, τύπητον.
P. (τύπωμεν, τύπητε, τύπωσι.

Aoristus primus ἐάν
S. (τύψω, τύψῃς, τύψῃ.   Si verberavero.
D.(τύψητον, τύψητον.
P. (τύψωμεν, τύψητε, τύψωσι.

Perfectum, & plusquam perfectum ἐάν
S. (τετύφω, τετύφῃς, τετύφῃ.   Si verberaverim.
D.(τετύφητον, τετύφητον.
P. (τετύφωμεν, τετύφητε, τετύφωσι.

Modus Infinitivus.
(Præf. & Imperf. τύπτειν.
(Aoristus 2. τυπεῖν.
(Futurum 2. τυπεῖν.
(Futurum 1. τύψειν.
(Aoristus 1. τύψαι.
(Perf. & plus. τετυφέναι.

Participium.
Præsens, & Imperfectum.
M.(ὁ τύπτων, τοῦ τύπτοντος.   Verberans.
F. (ἡ τύπτουσα, τῆς τυπτούσης.
N.(τὸ τύπτον, τοῦ τύπτοντος.

Aoristus secundus.
M.(ὁ τυπών, τοῦ τυπόντος.   Qui verberavit.
F. (ἡ τυποῦσα, τῆς τυπούσης.
N.(τὸ τυπόν, τοῦ τυπόντος.

Futurum secundum.
M.(ὁ τυπῶν, τοῦ τυποῦντος.   Verberaturus.
F.(ἡ τυποῦσα, τῆς τυπούσης.
N.(τὸ τυποῦν, τοῦ τυποῦντος.

Futu-

Grammatices. 57
Futurum primum.

M. (ὁ τύψων, τῦ τύψοντος.   *Verberaturus.*
F. (ἡ τύψουσα, τῆς τυψούσης.
N. (τὸ τύψον, τῦ τύψοντος.

Aoristus primus.

M. (ὁ τύψας, τῦ τύψαντος.   *Qui verberavit.*
F. (ἡ τύψασα, τῆς τυψάσης.
N. (τὸ τύψαν, τῦ τύψαντος.

Perfectum, & plusquam, &c.

M. (ὁ τετυφώς, τῦ τετυφότος.   *Qui verberavit.*
F. (ἡ τετυφυῖα, τῆς τετυφυίας.
N. (τὸ τετυφός, τῦ τετυφότος.

Inflexio omnium Conjugationum secundum cognata Tempora per omnes Modos.

Primæ.

	Indicat.	Imp.	Optat.	Subj.	Infinit.	Partic.
Præf.	τύπτω	τύπτε	τύπτοιμι	τύπτω	τύπτειν	τύπτων
Imp.	ἔτυπτον					
Aor. 2.	ἔτυπον	τύπε	τύποιμι	τύπω	τυπεῖν	τυπών
Fut. 2.	τυπῶ		τυποῖμι		τυπεῖν	τυπῶν
Fut. 1.	τύψω		τύψοιμι		τύψαι	τύψων
Aor. 1.	ἔτυψα	τύψον	τύψαιμι	τύψω	τύψειν	τύψας
Perf.	τέτυφα	τέτυφε	τετύφοιμι	τετύφω	τετυφέ-ναι	τετυφώς
Plusq.	ἐτετύφειν					

Secundæ.

	Indic.	Imper.	Optat.	Subj.	Infin.	Partic.
Præf.	λέγω	λέγε	λέγοιμι	λέγω	λέγειν	λέγων
Imp.	ἔλεγον					
Aor. 2.	ἔλεγον	λέγε	λεγοῖμι	λέγω	λεγεῖν	λεγών
Fut. 2.	λεγῶ		λεγοῖμι		λεγεῖν	λεγών
Fut. 1.	λέξω		λέξοιμι		λέξειν	λέξων
Aor. 1.	ἔλεξα	λέξον	λέξαιμι	λέξω	λέξαι	λέξας
Perf.	λέλεχα	λέλεχε	λελέχοιμι	λελέ-χω	λελε-χέναι	λελεχώς
Plusq.	ἐλελέχειν					

Ter-

Tertiæ.

	Indic.	Imp.	Optat.	Subju.	Infini.	Partic.
Præf.	τήθω	τῆθε	τήθοιμι	τήθω	τήθην	τήθων
Imp.	ἐτήθον					
Aor.2.	ἔτιθον	τίθε	τίθοιμι	τίθω	τιθεῖν	τιθών
Fut.2.	τιθῶ		τιθοῖμι		τιθεῖν	τιθών
Fut.1.	τήσω		τήσοιμι		τήσειν	τήσων
Aor.1.	ἔτησα	τῆσον	τήσαιμι		τῆσαι	τήσας
Perf.	τέτηκα	τέτηκε	τετή-κοιμι	πήσω	τετη-	τετη-κώς
Plusq.	ἐτετή-κειν			τιτή-κω	κέναι	

Quartæ.

	Indic.	Impe.	Optat.	Subju.	Infin.	Partic.
Præf.	φράζω	φράζε	φράζοιμι	φράζω	φράζειν	φράζων
Imp.	ἔφραζον					
Aor.2.	ἔφραδον	φράδε	φράδοιμι	φράδω	φραδεῖν	φραδών
Fut.2.	φραδῶ		φραδοῖμι		φραδεῖν	φραδών
Fut.1.	φράσω		φράσοιμι		φράσειν	φράσων
Aor.1.	ἔφρασα	φράσον	φράσαιμι	φράσω	φράσαι	φράσας
Perf.	τέφρακα	τέφρα-κε	τεφράκοι-μι	τεφρά-κω	τεφρά-κέναι	τεφρα-κώς
Plusq.	ἐτεφράκειν					

Quintæ.

	Indic.	Imper.	Optat.	Subju.	Infini.	Partic.
Præf.	σπείρω	σπεῖρε	σπείροιμι	σπείρω	σπείρειν	σπείρων
Imp.	ἔσπειρον					
Aor.2.	ἔσπαρον	σπάρε	σπάροιμι	σπάρω	σπαρεῖν	σπαρών
Fut.2.	σπαρῶ		σπαροῖμι		σπαρεῖν	σπαρών
Fut.1.	σπερῶ		σπεροῖμι		σπερεῖν	σπερών
Aor.1.	ἔσπειρα	σπεῖρον	σπείραι-μι	σπείρω	σπεῖραι	σπείρας
Perf.	ἔσπαρκα	ἔσπαρκε	ἐσπάρ-κοιμι	ἐσπάρ-κω	ἐσπαρ-κέναι	ἐσπαρ-κώς
Plusq.	ἐσπάρκειν					

Sex-

Grammatices.

Sextæ.

	Indic.	Imp.	Optat.	Subj.	Infinit.	Partic.
Præf.	ἀκύω	ἄκυε	ἀκύοιμι	ἀκύω	ἀκύειν	ἀκύων
Imp.	ἤκοον					
Aor.2.	ἤκοον	ἄκοε	ἀκόοιμι	ἀκόω	ἀκοεῖν	ἀκοών
Fut. 2.	ἀκοῶ		ἀκοοῖμι		ἀκοεῖν	ἀκοῶν
Fut. 1.	ἀκύσω		ἀκύσοιμι		ἀκύσειν	ἀκύσων
Aor.1.	ἤκυσα	ἄκυσον	ἀκύσαιμι	ἀκύσω	ἀκύσαι	ἀκύσας
Perf.	ἤκυκα	ἤκυκε	ἠκύκοιμι	ἠκύκω	ἠκυκέναι	ἠκυκώς
Plusq.	ἠκύκειν					

Temporum formatio.

Præsens.

Præsens est thema, & fundamentum, ut τύπτω.

Imperfectum.

Imperfectum formatur a Præsenti, mutando ω in ον, & præponendo augmentum, ut τύπτω, ἔτυπτον.
Augmentum est duplex. Syllabicum, & Temporale.
Syllabicum augmentum est ε, cum Verbum incipit a consonante : tunc enim ε præfigitur Imperfecto, Plusquam perfecto, Aoristo primo, Aoristo secundo modi Indicativi, sed non in reliquis modis.
Attici mutant ε Syllabicum augmentum in Temporale η: ut ἔμελλον, ἤμελλον, futurus eram.
Verbis incipientibus ab ο, vel ω, Attici præfigunt ε: ut ὁράω, ἑώραον, videbam.
Poetæ præponunt ε Aoristis sive a vocali, sive a diphthongo incipientibus, ut ἤατα, pro ἄτα, dixi.
Si verbum incipiat a ῥ geminatur ῥ post ε : ut ῥίπτω, ἔῤῥιπτον, projicio.
Temporale augmentum est, cum Verbum incipit a mutabili vocali, vel a mutabili diphthongo.

Mu-

Mutabiles( )mutan-(	(α) (η, ἀνύω, ἴωυον, perficio, bam.
Vocales ( )tur'in	(η, ἐλαύθω, ἤλαύθον, venio, bam.
(ο)	(ω, ὀπάζω, ὤπαζον, præbeo, bam.
Mutabiles( )mutan-(	(αι) (γ, αἴρω, ἦρον, tollo, bam.
Diph- thongi (αυ)tur in	(ηυ, αὐξάνω, ηὔξανον, augeo, bam.
(οι)	(ῳ, οἰκίζω, ᾤκιζον, condo, bam.
Immutabiles Vocales	(η, ὑχέω, ἤχεον, sono, sonabam. (ι, ἰξάω, ἴξαον, visco aves capio. (υ, ὑβρίζω, ὕβριζον, injuria afficio. (ω, ὠθω, ὤθον, impello.
Immutabiles Diphthongi	(ει, εἰκάζω, εἴκαζον, assimilo. (ευ, εὐθύνω, εὔθυνον, dirigo. (ου, οὐτάζω, οὔταζον, vulnero.

Quædam ab ε incipientia in Imperfecto, vel aliis temporibus adsciscunt ι: ut ἔχω, εἶχον, habeo: ἕλω, εἷλον, capio: ἕλκω, ἑλκύω, ἑλκίζω, εἷλκον, εἵλκυον, εἵλκιζον, traho: ἕρπω, ἑρπίζω, εἷρπον, εἵρπιζον, serpo: ἑστήκω, plusquam perfect. ἑστήκειν, sto: ἑστιάω, ἑστίαον, convivio excipio: ἐάω, εἶαον, sino: ἕω, perf. pass. εἷμαι, induo, seu pono: ἐρύω, εἴρυον, traho: ἐθίζω, εἴθιζον, assuefacio: ἐργάζομαι, εἰργαζόμην, operor: ἴπω, εἶπον, dico; quod servat augmentum in omnibus modis: ἴθω, perfect. med. εἴωθα, assuesco: ἑορτάζω, ἑόρταζον, & ἑόρταζον, festum celebro.

Quædam ab οι incipientia nullum habent augmentum; ut οἰδαίνω, οἴδαινον, tumeo: Ea autem sunt, quæ derivantur a dictionibus sequentibus.

οἴαξ, clavus) οἰακίζω, οἰάκιζον, clavum rego.
οἶνος, vinum) οἰνίζω, οἴνιζον, vinum oleo, seu enso.
οἰωνός, augurium) οἰωνίζομαι, οἰωνιζόμην, auguror.
οἶμος, via) οἰμάω, οἶμαον, irruo.
οἶστρος, æstrum) οἰστρέω, οἴστρεον, æstro agito, & agitor.
οἶος, solus) οἰόω, destituo: unde οἰώθω, solus egi.

His

Grammatices. 61

His addunt οἰκυρέω, domi sedeo: οἰμώζω, lugeo; quod & οἴμωζον, & ὤμωζον.

De Augmento Compositorum.

Augmentum erit in principio, si Verba componantur vel cum
- Nomine: ut φιλοσοφῶ, philosophor, a φίλος, amicus, & σοφός, sapiens, ἐφιλοσόφυν.
- Pronomine αὐτός: ut αὐτομολῶ, fugio ad hostes; ηὐτομόλυν.
- Præpositione, quæ non mutet significationem Verbi: ut ἐνέπω, idem cum simplici ἔπω, dico, ἤνεπον.
- Verbo simplici, quod non sit in usu: ut ἀναβολῶ, supplico, ἠναβόλυν.
- Adverbiis ὁμῦ, vel ὁμῶς, simul: ut ὁμολογῶ, fateor, ὡμολόγυν.
- Particula privativa α: ut ἀφρονῶ, insipiens sum, ἠφρόνυν.

Augmentum erit in medio, si componantur vel cum
- Præpositione, quæ mutet significationem Verbi: ut γινώσκω, cognosco, καταγινώσκω, condemno; κατεγίνωσκον.
- Particulis δύς, male, & ἐῦ, bene, modo sequatur vocalis mutabilis: ut δυσαρεστῶ, displiceo, δυσηρέστυν: ἐεργετῶ, benefacio; ἐυργέτυν. At sequente consonante, aut vocali immutabili, Simplicium regulam sequuntur: ut δυστυχῶ, infelix sum, ἐδυστύχυν: ἀσεβῶ, pietatem colo, ἀσέβυν: ἀημερῶ, prospere ago, ἀημέρυν.

Nonnulla, quamvis simplicia non sint in usu, habent tamen Augmentum in medio: ut ἀπολαύω, fruor, ἀπέλαυον, & ἀπήλαυον: ἐπιχαιρῶ, conor, ἐπεχαίρυν: ἐγκωμιάζω, laudo, ἐνεκωμίαζον: προσκυνῶ, adoro, προσεκύνυν.

Quædam habent augmentum in principio, & in medio, ut ἀνορθῶ, corrigo, ἰώώρθυν: ἐνοχλῶ, molestus sum, ἰνώχλυν: reperitur tamen ἐνωχλήθω: ἀνέχομαι, tolero; ἀνεχόμην, & ἰώηχόμἰω. Sic ὀνοματοποιῶ, nomen fingo: παροινῶ, debacchor: προοδοποιῶ, viam patefacio: ἀναίνομαι, abnuo: item διαιτῶ, arbiter sum, cum suis compositis.

Ali-

Aliqua interdum in principio, interdum in medio augentur, ut ἐγγυῶ, ἠγγύηκα, & ἐγγεγύηκα, despondeo: διακονῶ, ἰδιακόνην, & διακόνην, ministro. Sic ἐμπολῶ, versor: μεθοδεύω, methodo utor.

Verbum κατηγορῶ, accuso, nullum capit incrementum.

Præpositionum ultima vocalis in compositione eliditur, si vocalis sequatur, exceptis πρό, & περί, quæ nunquam vocalem amittunt, & aliquando ἀμφί: ut παρακούω, perperam audio; παρήκουον: a παρά, & ἀκούω. καταλέγω, deligo, κατέλεγον: a κατά, & λέγω. προβάλλω, propello, προέβαλλον, & crasi προὔβαλλον: a πρό, & βάλλω. Hinc προέχω, & πρέχω, præcedo. περιάγω, circumduco, περιῆγον, Sic & ἐπορκῶ, pejero, ἐπιώρκουν.

ἀμφιηλίσω, in orbem verto: ex ἀμφί, & ἡλίοσω: ἀμφίστω, & ἀμφίπω, circumstipo: ex ἀμφί, & ἔπω.

Præpositio mutat suam tenuem in aspiratam, si Verbum incipiat a vocali, vel diphthongo aspirata: ut καθάπτομαι, attingo, ex κατά & ἅπτομαι: ἀφαιρύμαι, aufero, vel auferor, ex ἀπό, & αἱρύμαι.

Aoristus Secundus.

Aoristus significat aliquid præteriisse, sed indefinite; Incertum est enim, paulo ne ante, an multo; ut apud Italos, amai: cum Præteritum Perf. significet, modo aliquid præteriisse; ut apud Italos, ho amato. Sunt autem duo Aoristi nulla necessitate, aut diversitatis causa in significando, sed propter copiam linguæ Græcæ; ut & duo Futura.

Formatur Aoristus Secundus a Præterito Imperfecto, Characteristica ejus retinenda; penultima vero corripienda: abjecta posteriore litera, retenta priore, si Verbum habeat ππ, κτ, μν, λ: ut ἔτυπτον, ἔτυπον.

Mutatio vocalium, & diphthongorum Præsentis, penultimæ corripiendæ causa in Aoristo secundo.

Grammatices. 63

η   (λήβω, ἔλαβον, accipio.
ω in α (τρώγω, ἔτραγον, comedo.
αι   (καίω, ἔκαον, uro.
αυ   (ταύω, ἔπαον, fedo.
ευ in υ: φεύγω, ἔφυγον, fugio.
ου in ο: ἀκούω, ἤκοον, audio.
ει in ι: λείπω, ἔλιπον, linquo.
   (diſſyllabis in α: σπείρω, ἔσπαρον, fero.
ει in 5. Conjug. in (
   (triſſyllabis in ι: ὀφείλω, ὤφιλον, debeo.

Quædam diſſyllaba habent penultimam longam: ut ᾄδω, ᾖδον, cano: ἔχω, ἔχον, habeo: ἥκω, ἥκον, venio: ἕλκω, εἵλκον, traho. Etiam triſſyllaba: ut ἐνέγκω, ἤνεγκον, fero, τέρδω, ἔπαρδον, per metatheſim, ἔπραδον, vaſto: & alia.

Verba quartæ Conjugationis, ob eamdem penultimam corripiendam, ſi habeant Futurum in ξω, formant Aoriſtum ſecundum in γον; ſi in σω, formant in δον: ut πράττω, πράξω, ἔτραγον, facio: φράζω, φράσω, ἔφραδον, dico.

Obſervatio.

Diſſyllabæ, quæ habent liquidam ante, aut poſt ε, mutant ε in α: ut

πλέκω, ἔπλακον, plico)   (ἔλεγον, dixi.
τρέπω, ἔτραπον, verto)   (ἔβλιτον, vidi.
στέλλω, ἔσταλον, mitto) excipe
τέμνω, ἔταμον, & ἔτεμον, ſeco) (ἔφλεγον, uſſi.

Exceptio.

Septem ſunt Aoriſti ſecundi, qui non retinent Characteriſticam conſonantem Imperfecti.

  βλάπτω, ἔβλαβον, noceo.
  καλύπτω, ἐκάλυβον, tego.
  κρύπτω, ἔκρυβον, abſcondo.
  βάπτω, ἔβαφον, tingo.
  σκάπτω, ἔσκαφον, fodio.
  ῥάπτω, ἔῤῥαφον, ſuo.
  θάπτω, ἔταφον, ſepelio.

Verba Sextæ finita in έω, ύω, υίω; ut κρούω, pulſo, τοξεύω, jaculor, ὀπυίω, uxorem habeo, carent Aoriſto secundo, & Præterito medio. Ideo ἤκοον ab ἀκύω, audio, non est in usu.

Iones in hoc Tempore geminatione uti solent: ut pro ἕκαμον, κέκαμεν, laboravi.

Futurum Secundum.

Fit ab Aoristo Secundo, ablato incremento, & vertendo ον in ῶ, circumflexum: ut ἔτυπον, τυπῶ. Ideo deficiente Aoristo Secundo, desideratur etiam Futurum secundum. Hoc autem vocis activæ, & mediæ rarissimo est in usu, nisi in quibusdam verbis, iisque anomalis.

Futurum Primum.

Oritur Futurum Primum a Præsenti, variata sola Characteristica in singulis Conjugationibus, ut dictum est, retenta eadem penultima, quæ Præsentis: ut τύπτω, τύψω.

Observationes.

Futurum quintæ Conjugationis semper habet penultimam brevem, vel abjecta altera immutabili, si fuerint duæ; ut ψάλλω, ψαλῶ, psallo; κάμνω, καμῶ, laboro; vel elisa vocali subjunctiva diphthongi; ut φαίνω, φανῶ, appareo; κείρω, κερῶ, tondeo: vel correpta ancipiti: ut κρίνω, κρινῶ, judico, μολύνω, μολυνῶ, contamino: *Inflectitur autem ut Futurum secundum aliarum Conjugationum:* ut ψαλῶ, ᾷς, ᾷ: ᾷτον : ᾷτον: ῶμεν, ῆτε, ῶσι.

Barytona multa sumunt Futurum a circumflexis: ut θέλω, θελήσω, volo: ὀφείλω, ὀφειλήσω, debeo : μέλω, μελήσω, cunctor: αὔξω, αὐξήσω, augeo: ἵζω, ἱζήσω, quo: ἀλέξω, ἀλεξήσω, arceo. Sic βούλομαι, βουλήσομαι, volo: οἴμαι, οἰήσομαι, puto: quasi a θελέω, ὀφειλέω, &c. e contra nonnulla circumflexa sumunt a Barytonis: ut δοκέω, δόξω, a δόκω, videor: ὠθέω, ὤσω, ab ὤθω, trudo. Reperitur tamen Futurum δοκήσω.

Dissyllaba sextæ Conjugationis in έω formant Futurum in άσω: ut πλέω, πλεύσω, navigo: ῥέω, ῥεύσω, fluo: πνέω, πνεύσω, spiro: præter δέω, δήσω, ligo, τρέω, τρέσω, tremo, & νέω, νήσω, nato, neo, redeo; nam νέω pro νέω, annuo, νεύσω. Duo in αίω, formant in αύσω: ut κλαίω, κλαύσω, fleo: καίω, καύσω, uro.

Poly-

Grammatices. 65

Polysyllaba quartæ Conjugationis in ίζω, Attice abjiciunt σ in Futuro, & ultimam circumflectunt: ut νομίζω, νομιῶ, puto: ἐγγίζω, ἐγγιῶ, appropinquo: sic βαδίζομαι, βαδιῦμαι, eo: ἀγωνίζομαι, ἀγωνιῦμαι, certo.

Aliqua Futura non retinent literam, aut spiritum Præsentis: ut τρέφω, θρέψω, nutrio, ad differentiam Futuri τρέψω, a τρέπω, verto: τρέχω, θρέξω, curro: τύφω, θύψω, inflammo: ἔχω, ἕξω, habeo, ad differentiam Adverbii ἔξω, extra.

Aoristus Primus.

Formatur Aoristus Primus a Futuro Primo, retenta eadem Characteristica, mutato ω in α, præposito Augmento Imperfecti, cum penultima fere longa: ut τύψω, ἔτυψα.

Exceptiones.

Quinque sunt Aoristi primi, qui Futuri primi Characteristicam mutant: εἶπα, dixi: ἤνεγκα, tuli, ἔθηκα, posui, ἔδωκα, dedi; ἧκα, misi: ab ἔπω, ἐνέγκω, τίθημι, δίδωμι, ἵημι.

Quatuor expellunt Characteristicam Futuri primi: ἔχεα, quod & ἔχεα, fudi; ἔσα, concussi; ἤλα, vitavi; ἵκα, accendi; a χέω, σέω, ἀλέω, καίω, vel κάω, quæ excludunt σ. Reperitur etiam ἔχευσα, ἔσευσα, & ἔκαυσα.

Penultima hujus Aoristi in verbis quintæ Conjugationis, quæ habent semper penultimam brevem, producitur hac mutatione.

α Futuri, si in præsenti fuerit α simplex, mutatur in η: ut ψάλλω, ψαλῶ, ἔψηλα, psallo: α Futuri, si in præsenti fuerit αι, mutatur communiter in α, ut φαίνω, φανῶ, ἔφανα, appareo: Attice in η, ἔφηνα, vel in υ, ἔφυνα.

ε Futuri mutatur in ει: ut σπείρω, σπερῶ, ἔσπειρα, sero.

Penultima hujus Aoristi in verbis quartæ Conjugationis, quæ sequuntur tertiam, & in Verbis sextæ, est modo brevis, modo longa: ut φράζω, φράσω, ἔφρασα, dico: κυλίω, κυλίσω, ἐκύλισα, volvo. *De hoc in Prosodia.*

E   Præ-

Praeteritum Perfectum.

Formatur Præteritum Perfectum a Futuro primo, mutando ω in α, assumpta Characteristica propriæ Conjugationis, præposito Augmento.

Regulæ de Augmento Præteriti Perfecti.

Si verbum incipiat a simplici consonante, vel a muta cum liquida, repetit primam consonantem Præsentis cum ε: ut τύπτω, τύψω, τέτυφα, verbero: γράφω, γράψω, γέγραφα, scribo.

Si incipiat a duabus consonantibus, quarum secunda non sit liquida; vel a duplici, nempe, ζ, ξ, ψ, tantum ε præponitur: ut σπείρω, σπερῶ, ἔσπαρκα, sero: ζητῶ, ζητήσω, ἐζήτηκα, quæro.

Si incipiat a vocali, vel diphthongo, est idem initium Præteriti Perfecti, quod Imperfecti: ut ἀκούω, ἤκυον, ἤκυκα, audio: ὀνομάζω, ὠνόμαζον, ὠνόμακα, nomino: ἡκάζω, ἕκαζον, ἕκακα, assimilo.

Si incipiat a Muta Aspirata, videlicet φ, χ, θ, repetit Tenuem illi affinem: ut φράζω, πέφρακα, dico: χείω, κέχεικα, ungo: θύω, τέθυκα, sacrifico.

Si incipiat a ρ, geminat id post ε: ut ῥίπτω, ἔρριφα, projicio.

Præteritum Perfectum, quale initium habuerit in modo Indicativo, idem retinet etiam in reliquis modis.

Exceptiones.

Incipientia a γν, & γρν, licet inchoentur a muta & liquida, non repetunt primam consonantem Præsentis: ut γνωρίζω, ἐγνώρικα, cognosco: γρηγορῶ, ἐγρηγόρηκα, vigilo.

Incipientia a duabus consonantibus πτ, κτ, μν, licet non muta cum liquida, repetunt tamen primam præsentis: ut πτόω, πέπτωκα, cado: κτάομαι, κέκτημαι, possideo: μνάομαι, μέμνημαι, recordor. Sed κτείνω, ἔκτακα, occido: κτίζω, ἔκτικα, fabrico, πτήσσω, ἔπτηχα, timeo, & alia.

Quædam incipientia a muta cum liquida modo repetunt, modo non repetunt primam consonantem Præsentis: ut βλαστέω, βεβλάστηκα, & ἐβλάστηκα, germino: similiter
βλα-

Grammatices. 67

βλακάω, *piger sum :* γλωτπίζω, *deblatero ;* γλύφω, *insculpo ;* γράμπω, *flecto ;* βλάπτω, *noceo ;* ϑλάω, *tundo ;* κρύπτω, *abscondo.*

Observationes.

Diſſyllaba quintæ Conjugationis mutant ε Futuri in α : ut σπείρω, σπιρῶ, ἔσπαρκα, *sero :* ςέλω, ςιλῶ, ἔςαλκα, *mitto.*

Immutabiles λ, & ρ manent in Præterito, ut in Futuro : ut ψάλω, ψαλῶ, ἔψαλκα, *psallo :* φϑείρω, φϑερῶ, ἔφϑαρκα, *corrumpo.*

Verba in μω, & μρω aſſumunt η ante κα : ut νέμω, νεμῶ, νενέμηκα, *tribuo :* τέμνω, τεμνῶ, τετέμηκα, & per syncopen τέτμηκα, *seco.*

Diſſyllaba in είνω, ίνω, ωίω, abjiciunt ν Futuri in Præterito : ut τείνω, τενῶ, τέτακα, *extendo :* κρίνω, κρινῶ, κέκρικα, *judico :* ϑυίω, ϑυιῶ, τέϑυκα, *propero.*

Cætera Verba in νω vertunt ν in γ : ut φαίνω, φανῶ, πέφαγκα, *appareo :* μολύνω, μολυνῶ, μεμόλυγκα, *polluo :* semper enim ν ante γ, κ, χ, ξ, migrat in γ. At μίνω, μινῶ, μεμένηκα, *tanquam a μενίω, maneo.*

Præteritum Perfectum Atticum.

Attici Verbis incipientibus a λ, vel μ, pro communi Augmento præponunt ει : ut λήϑω, λέληφα, είληφα, *sumo :* μείρομαι, μέμαρμαι, είμαρμαι, *sortior.*

Verbis incipientibus ab α brevi, ε, ο, præfigunt Præterito communi duas priores literas Præsentis : ut ἀγείρω, ήγερκα, ἀγήγερκα, *congrego :* ὄλω, ὄλα, ὄλωλα, *perii,* Præterit. med. Si autem excesserit numerum trium syllabarum, tertia ab initio syllaba corripitur hac mutatione.

η in ε : ἀλήϑω, ἤληκα, ἀλήλεκα, *molo.*
ω in ο : ἐρωτῶ, ἠρώτηκα, ἐρηρότηκα, *interrogo.*

abjecta (ει in ι : ἀλείφω, ὔλειφα, ἀλήλιφα, *ungo.*
præpositiva (ευ in υ : ἐλεύϑω, ἤλευϑα, ἐλήλυϑα, *venio :*
(Præt. Med.
abjecta (οι ἑτοιμάζω, ἠτοίμακα, ἐπώμακα, *paro.*
subjunctiva (in ο
(υ ἀκύω, ἤκυκα, ἀκήκοκα, *audio.*
(

E 2   Si

Si tamen tertia syllaba sit longa positione, non fit mutatio: ut ἀγήγερκα.

Retinent diphthongum, ἐρείδω, ἤρεικα, ἐρύρεικα, firmo, ut differat ab ἐρύεικα, quod ab εἴκω, contendo.

Irregularia sunt ἴδω, ἦκα, ἴδηκα, & interposito δο, ἰδήδοκα, edo. ἄγω, ἦχα, ἄγηχα, & assumpto o, ἀγήοχα; item in Aorist. 2. ἦγον, ἄγαγον, & per metathesin ἤγαγον, duco.

Verbis incipientibus ab o, vel ω, Attici præter commune Augmentum præponunt ε, eodem Spiritu manente: ut ὁράω, ὥρακα, ἑώρακα, video; ὤθω, pello, ὔσμαι, ἰωσμαι, Præter. pass. οἴγω, aperio. ἔργα, Præter. med.

Sic εἴκω, οἶκα, ἔοικα, similis sum, Pr.ct. Med. ἵπω, εἶπα, ἔιπα, dixi, Aor. 1. ἧκα, ἵηκα, misi; unde ξυνῆκα, commisi, item, intellexi: ὠσάμην, & ἰωσάμην, impuli.

Dissyllaba primæ, & secundæ Conjugationis Attice vertunt Perfecti penultimam ε in o: ut κλέπτω, κέκλοφα, κέκλοφα, furor: βρέχω, βέβρεχα, βέβροχα, rigo.

Præteritum Plusquamperfectum.

Formatur a Perfecto mutando α in ειν; ac si Perfectum incipiat a simplici consonante, aliud ε assumendo, quam secundam reduplicationem vocant; ut πέτυφα, ἐπετύφειν: alioquin incipit, & augetur, sicut Perfectum; ut ἔσαλκα, ἐσάλκειν, miseram; ἤκυκα, ἠκύκειν, audieram: eodem initio, & augmento manente in medio in compositis: ut συνέσαλκα, συνεσάλκειν, contraxeram; ὑπήκυκα, ὑπηκύκειν, obedieram.

Præteritum Plusquamperfectum Atticum.

Reperitur Attice sine secunda reduplicatione: ut δεδύκειν, pro ἐδεδύκειν, subieram.

In Verbis Attice reduplicatis accipit augmentum prima vocalis; ut ἀγήγερκα, ἠγηγέρκειν, congregaveram; ὀρώρυχα, ὠρωρύχειν, foderam: ἀκήκοα, ἠκηκόειν, audieram. Excipe ἐληλύκειν, & ἐληλύθειν, veneram, ab ἐλήλυκα, & ἐλήλυθα. At ἤλπα, speravi; ἔοργα, feci; ἔοικα, similis sum, habent augmentum in medio: ἐώλπειν, ἐώργειν, ἐῴκειν.

Prima, & tertia singularis Attice est per *ν*: ut ἐπετύφειν ἐγώ, verberaveram ego: ἐπετύφει ἐκεῖνος, verbe-
raverat ille.

Tertiam pluralem ησαν Attici efferunt per ισαν: ut
ἐπετύφεισαν, verberaverant.

Observatio in Modos reliquos.

MODI RELIQUI, & Participia pendent ab Indicativo, tempora similia a suis similibus.
Præteritum Perfectum ubique servat Augmentum.
Aoristi vero extra Indicativum abjiciunt.
IMPERATIVUS non habet primam personam:
caret etiam Futuris, ut & Subjunctivus; sed pro Futuris sunt Aoristi, ut dictum est.
Secundus Aoristus ultimam gravat; ut τύπε: sed
acuunt tres, ἐλθέ, venito: εὑρέ, invenito: εἰπέ, di-
cito: sic Attice λαβέ, accipito: ἰδέ, videto: cum communiter dicant λάβε, ἴδε.
OPTATIVUS pro nota propria habet ubique in penultima οι, at in Aoristo primo Activo, & medio αι.
Circumflectit Futurum secundum: alioquin vox eadem est cum Aoristo secundo.
Usitatissimus est Aoristus Æolicus: apud Atticos autem maxime in secunda, & tertia singulari, & tertia
plurali. Formatur ab Aoristo primo ejusdem Modi,
mutando αιμι in εια: ut τύψαιμι, τύψεια.
SUBJUNCTIVUS pro nota propria habet *η*, &
ω: in secunda, & tertia singulari diphthongum impropriam *η*: in duali, & plurali tantum vocalem *η*.
INFINITIVUS habet Futurum secundum idem
cum Aoristo secundo.
PARTICIPIUM acuit Aoristum secundum; circumflectit Futurum secundum.
Participia masculina, & neutra pertinent ad quintam Declinationem Simplicium, Fœminina ad secundam.

Verbum Barytonum vocis Passivæ inflexum secundum cognata Tempora.

Modus Indicativus.
Præsens.

S. (τύπτομαι, τύπτῃ, τύπτεται.   Verberor.
D. (τυπτόμεθον, τύπτεσθον, τύπτεσθον.
P. (τυπτόμεθα, τύπτεσθε, τύπτονται.

Unde Imperfectum.

S. (ἐτυπτόμην, ἐτύπτου, ἐτύπτετο.   Verberabar.
D. (ἐτυπτόμεθον, ἐτύπτεσθον, ἐσθην.
P. (ἐτυπτόμεθα, ἐτύπτεσθε, ἐτύπτοντο.

Aoristus secundus.

S. (ἐτύπην, ἐτύπης, ἐτύπη.   Verberatus fui.
D. (ἐτύπητον, ἐτυπήτην.
P. (ἐτύπημεν, ἐτύπητε, ἐτύπησαν.

Unde Futurum secundum.

S. (τυπήσομαι, τυπήσῃ, τυπήσεται.   Verberabor.
D. (τυπησόμεθον, τυπήσεσθον, ήσεσθον.
P. (τυπησόμεθα, τυπήσεσθαι, τυπήσονται.

Perfectum.

S. (τέτυμμαι, τέτυψαι, τέτυπται.   Verberatus sum.
D. (τετύμμεθον, τέτυφθον, τέτυφθον.
P. (τετύμμεθα, τέτυφθε, τετυμμένοι εἰσί.

Unde plusquam perfectum.

S. (ἐτετύμμην, ἐτέτυψο, ἐτέτυπτο.   Verberatus eram.
D. (ἐτετύμμεθον, ἐτέτυφθον, ἐτετύφθην.
P. (ἐτετύμμεθα, ἐτέτυφθε, τετυμμένοι ἦσαν.

Unde paulo post Futurum.

S. (τετύψομαι, τετύψῃ, τετύψεται.   Mox Verberabor, &
D. (τετυψόμεθον, τετύψεσθον, εσθον.   pæne jam verbera-
P. (τετυψόμεθα, τετύψεσθε, τετύψονται.   tus sum.

Aoristus primus.

S. (ἐτύφθην, ἐτύφθης, ἐτύφθη.   Verberatus fui.
D. (ἐτύφθητον, ἐτυφθήτην.
P. (ἐτύφθημεν, ἐτύφθητε, ἐτύφθησαν.

Unde Futurum primum.

S. (τυφθήσομαι, τυφθήσῃ, τυφθήσεται.   Verberabor.
                                    D. (τυφθη-

Grammatices. 71

D. (τυφθησόμεθον, τυφθήσεσθον, εσθον,
P. (τυφθησόμεθα, τυφθήσεσθε, τυφθήσονται.

Modus Imperativus.
Praesens, & Imperfectum.

S. (τύπτε, τυπτέσθω.　　　　　　　*Verberare.*
D. (τύπτεσθον, τυπτέσθων.
P. (τύπτεσθε, τυπτέσθωσαν.

Aoristus secundus.

S. (τύπηθι, τυπήτω.　　　　　　　*Verberator tu.*
D. (τύπητον, τυπήτων.
P. (τύπητε, τυπήτωσαν.

Perfectum, & plusquam.

S. (τέτυψο, τετύφθω.　　　　　　*Verberatus esto.*
D. (τέτυφθον, τετύφθων.
P. (τέτυφθε, τετύφθωσαν.

Aoristus primus.

S. (τύφθητι, τυφθήτω.　　　　　　*Verberator tu.*
D. (τύφθητον, τυφθήτων.
P. (τύφθητε, τυφθήτωσαν.

Modus Optativus.
Praesens, & Imperfectum.
εἴθε, utinam.

S. (τυπτοίμην, τύπτοιο, τύπτοιτο.　　　*Verberarer.*
D. (τυπτοίμεθον, τύπτοισθον, τυπτοίσθην.
P. (τυπτοίμεθα, τύπτοισθε, τύπτοιντο.

Aoristus secundus.

S. (τυπείην, τυπείης, τυπείη.　　　*Verberatus sim, vel*
D. (τυπείητον, τυπειήτην.　　　　　　　*fuerim.*
P. (τυπείημεν, τυπείητε, τυπείησαν.

Futurum secundum.

S. (τυπησοίμην, τυπήσοιο, τυπήσοιτο.　　*Verberer.*
D. (τυπησοίμεθον, τυπήσοισθον, σοίσθην.
P. (τυπησοίμεθα, τυπήσοισθε, τυπήσοιντο.

Perfectum & plusquam.

S. (τετυμμένος εἴην, εἴης, εἴη.　　*Verberatus sim, vel*
D.) τετυμμένω εἴητον, εἰήτην.　　　　　*essem.*
P. (τετυμμένοι εἴημεν, εἴητε, εἴησαν.

Paulo post Futurum.

S. (τετυψοίμην, τετύψοιο, τετύψοιτο.　　*Mox verberet.*

E 4　　　　　　D. (τε-

Institutio Grææ

D. (πετυψοίμεθον, πετύψοισθον, πετύψοισθην.
P. (πετυψοίμεθα, πετύψοισθε, πετύψοιντο.

Aoristus primus.

S. (τυφθείω, τυφθείης, τυφθείη.   Verberatus sim, vel
D. (τυφθείητον, τυφθειήτην.   fuerim.
P. (τυφθείημεν, τυφθείητε, τυφθείησαν.

Futurum primum.

S. (τυφθησοίμων, τυφθήσοιο, τυφθήσοιτο.   Verberer.
D. (τυφθησοίμεθον, τυφθήσοισθον, σοίσθην.
P. (τυφθησοίμεθα, τυφθήσοισθε, τυφθήσοιντο.

Modus Subjunctivus.

Præsens, & Imperfectum.
ἐάν, cum.

S. (τύπτωμαι, τύπτῃ, τύπτηται.   Si verberer, vel ver-
D. (τυπτώμεθον, τύπτησθον, τύπτησθον.   berarer.
P. (τυπτώμεθα, τύπτησθε, τύπτωνται.

Aoristus secundus. ἐάν.

S. (τυπῶ, τυπῇς, τυπῇ.   Si verberatus sim, vel fue-
D. (τυπῆτον, τυπῆτον.   rim, vel fuero.
P. (τυπῶμεν, τυπῆτε, τυπῶσι.

Perfectum, & plusquam perfectum ἐάν.

S. (πετυμμένος, ᾦ, ᾖς, ᾖ. Si verberatus sim, vel essem.
D. (πετυμμένω ἦτον, ἦτον.
P. (πετυμμένοι ὦμεν, ἦτε, ὦσι.

Aoristus primus ἐάν.

S. (τυφθῶ, τυφθῇς, τυφθῇ. Si verberatus sim, vel fue-
D. (τυφθῆτον, τυφθῆτον.   rim, vel fuero.
P. (τυφθῶμεν, τυφθῆτε, τυφθῶσι.

Modus Infinitivus.

(Præs. & Imperf. τύπτεσθαι.
(Aoristus 2. τυπῆναι.
(Futurum 2. τυπήσεσθαι.
(Perf. & plusq. πετύφθαι.
(Paulo post Fut. πετυψέσθαι.
(Aoristus 1. τυφθῆναι.
(Futurum 1. τυφθήσεσθαι.

Participia.

Præsens, & Imperfectum.

M.(ὁ τυπτόμενος, οὗ τυπτομένου.   Qui verberatur.
                                                  F.(ἡ

Grammatices. 73

F. (ἡ τυπωμένη, τῆς τυπωμένης.
N. (τὸ τυπώμενον, τοῦ τυπωμένου.

Aoristus secundus.

M. (ὁ τυπεὶς, τοῦ τυπέντος. *Verberatus.*
F. (ἡ τυπεῖσα, τῆς τυπείσης.
N. (τὸ τυπὲν, τοῦ τυπέντος.

Futurum secundum.

M. (ὁ τυπησόμενος, τοῦ τυπησομένου. *Verberandus.*
F. (ἡ τυπησομένη, τῆς τυπησομένης.
N. (τὸ τυπησόμενον, τοῦ τυπησομένου.

Perfectum, & plusquam &c.

M. (ὁ τετυμμένος, τοῦ τετυμμένου. *Verberatus.*
F. (ἡ τετυμμένη, τῆς τετυμμένης,
N. (τὸ τετυμμένον, τοῦ τετυμμένου.

Paulo post Futurum.

M. (ὁ τετυψόμενος, τοῦ τετυψομένου. *Mox verberandus.*
F. (ἡ τετυψομένη, τῆς τετυψομένης.
N. (τὸ τετυψόμενον, τοῦ τετυψομένου.

Aoristus primus.

M. (ὁ τυφθεὶς, τοῦ τυφθέντος. *Verberatus.*
F. (ἡ τυφθεῖσα, τῆς τυφθείσης.
N. (τὸ τυφθὲν, τοῦ τυφθέντος.

Futurum primum.

M. (ὁ τυφθησόμενος, τοῦ τυφθησομένου. *Verberandus.*
F. (ἡ τυφθησομένη, τῆς τυφθησομένης.
N. (τὸ τυφθησόμενον, τοῦ τυφθησομένου.

Institutio Græca

Inflexio omnium Conjugationum secundum cognata Tempora per omnes modos.

Prima.

	Indic.	Imper.	Optat.	Subj.	Infin.	Part.
Præs.	τύπτομαι	τύπτω	τυπτοί- μίω.	τύπτω- μαι.	τύπτε- σθαι.	τυπτό- μενος
Imp.	ἐτυπτόμίω					
Aor. 2.	ἐτύπίω	τύπηθι	τυπείω	τυπῶ	τυπίωαι	τυπείς
Fut. 2.	τυπύσο- μαι		τυπη- σοίμίω		τυτή- σεσθαι	τυπη- σόμενος
Perf.	τέτυμμαι	τέτυψο	τετυμ- μένΘ είίω	τετυμ- μένΘ ὦ	τετύφ- θαι	τετυμ- μένΘ
Plusq.	ἐτετύμμίω					
Paul.p.	ττύψο- μαι		τετυ- ψοίμίω		πτύ- ψεσθαι	πτυ- ψόμε- νΘ
Aor. 1.	ἐτύφθίω	τύφθητι	τυφθεί- ίω	τυφθῶ	τυφθή- ναι	τυφθείς
Fut. 1.	τυφθήσο- μαι		τυφθη- σοίμίω		τυφθή- σεσθαι	τυφθη- σόμενος

Secundæ.

	Indic.	Imp.	Optat.	Subj.	Infinit.	Partic.
Præs.	λέγομαι	λέγου	λεγοίμίω	λέγω- μαι	λέγε- σθαι	λεγό- μενΘ
Imp.	ἐλεγόμίω					
Aor. 2.	ἐλέγίω	λέγηθι	λεγείω	λεγῶ	λεγίωαι	λεγείς
Fut. 2.	λεγήσο- μαι		λεγησοί- μίω		λεγήσε- σθαι	λεγη- σόμενος
Perf.	λέλεγμαι	λέλεξο	λελεγμέ- νΘ	λελεγ- μένΘ	λελέχ- θαι	λελεγ- μένΘ
Plusq.	ἐλελέγ- μίω		είίω	ὦ		
Paul. p.	λελέξο- μαι		λελεξοί- μίω		λελέξε- σθαι	λελεξό- μενΘ
Aor. 1.	ἐλέχθίω	λέχ- θητι	λεχθείω	λεχθῶ	λεχθή- ναι	λεχθείς
Fut. 1.	λεχθή- σομαι		λεχθη- σοίμίω		λεχθή- σεσθαι	λεχθη- σόμενος

Ter-

Grammatices.

Tertiæ.

	Indic.	Imp.	Optat.	Subju.	Infini.	Partic.
Præf.	τέθομαι	πέθυ	πηθοί-μλω	πέθω-μαι	πέθε-σθαι	πηθόμε-ν@
Imp.	ἐπηθόμλω					
Aor. 2.	ἐτίθην	τίθηθι	τιθείλω	τιθῶ	τιθῆωαι	τιθείς
Fut. 2.	τιθήσο-μαι		τιθησοί-μλω		τιθήσε-σθαι	τιθησό-μεν@
Perf.	τέθησ-μαι	πέτη-σο	τετησ-μέν@	πετυσ-μέν@ ᾦ	πετή-σθαι	τεπησ-μέν@
Plufq.	ἐτετήσ-μλω		είλω	ᾦ		
Paul. p.	τετέσο-μαι		πεπησοί-μλω		πεπήσε-σθαι	πετησό-μεν@
Aor. 1.	ἐτέσθλω	πέσ-θητι	πεσθείην	τηθῶ	πησθῆ-ναι	πησθείς
Fut. 1.	τησθήσο-μαι		πεσθη-σοίμλω		πησθή-σεσθαι	τησθη-σόμινος

Quartæ.

	Indicat.	Imp.	Optat.	Subju.	Infin.	Partic.
Præf.	φράζομαι	φράζυ	φραζοί-μλω	φράζω-μαι	φράζε-σθαι	φραζό-μεν@
Imp.	ἐφραζόμην				(ναι	
Aor. 2.	ἐφράδλω	φρά-δηθι	φραδείλω	φραδῶ	φραδέ-	φραδείς
Fut. 2.	φραδήσο-μαι		φραδη-σοίμλω		φραδή-σεσθαι	φραδη-σόμενος
Perf.	πέφρασ-μαι	πέφρα-σο	πεφρασ-μέν@	πεφρασ-μέν@	πεφρά-σθαι	πεφρασ-μέν@
Plufq.	ἐπεφράσ-μλω		είλω	ᾦ		
Paul.p.	πεφράσο-μαι		πεφρά-σοίμλω		πεφρά-σεσθαι	πεφρα-σόμενος
Aor.1.	ἐφράσθλω	φρά-σθητι	φρασθεί-ην	φρασθῶ	φρασθῆ-ναι	φρασ-θείς
Fut. 1.	φρασθή-σομαι		φρασθη-σοίμλω		φρασθή-σεσθαι	φρασθη-σόμενος

Quin-

Quinta.

	Indic.	Imp.	Optat.	Sub.	Infinit.	Partic.
Præſ.	σπείρομαι	σπείρε	σπειροί-μlυ	σπεί-ρωμαι	σπείρε-σθαι	σπειρό-μενος
Imp.	ἐσπειρόμην				(ναι	
Aor. 2.	ἐσπάρlυ	σπά-ρηθι	σπαρείlυ	σπαρῶ	σπαρῆ-σεσθαι	σπαρεὶς
Fut. 2.	σπαρήσο-μαι		σπαρη-σοίμlυ		σπαρή-σεσθαι	σπαρη-σόμεν@
Perf.	ἔσπαρμαι	ἔσ-παρσο	ἐσπαρ-μέν@	ἐσπαρ-μέν@	ἐσπάρ-θαι	ἐσπαρ-μέν@
Pluſq.	ἐσπάρμlυ		εἴlυ	ῶ		
Paul. p.	ἐσπάρσο-μαι		ἐσπαρ-σοίμlυ		ἐσπάρ-σεσθαι	ἐσπαρ-σόμεν@
Aor. 1.	ἐσπάρθlυ	σπάρ-θητι	σπαρ-θείlυ	σπαρ-θῶ	σπαρ-θlῶαι	σπαρ-θεὶς
Fut. 1.	σπαρθήσο-μαι		σπαρθη-σοίμlυ		σπαρθή-σεσθαι	σπαρθη-σόμεν@

Sexta.

	Indic.	Imp.	Optat.	Subju.	Infinit.	Particip.
Præſ.	ἀκύομαι	ἀκύε	ἀκυοί-μlυ	ἀκύω-μαι	ἀκύεσ-θαι	ἀκυόμενος
Imp.	ἠκυόμlυ					
Aor. 1.	ἠκόlυ	ἀκύηθι	ἀκοείlυ	ἀκοῶ	ἀκολῶαι	ἀκοεὶς
Fut. 2.	ἀκούσο-μαι		ἀκουσοί-μlυ		ἀκούσε-σθαι	ἀκουσόμε-ν@
Perf.	ἤκυσμαι	ἤκυσο	ἠκυσμέ-ν@	ἠκυσ-μένος	ἠκύσθαι	ἠκυσμένος
Pluſq.	ἠκύσ-μlυ		εἴlυ	ῶ		
Paul. p.	ἠκύσο-μαι		ἠκυσοί-μlυ		ἠκύσε-σθαι	ἠκυσόμε-ν@
Aor. 1.	ἠκύσθlυ	ἀκύσ-θητι	ἀκυσ-θείlυ	ἀκυσ-θῶ	ἀκυσθῆ-ναι	ἀκυσθεὶς
Fut. 1.	ἀκυσθή-σομαι		ἀκυσθη-σοίμlυ		ἀκυσθή-σεσθαι	ἀκυσθη-σόμεν@

Tem-

Grammatices. 77

Temporum formatio.

Novem funt Tempora in voce Paſſiva: quorum tria deducuntur ab Activa (Præſens.
(Præteritum.
(Aoriſtus ſecundus.

Præſens.

Præſens formatur a Præſenti Activo, mutando ω in ομαι: ut τύπτω, τύπτομαι.

Secunda perſona ſingularis Præſentis, ſicut & Futurorum definit in η, Attice in ει; communiter vero in hiſce quatuor, βύλει, vis, οἴει, putas, ὄψει, videbis, ἔει, & facia craſi, ᾷ, es. Aliquando in quibuſdam Barytonis definit in σαι; ut φάγεσαι, pro φάγῃ, comedis; & in aliquibus Circumflexis, ut καυχάεσαι, καυχᾶσαι, pro καυχάῃ, καυχᾷ, gloriaris; ὀδυνάεσαι, ὀδυνᾶσαι, pro ὀδυνάῃ, ὀδυνᾷ, cruciaris.

Imperfectum.

Imperfectum formatur a Præſenti, mutando μαι in μην, & præponendo Augmentum: ut τύπτομαι, ἐτυπτόμην.

Eadem eſt ratio Augmentorum in Verbis Paſſivis, & Mediis, quæ in Activis, non ſolum in Barytonis, ſed etiam in Circumflexis, & in Verbis in μι.

Aoriſtus Secundus.

Aoriſtus ſecundus formatur ab Aoriſto ſecundo Activo, vertendo ον in ην: ut ἔτυπον, ἐτύπην.

Futurum Secundum.

Futurum ſecundum formatur a tertia perſona Aoriſti ſecundi, addendo σομαι, & abjiciendo Augmentum: ut ἐτύπη, τυπήσομαι.

Præteritum Perfectum.

Præteritum Perfectum formatur a Præterito Perfecto Activo, inflectendo ultimam ſyllabam; in Prima perſona in μαι; in Secunda in σαι; in Tertia in ται: cui ſyllabæ, quia oportet penultimam Præteriti Paſſivi eſſe longam, plerumque aliqua litera præponitur, ut hic oſtenditur.

1. Con-

1. Conjugatio.

Ante μαι habet β; quæ ob euphoniam vertitur in μ: ante σαι, habet π, non quidem expressam, sed implicitam in duplici ψ: ante ται, pariter habet π, non implicitam, sed expressam.

a τέτυφα, verberavi, quod a τύπτω,

μμαι (
ψαι (τέτυμμαι, τέτυψαι, τέτυπται: verberatus sum, es, est:
πται (

2. Conjugatio.

Ante μαι habet γ: ante σαι habet κ, non expressam, sed implicitam in duplici ξ: ante ται pariter habet κ non implicitam, sed expressam:

a λέλεχα, dixi, quod a λέγω,

γμαι, (
ξαι, (λέλεγμαι, λέλεξαι, λέλεκται: dictus sum, es, est.
κται, (

3. Conjugatio.

Ante μαι habet σ: ante σαι nullam aliam: ante ται pariter habet σ.

a πέπεικα, persuasi: quod a πείθω,

σμαι, (
σαι, (πέπεισμαι, πέπεισαι, πέπεισται: persuasus sum, es, est.
ται, (

4. Conjugatio.

In Verbis, quæ sequuntur Conjugationem Secundam, habet, ut Secunda; in iis, quæ Tertiam, ut Tertia.

ab ὤρυχα, excavavi, quod ab ὀρύττω, vel ὀρύσσω,

γμαι, (
ξαι, (ὤρυγμαι, ὤρυξαι, ὤρυκται: excavatus sum, es, est.
κται, (

a νενόμικα, putavi, quod a νομίζω,

σμαι, (
σαι, (νενόμισμαι, νενόμισαι, νενόμισται: putatus sum, es, est.
ται, (

5. Conjugatio.

Servat ut in Activo, sic etiam in Passivo immutabiles λ, & ρ:

Grammatices. 79

ab ἔσταλκα, misi, quod a στέλω,

λμαι, (
λσαι, (ἔσταλμαι, ἔσταλσαι, ἔσταλται: missus sum, es, est.
λται, (

ab ἔσπαρκα, seminavi, quod a σπείρω,

ρμαι, (
ρσαι, (ἔσπαρμαι, ἔσπαρσαι, ἔσπαρται: seminatus sum, es, est.
ρται, (

Finita in μω, aut μρω, Activum habent in ηκα: Passivum in ημαι.

a νενέμηκα, distribui, quod a νέμω,

ημαι, (νενέμημαι, νενέμησαι, νενέμηται, distributus sum, es, est.
ησαι, (a πέτμηκα, secui, quod a τέμνω,
ηται, (πετέμημαι, πετέμησαι, πετέμηται: sectus sum, es, est.

Quæ in Præterito Activo abjecerant ν, abjiciunt & in Præterito Passivo, nec tamen assumunt σ ante μαι, ideoque nec ante σαι: nam quando nihil præponitur primæ personæ, nihil item Tertiæ præponitur.

a κέκρικα, judicavi, quod a κρίνω,

μαι, (
σαι, (κέκριμαι, κέκρισαι, κέκριται: judicatus sum, es, est.
ται, (

Quæ in Præteriso Activo verterant ν in γ, revocant illud in Præterito Passivo: solum ante μ, propter euphoniam, mutatur in μ.

μμαι, (a πέφαγκα, ostendi, quod a φαίνω,
νσαι, (
νται, (πέφαμμαι, πέφανσαι, πέφανται: ostensus sum, es, est.
Attice,
σμαι, (
σαι, (πέφασμαι, πέφασαι, πέφαται.
ται, (

6. *Conjugatio.*

Si penultima Præteriti Activi sit brevis, assumit σ in Præterito passivo.

         a πεπέλεκα, perfeci, quod a πελέω,
σμαι, (πεπέλεσμαι, πεπέλεσαι, πεπέλεσται: perfectus sum,
σαι, (es, est.
ται, (a γεγέλακα, risi, quod a γελάω, γεγέλασμαι,

γε

γιγέλασαι, γιγέλασαι; nam ibi anceps corripitur.

Excipe δέδεμαι a δέω, ligo, a quo tamen Verbale δεσμός, vinculum: ὅρομαι, ab ὅροκα, quod ab ἀρόω, aro. Si penultima Præteriti activi sit longa, nihil assumit.

a τοτόξευκα, sagitta petii, quod a τοξεύω, μαι, (τοτόξευμαι, τοτόξευσαι, τοτόξευται: sagitta petitus σαι, (sum, es, est.

ται, (a τίακα, honoravi, quod a τίω, τέτιμαι, τέτισαι, τέτιται; nam ibi anceps producitur.

Excipe ἤκυσμαι ab ἀκύω, audio: κέκρυσμαι a κρύω, pulso: ἔσπαισμαι a σπαίω, impingo: κεκίλλισμαι a κιλλίω, jubeo: κέκλησμαι a κλείω, claudo: σέσησμαι a σέω, quatio: κεκόλυσμαι a κολύω, turbo: ἔγνωσμαι a γνόω, pro quo γινώσκω, cognosco: τέθραυσμαι a θραύω, frango.

Regulæ de Duali, & Plurali.

Primæ Dualis, & Pluralis formantur a Prima Singulari, flexa solum terminatione.

τέτυμμαι (πτύμμεθον,
(πτύμμεθα.

λέλεγμαι (λελέγμεθον,
(λελέγμεθα.

τέτησμαι (πιπάσμεθον,
(πιπάσμεθα.

ὤρυγμαι (ὠρύγμεθον,
(ὠρύγμεθα.

νενόμισμαι (νενομίσμεθον,
(νενομίσμεθα.

ἔσαλμαι (ἐσάλμεθον,
(ἐσάλμεθα.

τετύλισμαι (τετυλίσμεθον,
(τετυλίσμεθα.

A tertia Singulari formatur secunda & tertia Dualis

lis vertendo *αι* in *ον*, & secunda pluralis vertendo *αι* in *ε*, & tenues in suas aspiratas.

τέτυπται { τέτυφθον, τέτυφθον,
         { τέτυφθε.

λέλεκται { λέλεχθον, λέλεχθον,
         { λέλεχθε.

πέπαυσαι { πέπαυσθον, πέπαυσθον,
         { πέπαυσθε.

ὤρυκται { ὤρυχθον, ὤρυχθον,
        { ὤρυχθε.

νενόμισαι { νενόμισθον, νενόμισθον,
          { νενόμισθε.

ἔσταλται { ἔσταλθον, ἔσταλθον,
         { ἔσταλθε.

τετέλεσαι { τετέλεσθον, τετέλεσθον,
          { τετέλεσθε.

Quoties Tertia Singularis Præteriti Passivi definit in ται purum, Secunda, & Tertia Dualis, ac Secunda Pluralis interserunt σ.

νενέμηται { νενέμησθον, νενέμησθον,
          { νενέμησθε.

κέκριται { κέκρισθον, κέκρισθον,
         { κέκρισθε.

Tertia Pluralis formatur a Tertia Singulari, posito *ν* ante ται purum.

νενέμηται : νενέμινται.
κέκριται : κέκρινται.

Si vero ται non fuerit purum; tum Tertiam Pluralem circumloquimur per Participium Præteriti temporis, & Verbum Substantivum εἰσί, *sunt*.

F   τέτυ-

τέτυπται: τετυμμένοι εἰσί.
λέλεκται: λελεγμένοι εἰσί.

Obſervatio.

Diſſyllaba Primæ, & Secundæ Conjugationis, quæ mutant in Perfecto Activo ε in ο, illud repetunt in Perfecto Paſſivo.

τέμπω, τέτομφα, τέτεμμαι, mitto.
κλέπω, κέκλοφα, κέκλεμμαι, furor.

Quæ habent ρι implicitum cum aliqua conſonante, vertunt ε in α.

τρέπω, τέτροφα, τέτραμμαι, verto.
ςρέφω, ἔςροφα, ἔςραμμαι,
ſed βρέχω, βέβροχα, βέβρεγμαι, rigo.

Jonica Dialectus.

Jones, & aliquando Attici formant Tertiam pluralem hujus Temporis, ponendo α ante ται, & mutando præcedentem tenuem in ſuam aſpiratam.

In Conjug. 1. τέτυπται, τετύφαται, a τύπτω, verbero.
2. λέλεκται, λελέχαται, a λέγω, dico.
3. τέτακται, τετάχαται, a τάττω, ordino.

In *Tertia Conjugatione, & Quarta, ubi imitatur Tertiam, mutatur σ in τ, δ, θ, pro ratione Characteriſticæ Aoriſti ſecundi: quod fit aliquando etiam ubi Quarta imitatur Secundam.*

3. ἤνυςαι, ἤνύπαται, ab ἀνύω, perficio.
ᾖςαι, ᾔδαται, ab ᾄδω, cano.
πέπεισαι, πεπήδαται, a πείθω, perſuadeo.
4. πέφραςαι, πεφράδαται, a φράζω, loquor.
ὤρυκται, ὠρύκαται, ab ὀρύττω, excavo.

In *Quinta tantum* α *interponitur.*

5. ἔψαλται, ἐψάλαται, a ψάλλω, cano.
ἔφθαρται, ἐφθάραται, a φθείρω, corrumpo.

In *Sexta ponitur* α *ante* ται *purum, & longa corripitur.*

δεδήλωται, δεδηλόαται, a δηλόω, oſtendo.
πεποίηται, πεποιέαται, a ποιῶ, facio.
τέθειται, τεθέαται, a θέω, pono, unde τίθημι.
βέβληται, βεβλήαται, Poet. pro βεβλέαται, a βάλλω, Jacio.

Pau-

Grammatices. 85

Paulo post Futurum.

Formatur a secunda persona Perfecti, posito ομ ante αι: ut τέτυψαι, τετύψομαι.

Præteritum plusquam perfectum.

Formatur a Perfecto mutando in Prima persona μαι in μων; in Secunda, & Tertia αι in ο, & præfigendo ε, si Perfectum incipiat a simplici consonante: ut τέτυμμαι, ἐτετύμμων; τέτυψαι, ἐτέτυψο: ἄτυπται, ἐτέτυπτο.

Si Tertia singularis desinat in το purum; in Secunda, & Tertia Duali & Secunda Plurali interseritur σ: ut de Perfecto diximus; & Tertia Pluralis desinit in ντο: ut ἐκέκριτο, accusatus erat; ἐκεκρίσθων, ἐκέκρισθε, ἐκέκριντο. Si autem exeat in το impurum, circumloquimur per Participium Præteriti, & Verbum Substantivum ἦσαν, erant; ut ἐτέτυπτο, τετυμμένοι ἦσαν.

Aoristus primus.

Aoristus primus formatur a Tertia Persona singulari Perfecti Passivi, mutando αι in ων, & Tenues in suas Aspiratas, & retinendo Augmentum Imperfecti: ut τέτυπται, ἐτύφθων.

Exceptio.

μέμνημαι, ἐμνήσθων, recordatus fui:) assumunt
ἔρρωμαι, ἐρρώσθων, convalui:) σ.
σέσωσαι, ἐσώθων, servatus fui: abjicit σ.
ἄρημαι, ἄρεθων, inventus fui:)
ᾕρημαι, ᾑρέθων, sublatus fui:) mutant
ἐτήνημαι, ἐπηνέθων, laudatus fui:) η in ε.
ἔρρημαι, ἐρρέθων, & ἐρρήθων, dictus fui:
τέθειμαι, ἐτέθων, positus fui:

Observatio.

Verba, quæ in Præterito verterant ε in α, repetunt suum ε in Aoristo Primo: ut ἔσπαρμαι, ἐσπάρθων, versus sum.

Verba in νω, quæ in Præterito abjecerant ν, hic illud poetice recipiunt: ut ἐκλίνθων, ἐκρίνθων, pro ἐκλίθων, ἐκρίθων, a κλίνω, inclino, & κρίνω, judico. Et a πνέω, spiro, quamvis non desinat in νω, fit ἐπνεύθων.

Futurum Primum.

Futurum Primum formatur a Tertia persona singulagulari Aoristi Primi addendo σομαι, & abjiciendo Augmentum: ut ἐτύφθη, τυφθήσομαι.

Observatio in Modos reliquos.

MODI RELIQUI formantur ab Indicativo, & Tempora a suis temporibus.

PERFECTUM IMPERATIVI format Secundam personam a Secunda Plusquamperfecti Indicativi: ut ἐτετύφω, τέτυψο. Format Tertiam a Tertia ejusdem, migrante τ in θ; ut ἐλέλαλτο, λελάλθω. Quod si præcesserit Tenuis, mutatur in suam Aspiratam; ut ἐτέτυπτο, τετύφθω. Si autem ante τ fuerit vocalis, assumitur σ: ut ἐκέκριτο, κεκρίσθω.

Aoristi Imperativi formantur a Tertiis personis suorum similium, addito δι: sed Primus desinit in τ, propter aliud θ præcedens: ut ἐτύφθη, τύφθητι. Utriusque Tertia singularis, & reliqui numeri per τ, non θ: ut τυφθήτω, τυπήτω, &c.

OPTATIVUS, ubi facta est circumlocutio in Tertia Præteriti Indicativi, circumloquitur præteritum per Participium, & Verbum Substantivum: sin autem non adhibenda sit circumlocutio, tunc servandæ sunt regulæ hæ.

Si ante μαι Primæ personæ Præteriti passivi fuerit ν, convertitur in μ: ut

a νενέμημαι, quod a νέμω, distribuo.
Sing. νενεμήμην, νενέμηο, νενέμητο.
Dual. νενεμήμεθον, νενεμῆσθον, νενεμήσθην.
Plur. νενεμήμεθα, νενέμησθε, νενέμηντο.

ν in υι. ut

a τέθυμαι, quod a θύω, festino.
Sing. τεθύμην, τέθυο, τέθυτο.
Dual. τεθύμεθον, τέθυσθον, τεθύσθην.
Plur. τεθύμεθα, τέθυσθε, τεθύντο.

α in αι: ut

ab ἔκταμαι, quod a κτείνω, occido.
Sing. ἐκταίμην, ἔκταιο, ἔκταιτο.
Dual. ἐκταίμεθον, ἔκταισθον, ἐκταίσθην.
Plur. ἐκταίμεθα, ἔκταισθε, ἔκταιντο,

ι manet integrum, sed tamen longum hic, etiamsi

Grammatices. 85

si breve fuerit in Præterito Indicativi: ut
a κέκριμαι, quod a κρίνω, judico.

Sing. κεκρίμlω, κεκρίῃ, κεκρίτο.
Dual. κεκρίμεϑον, κεκρίσϑον, κεκρίσϑlω.
Plur. κεκρίμεϑα, κεκρίσϑε, κεκρίντο.

Si ante μαι sit diphthongus, cujus subjunctiva sit
υ, tunc circumlocutione opus est, ut:

a πέπαυμαι, quod a παύω, finio.

Sing. πεπαυμένΘ εἴlω, εἴης, εἴη.
Dual. πεπαυμένω   εἴητον, εἴητην.
Plur. πεπαυμένοι εἴημεν, εἴητε, εἴησαν.

Eodem modo a πεπόξαμαι, quod a πεξάω, jaculor,
πεποξαμένΘ εἴlω.

Aliqui eandem circumlocutionem adhibent, cum Præteritum habet υ: ut a λέλυμαι, λελυμένΘ εἴlω: sed alii non admittunt, formantes λελύμlω, λελύῃ, λελύτω; vel etiam, quod apud Homerum, λελύμlω, λελῦο, λελῦτο.

SUBJUNCTIVUS adhibet in Præterito circumlocutionem, quoties adhibuit Optativus, per Participium Præteriti temporis, & Verbum Substantivum: ut
Sing. τετυμμένΘ, ὦ, ᾖς, ᾖ.
Dual. τετυμμένω   ἦτον, ἦτον.
Plur. τετυμμένοι ὦμεν, ἦτε, ὦσι.

Ubi non adhibenda sit circumlocutio, ex omnibus vocalibus ante μαι primæ personæ Præteriti Indicativi fit ω; ut

a νενέμημαι

Sing. νενεμώμαι, νενεμῇ, νενεμῆται.
Dual. νενεμώμεϑον, νενεμῆσϑον, νενεμῆσϑον.
Plur. νενεμώμεϑα, νενεμῆσϑε, νενεμῶνται,

Id quod etiam fit in verbis circumflexis, & in verbis in μι, ut a πεποίημαι, πεποιῶμαι; a μέμνημαι, μεμνῶμαι; a κεχρύσωμαι, κεχρυσῶμαι: a τέϑειμαι, τεϑῶμαι: ut apparebit loco suo.

Aliqui tamen velle videntur, omnia verba Barytona in Optativo, & Subjunctivo circumloquenda esse per Participium, & Verbum Substantivum.

INFINITIVUS format Præteritum a secunda plurali Perfecti Indicativi, vertendo ε in αι, & penultima

tima acuenda: ut a στυρθὲ, στυφθᾱι.

PARTICIPIUM acuit penultimam in Præterito; ut πτυμμὲν@: ultimam in Aoriſtis; ut τυφθεὶς, τυπεὶς: antepenultimam in reliquis: ut τυπόμεν@, &c.

Participia in μεν@, & μενον ad tertiam pertinent Declinationem ſimplicium: in εἰς, & ἐν ad quintam: Fœminina omnia ad ſecundam.

Verbum Barytonum Vocis Mediæ.

Medium Verbum eſt, quod, ſicut apud Latinos Verbum Commune, alias active, alias paſſive ſignificat; ut ἄγομαι, duco, & ducor, κομίζομαι, porto, & portor: Mediamque habet inflexionem, partim Activam, partim Paſſivam.

Activam fere ſignificationem tribuunt aliqui Præteritis, Aoriſtis, & Futuris Mediis; niſi forte ipſa Verbi ſignificatio aliud ſuadeat: ut σίσητα, compurrui, a σήτω: μέμηνα, inſanivi, a μαίνω, & ſimilia. Reliquis temporibus utramque.

Activam terminationem habet Perfectum, & Pluſquam Perfectum: Reliqua tempora Paſſivam.

Inflexum ſecundum cognata Tempora.

Modus Indicativus.
Præſens.

S. (τύπτομαι, τύπτῃ, τύπτεται, *Verbero, & Verberor.*
D. (τυπτόμεθον, τύπτεσθον, τύπτεσθον,
P. (τυπτόμεθα, τύπτεσθε, τύπτονται.

Unde Imperfectum.

S. (ἐτυπτόμην, ἐτύπτου, ἐτύπτετο. *Verberabam, & Verberabar.*
D. (ἐτυπτόμεθον, ἐτύπτεσθον, ἐτυπτέσθην,
P. (ἐτυπτόμεθα, ἐτύπτεσθε, ἐτύπτοντο.

Aoriſtus ſecundus.

S. (ἐτυπόμην, ἐτύπου, ἐτύπετο. *Verberavi, vel Verberatus*
D. (ἐτυπόμεθον, ἐτύπεσθον, ἐτυπέσθην. *fui.*
P. (ἐτυπόμεθα, ἐτύπεσθε, ἐτύποντο.

Futurum ſecundum.

S. (τυποῦμαι, τυπῇ, τυπεῖται, *Verberabo, vel Verberabor.*
D. (τυπούμεθον, τυπεῖσθον, τυπεῖσθον.

P. (τυ-

Grammatices.

P. (τυπώμεθα, τυπῆσθε, τυπῶνται.
        Futurum primum.
S. (τύψομαι, τύψῃ, τύψεται. *Verberabo, vel Verberabor.*
D.(τυψόμεθον, τύψεσθον, τύψεσθον.
P. (τυψόμεθα, τύψεσθε, τύψονται.
        Aoristus primus.
S. (ἐτυψάμην, ἐτύψω, ἐτύψατο. *Verberavi, vel Verbe-*
D.(ἐτυψάμεθον, ἐτύψασθον, ἐτυψάσθην, *ratus fui.*
P. (ἐτυψάμεθα, ἐτύψασθε, ἐτύψαντο.
        Præteritum perfectum.
S. (τέτυπα, τέτυπας, τέτυπε. *Verberavi, vel Verbera-*
D.(τετύπατον, τετύπατον.   *tus sum.*
P. (τετύπαμεν, τετύπατε, τετύπασι.
        Plusquam perfectum.
S. (ἐτετύπειν, ἐτετύπεις, ἐτετύπει. *Verberaveram, vel*
D.(ἐτετύπειτον, ἐτετυπείτην.   *Verberatus eram.*
P. (ἐτετύπειμεν, ἐτετύπειτε, ἐτετύπεισαν.

        Modus Imperativus.
        Præsens, & Imperfectum.
S. (τύπτε, τυπτέσθω.   *Verbera, vel verberare.*
D.(τύπτεσθον, τυπτέσθων.
P. (τύπτεσθε, τυπτέσθωσαν.
        Aoristus secundus.
S. (τυποῦ, τυπέσθω.   *Verberato, vel Verberator tu.*
D.(τύπεσθον, τυπέσθων.
P. (τύπεσθε, τυπέσθωσαν,
        Aoristus primus.
S. (τύψαι, τυψάσθω.   *Verberato, vel Verberator tu.*
D.(τύψασθον, τυψάσθων.
P. (τύψασθε, τυψάσθωσαν.
        Perfectum, & plusquam perfectum.
S. (τέτυπε, τετυπέτω. *Verberaveris, vel Verberatus est.*
D.(τετύπετον, τετυπέτων.
P.(τετύπετε, τετυπέτωσαν.
        Modus Optativus.
        Præsens, & Imperfectum.
        εἴθε, *utinam.*
S. (τύπτοιμι, τύπτοις, τύπτοι. *Verberarem, vel Verberaret.*
        F 4   D.(τυ-

D. (τυπτοίμεθον, τύπτοισθον, τυπτοίσθω.
P. (τυπτοίμεθα, τύπτοισθε, τύπτοιντο.

Aoristus secundus.

S. (τυποίμω, τύποιο, τύποιτο. *Verberaverim, vel ver-*
D. (τυποίμεθον, τύποισθον, τυποίσθω. *beratus sim, vel*
P. (τυποίμεθα, τύποισθε, τύποιντο. *fuerim.*

Futurum secundum.

S. (τυποίμω, τυποῖο, τυποῖτο. *Verberem, vel Verberer.*
D. (τυποίμεθον, τυποῖσθον, τυποίσθω.
P. (τυποίμεθα, τυποῖσθε, τυποῖντο.

Futurum primum.

S. (τυψοίμω, τύψοιο, τύψοιτο. *Verberem, vel Ver-*
D. (τυψοίμεθον, τύψοισθον, τυψοίσθω. *berer.*
P. (τυψοίμεθα, τύψοισθε, τύψοιντο.

Aoristus primus.

S. (τυψαίμω, τύψαιο, τύψαιτο. *Verberaverim, vel*
D (τυψαίμεθον, τύψαισθον, τυψαίσθω. *Verberatus sim,*
P. (τυψαίμεθα, τύψαισθε, τύψαιντο. *vel fuerim.*

Perfectum, & plusquam perfectum.

S. (πετύποιμι, πετύποις, πετύποι. *Verberavissem, vel Ver-*
D. (πετύποιτον, πετυποίτην. *beratus sim, vel essem.*
P. (πετύποιμεν, πετύποιτε, πετύποιεν.

Modus Subjunctivus.
Præsens, & Imperfectum.
εὰν, *cum.*

S. (τύπτωμαι, τύπτῃ, τύπτηται. *Si verberem, vel verbe-*
D. (τυπτώμεθον, τύπτησθον, τύπτησθον. *rarer.*
P. (τυπτώμεθα, τύπτησθε, τύπτωνται.

Aoristus secundus.

S. (τύπωμαι, τύπῃ, τύπηται. *Si verberavero, vel si*
D. (τυπώμεθον, τύπησθον, τύπησθον. *verberatus fuero.*
P. (τυπώμεθα, τύπησθε, τύπωνται.

Aoristus primus.

S. (τύψωμαι, τύψῃ, τύψηται. *Si verberavero, vel si*
D. (τυψώμεθον, τύψησθον, τύψησθον. *verberatus sim, vel*
P. (τυψώμεθα, τύψησθε, τύψωνται. *fuerim, vel fuero.*

Perfectum, & plusquam perfectum.

S. (πετύπω, πετύπῃς, πετύπῃ. *Si verberaverim, vel*

D. (π-

D. (πετύπησον, πετύπησον. *si verberatus sim, vel essem.*
S. (πετύπωμεν, πετύπητε, πετύπωσι.

Modus Infinitivus.

(Præs. & Imperf. τύπτεσθαι.
(Aoristus 2. τυπίσθαι.
(Futurum 2. τυπᾶσθαι.
(Futurum 1. τύψεσθαι.
(Aoristus 1. τύψασθαι.
(Perf. & plusf. πετύπται.

Participium.

Præsens, & Imperfectum.

M. (ὁ τυπτόμενος, τῦ τυπτομένυ. *Verberans, vel qui*
F. (ἡ τυπτομένη, τῆς τυπτομένης. *verberatur.*
N. (τὸ τυπτόμενον, τῦ τυπτομένυ.

Aoristus secundus.

M. (ὁ τυπόμενος, τῦ τυπομένυ. *Qui verberavit, vel*
F. (ἡ τυπομένη, τῆς τυπομένης. *verberatus.*
N. (τὸ τυπόμενον, τῦ τυπομένυ.

Futurum secundum.

M. (ὁ τυπύμενος, τῦ τυπυμένυ. *Verberaturus, vel*
F. (ἡ τυπυμένη, τῆς τυπυμένης. *verberandus.*
N. (τὸ τυπύμενον, τῦ τυπυμένυ.

Futurum primum.

M. (ὁ τυψόμενος, τῦ τυψομένυ. *Verberaturus, vel*
F. (ἡ τυψομένη, τῆς τυψομένης. *verberandus.*
N. (τὸ τυψόμενον, τῦ τυψομένυ.

Aoristus primus.

M. (ὁ τυψάμενος, τῦ τυψαμένυ. *Qui verberavit, vel*
F. (ἡ τυψαμένη, τῆς τυψαμένης. *verberatus.*
N. (τὸ τυψάμενον, τῦ τυψαμένυ.

Perfectum, & plusquam.

M. (ὁ πετυπώς, τῦ πετυπότος. *Qui verberavit, vel*
F. (ἡ πετυπυῖα, τῆς πετυπυίας. *verberatus.*
N. (τὸ πετυπός, τῦ πετυπότος.

Inflexio omnium Conjugationum secundum cognata Tempora per omnes Modos.

Primæ.

	Indic.	Imp.	Optat.	Subj.	Infinit.	Partic.
Præſ.	τύπτωμαι	τύπτου	τυπτοί-μην	τύπτω-μαι	τύπτε-σθαι	τυπτό-μενΘ·
Imp.	ἐτυπτό-μην					
Aor.2.	ἐτυπό-μην	τυποῦ	τυποί-μην	τύπω-μαι	τυπέ-σθαι	τυπό-μενΘ·
Fut. 2.	τυπῶμαι		τυποί-μην		τυπᾶ-σθαι	τυπού-μενΘ·
Fut. 1.	τύψομαι		τυψοί-μην		τύψε-σθαι	τυψό-μενΘ·
Aor.1.	ἐτυψά-μην	τύψαι	τυψαί-μην	τύψω-μαι	τύψα-σθαι	τυψά-μενΘ·
Perf.	τέτυπα	τέτυ-ψο	πετύ-ψοιμι	πετύ-ψω	πετυψέ-ναι	πετυ-ψώς.
Pluſq.	ἐπετύπειν					

Secundæ.

	Indic.	Imper.	Optat.	Subj.	Infin.	Particip.
Præſ.	λέγομαι	λέγου	λεγοί-μην	λέγω-μαι	λέγε-σθαι	λεγόμενΘ·
Imp.	ἐλεγόμην					
Aor.2.	ἐλεγό-μην	λεγοῦ	λεγοί-μην	λέγω-μαι	λεγέ-σθαι	λεγόμενΘ·
Fut. 2.	λεγοῦμαι		λεγοί-μην		λεγεῖ-σθαι	λεγούμενΘ·
Fut. 1.	λέξομαι		λεξοί-μην		λέξε-σθαι	λεξόμενΘ·
Aor.1.	ἐλεξά-μην	λέξαι	λεξαί-μην	λέξω-μαι	λέξα-σθαι	λεξάμενΘ·
Perf.	λέλογα	λέλογε	λελό-γοιμι	λελό-γω	λελογέ-ναι	λελογώς.
Pluſq.	ἐλελόγειν					

Grammatices.

Tertia.

	Indic.	Imp.	Optat.	Subju.	Infinit.	Partic.
Præf.	πείθομαι	πείθυ	πειθοί-	πείθω-	πείθε-	πειθόμε-
Imp.	ἐπειθό-		μ{ην}	μαι	σθαι	ν☞
	μ{ην}					
Aor.2.	ἐπιθόμ{ην}	πιθοῦ	πιθοίμ{ην}	πίθω-	πιθέ-	πιθόμε-
				μαι	σθαι	ν☞
Fut. 2.	πιθοῦμαι		πιθοίμ{ην}		πιθεῖ-	πιθύμε-
					σθαι	ν☞
Fut. 1.	πείσομαι		πεισοί-		πείσε-	πεισόμε-
			μ{ην}		σθαι	ν☞
Aor.1.	ἐπησάμ{ην}	πεῖ-	πησαί-	πήσω-	πήσα-	πησάμε-
		σαι	μ{ην}	μαι	σθαι	ν☞
Perf.	πέποιθα	πέ-	πεποί-	πεποί-	πεποιθέ-	πεποι-
		ποι-	θοιμι	θω	ναι	θώς.
Plusq.	ἐπεποίθειν	θε				

Quarta.

	Indic.	Impe.	Optat.	Subju.	Infini.	Partic.
Præf.	φράζομαι	φράζυ	φραζοί-	φράζω-	φράζε-	φραζό-
Imp.	ἐφραζό-		μ{ην}	μαι	σθαι	μεν☞
	μ{ην}					
Aor.2.	ἐφραδό-	φραδοῦ	φραδοί-	φράδω-	φραδέ-	φραδό-
	μ{ην}		μ{ην}	μαι	σθαι	μεν☞
Fut. 2.	φραδοῦ-		φραδοί-		φραδεῖ-	φραδύ-
	μαι		μ{ην}		σθαι	μεν☞
Fut. 1.	φράσομαι		φρασοί-		φράσε-	φρασό-
			μ{ην}		σθαι	μεν☞
Aor.1.	ἐφρασά-	φράσαι	φρασαί-	φράσω-	φράσα-	φρασά-
	μ{ην}		μ{ην}	μαι	σθαι	μεν☞
Perf.	πέφραδα	πέφρα-	πεφρά-	πεφρά-	πεφρα-	πεφρα-
		δε	δοιμι	δω	δέναι	δώς.
Plusq.	ἐπεφράδειν					

Quinta.

	Indic.	Imper.	Optat.	Subju.	Infini.	Partic.
Præf.	σπείρομαι	σπείρου	σπειροί-	σπείρω-	σπείρε-	σπειρό-
Imp.	ἐσπειρό-		μην	μαι	σθαι	μενος
	μην					
Aor.2.	ἐσπαρό-	σπαροῦ	σπαροί-	σπάρω-	σπαρέ-	σπαρό-
	μην		μην	μαι	σθαι	μενος
Fut.2.	σπαροῦ-		σπαροί-		σπαρεῖ-	σπαρού-
	μαι		μην		σθαι	μενος
Fut.1.	σπερῶ-		σπεροί-		σπερεῖ-	σπερύμε-
	μαι		μην		σθαι	νος
Aor.1.	ἐσπειρά-	σπεῖραι	σπειραί-	σπείρω-	σπείρα-	σπειρά-
	μην		μην	μαι	σθαι	μενος
Perf.	ἔσπορα	ἔσπορε	ἐσπόροι-	ἐσπό-	ἐσπορέ-	ἐσπορώς.
			μι	ρω	ναι	
Plusq.	ἐσπόρειν					

Sexta.

	Indic.	Imp.	Optat.	Subj.	Infinit.	Particip.
Præf.	ἀκύομαι	ἀκύου	ἀκυοί-	ἀκύω-	ἀκύε-	ἀκυόμενος
Imp.	ἠκυόμην		μην	μαι	σθαι	
Aor.2.	ἠκοόμην	ἀκοῦ	ἀκοσί-	ἀκόω-	ἀκοέ-	ἀκοόμενος
			μην	μαι	σθαι	
Fut.2.	ἀκοῦμαι		ἀκοοί-		ἀκοεῖ-	ἀκούμενος
			μην		σθαι	
Fut.1.	ἀκύσο-		ἀκυσοί-		ἀκύσε-	ἀκυσόμε-
	μαι		μην		σθαι	νος
Aor.1.	ἠκυσά-	ἄκυ-	ἀκυσαί-	ἀκύσω-	ἀκύσα-	ἀκυσάμε-
	μην	σαι	μην	μαι	σθαι	νος
Perf.	ἤκοα	ἤκοε	ἠκόοιμι	ἠκόω	ἠκοίναι	ἠκοώς.
Plusq.	ἠκόην					

Tem-

Grammatices.

Temporum formatio.
Præsens.
Est idem cum præsenti passivo.
Imperfectum.
Est idem cum Imperfecto passivo.
Aoristus Secundus.
Formatur ab Aoristo secundo Activo, mutando ον in ομην: ut ἔτυπον, ἐτυπόμην.
Futurum Secundum.
Formatur a Futuro secundo Activo vertendo ω circumflexum in ῦμαι: ut τυπῶ, τυπῦμαι.
Exceptio.
Ἔδομαι, πίομαι, φάγομαι pro ἔδυμαι, πίυμαι, φαγύμαι; ab ἔδω, edo; πίω, bibo; φάγω, edo, & Poetica illa βίομαι, ibo; νίομαι, per crasin νᾶμαι, ibo.
Futurum Primum.
Formatur a Futuro primo Activo vertendo ω in ομαι: ut τύψω, τύψομαι.
Observatio.
In quinta Conjugatione Futurum primum definit in ῦμαι; nam Activum in ῶ circumflectitur: ut σπείρω, semino, σπερῶ, σπερῦμαι: σέλλω, mitto, σελῶ, σελῦμαι, quod in omnibus modis erit inflectendum, ut Futurum secundum aliarum Conjugationum. Sic & Futurum Atticum: ὑβρίζω, contumelia afficio, ὑβριῶ, ὑβριῦμαι.
Aoristus Primus.
Formatur ab Aoristo primo Activo vertendo α in άμην, ut ἔτυψα, ἐτυψάμην.
S. (ἐτυψάμην, ἐτύψω, ἐτύψατο.
D. (ἐτυψάμεθον, ἐτύψασθον, ἐτυψάσθην.
P. (ἐτυψάμεθα, ἐτύψασθε, ἐτύψαντο.
Præteritum Perfectum.
Formatur a Præterito perfecto Activo, pro Characteristica Perfecti Activi assumendo Characteristicam Aoristi secundi: ut a τέτυφα fit τέτυπα: a τέταχα, τέταγα: a πέφρακα, πέφραδα: nam Aoristi secundi sunt ἔτυπον, ἔταγον, ἔφραδον.

In sexta Conjugatione tantum κ tollitur : ut a λέ-
λυκα, λέλυα: quamquam hoc tempus, ut & Aoriſtus
ſecundus, in hac Conjugatione rarius.

Verba circumflexa minuuntur etiam penultima vocali:
ut a πετέλεκα, τέπλα: a μεμύληκα, μέμιλα, unde μί-
μηλα: a δεδύπηκα, δέδυπα, a νενίκηκα, νένικα.

Jones item tollunt κ ex *Præterito Medio*, & penultimam corripiunt: ut γίγαα a γέγηκα: μέμαα a μέμηκα:
unde participia γεγαὼς, & γεγὼς: μεμαὼς, & μεμὼς.

Regula.

Penultima Præteriti Medii eſt eadem, quæ Perfecti
Activi, ut τέτυφα, τέτυπα.

Exceptio.

Diſſyllaba, quæ habent ε in penultima Futuri, mutant ε in ο in penultima Præteriti Medii : ut λέγω,
λέξω, λέλεχα, λέλογα.

Penultima præſentis Activi α mutatur in η, ut θάλ-
λω, τέθηλα, germino; α tamen aliquando ſervatur, ut
ψάλω, ἔψαλα, cano: ει in οι, ut πείθω, πέποιθα, perſuadeo: αι in η, ut φαίνω, πέφηνα, appareo, μιαίνω,
μεμίηνα, maculo ; neque enim valet hæc regula tantum in diſſyllabis.

*Verbum βάλω videtur habere Præteritum Medium βί-
βολα, ut colligitur ex derivatis, βολὴ, jactus, ἰκηβόλ<dagger>,
longe jaculans, &c.*

Cum χ, vel φ eſt Characteriſtica thematis, idem
eſt Præteritum Activum, & Medium: ut γέγραφα, a
γράφω, ſcribo: τέτρυχα, a τρύχω, attero.

Præteritum Pluſquamperfectum.

Formatur a Præterito, mutando α in ειν, & præponendo ε, ſi Verbum incipiat a ſimplici conſonante,
vel a muta cum liquida: ut τέτυπα, ἐτετύπειν: ut in
voce Activa.

Obſervatio in Modos Reliquos.

MODI RELIQUI, & Participia, ut in Activo,
& Paſſivo, ſic & in Medio pendent ab Indicativo,
ſimilia tempora a ſuis ſimilibus.

Aori-

Grammatices. 95

Aoristus primus retinet α in omnibus modis, præterquam in Subjunctivo: ἐτυψάμlω, τύψαι, τυψαίμlω, τύψασθαι, τυψάμενΘ.

OPTATIVUS habet Futurum secundum, quod in secundis, & tertiis personis differt ab Aoristo secundo tantum accentu: nam Aorist. τυποίμlω, τύποιο: Futur. τυψοίμlω, τυψοῖο.

INFINITIVUS habet Aoristum secundum in ἐσθαι: Futurum vero secundum in ἔσθαι: ut τύπεσθαι, τυπέσθαι.

PARTICIPIUM Aoristum secundum in ὁμενΘ, Futurum secundum in ἐμενΘ.

Masculina, & neutra pertinent ad tertiam Declinationem simplicium, Fœminina ad secundam: excepto Præterito perfecto, cujus masculinum, & neutrum est Quintæ simplicium, Fœmininum secundæ.

Exemplum primæ Conjugationis per omnes modos, tempora, & participia: in Voce Activa, Passiva, Media.

Modus Indicativus.

	Activum.	Passivum.	Medium.
Præsens.	τρίπω	τρίπομαι	τρίπομαι
Imperfect.	ἔτριπον	ἐτριπόμlω	ἐτρεπόμlω
Aoristus 2.	ἔτραπον	ἐτράπlω	ἐτραπόμlω
Futur. 2.	τραπῶ	τραπήσομαι	τραπῦμαι
Futur. 1.	τρίψω	τρεφθήσομαι	τρίψομαι
Aoristus 1.	ἔτριψα	ἐτρίφθlω	ἐτρεψάμlω
Perfect.	τέτροφα	τέτραμμαι	τέτροπα
Plusquam	ἐτετρόφην	ἐτετράμμlω	ἐτετρόπειν
Paulo post F.		τετράψομαι	

Modus Imperativus.

	Activum.	Passivum.	Medium.
Præs. & Imp.	τρέπε	τρέπου	τρέπου
Aoristus 2.	τράπε	τράπηθι	τραπῦ
Aoristus 1.	τρίψον	τρίφθητι	τρίψαι
Perf. & plusq.	τέτροφε	τέτραψο	τέτροπε

Mo-

Modus Optativus.

	Activum.	Passivum.	Medium.
Præf. & Imp.	τρέποιμι	τρεποίμlω	τρεποίμlω
Aoristus 2.	τράποιμι	τραπείω	τραποίμlω
Futur. 2.	τραποῖμι	τραπησοίμlω	τραπσοίμlω
Futur. 1.	τρέψοιμι	τρεφθησοίμlω	τρεψοίμlω
Aoristus 1.	τρίψαιμι	τρεφθείω	τρεψαίμlω
Perf. & plusq.	τετρέφοιμι	τετραμμένος είην	τετρόποιμι
Paulo post F.		τετραψοίμlω	

Modus Subjunctivus.

	Activum.	Passivum.	Medium.
Præf. & Imp.	τρέπω	τρέπωμαι	τρέπωμαι
Aoristus 2.	τράπω	τραπῶ	τράπωμαι
Aoristus 1.	τρέψω	τρεφθῶ	τρέψωμαι
Perf. & plusq.	τετρέφω	τετραμμένῳ ὦ	τετρόπω

Modus Infinitivus.

	Activum.	Passivum.	Medium.
Præf. & Imp.	τρέπειν	τρέπεσθαι	τρέπεσθαι
Aoristus 2.	τραπεῖν	τραπλῶαι	τραπίσθαι
Futur. 2.	τραπῶν	τραπήσεσθαι	τραπῆσθαι
Futur. 1.	τρέψειν	τρεφθήσεσθαι	τρέψεσθαι
Aoristus 1.	τρέψαι	τρεφθῆωαι	τρέψασθαι
Perf. & plusq.	τετρεφέναι	τετράφθαι	τετροπέναι
Paulo post		τετράψεσθαι	

Participium.

	Activum.	Passivum.	Medium.
Præf. & Imp.	τρέπων	τρεπόμενος	τραπόμενος
Aoristus 2.	τραπών	τραπείς	τραπόμενος
Futur. 2.	τραπῶν	τραπησόμενος	τραπύμενος
Futur. 1.	τρέψων	τρεφθυσόμενος	τρεψόμενος
Aoristus 1.	τρέψας	τρεφθείς	τρεψάμενος
Perf. & plusq.	τετρεφώς	τετραμμένος	τετροπώς.
Paulo post		τετράψόμενος	

Exem-

Grammatices.

Exempla Verborum Barytonorum.
Primæ Conjugationis.

π.

βλίπω, aspicio. λίτω, exuo.
λείπω, relinquo. ἐρείπω, verto.
μέλπω, canto. ῥίπω, inclino.

β.

σκίβω, premo. φέρβω, pasco.
ἀμείβω, commuto. ῥέμβω, in gyrum ago.

φ.

ἀλείφω, ungo. γλύφω, fodio.
ςρέφω, verto. ἐρέφω, tego.

ππ.

ῥίπτω, projicio. φαλίπτω, desipio.
κλέπτω, furor. χαλέπτω, everto.
θώπτω, assentor. ὀλόπτω, vello.

Secundæ.

κ.

τήκω, liquefacio. διώκω, persequor.
κρίκω, pectine pulso. ἐράκω, frango.

γ.

οἴγω, aperio. ὀρέγω, porrigo.
λήγω, cesso. θήγω, acuo.
ἐρεύγω, ructo. φλέγω, uro.

χ.

τεύχω, struo. βρέχω, madefacio.
ἐλέγχω, arguo. ῥώχω, dentibus fremo.

Tertiæ.

δ.

δείδω, timeo. ἄρδω, irrigo.
ἀείδω, cano. ἐρείδω, figo.

θ.

κεύθω, abscondo. ἐρέθω, lacesso.
λήθω, celo. αἴθω, uro.

Quartæ.

ω, ττ.

ῥήσσω, att. ττω, frango. φράσσω, att. ττω, munio.
ἀμύσσω, att. ττω, lacero. χαράσσω, att. ττω, sculpo.

G   θωύσ-

Ϟωύοσω, att. των, clamo.   ὀδύοσω, att. των, irascor.
φλαινύοσω, att. των, garrio.   ῥάωσω, att. των, allido.

ζ.

ῥαβδίζω, virgis cedo.   φαντάζω, apparere facio.
αὐγάζω, illucesco.   φλάζω, stulte loquor.
κτίζω, condo.   χωρίζω, separo.
Ͽερίζω, meto.   οἰνίζω, vinum emo, vel sapio.

Quinta.

λ.

Ͽάλλω, vireo.   βδέλλω, mulgeo.
ἀγγέλλω, nuncio.   ὀφέλλω, adjuvo.
ἰάλλω, emitto.   αἰκάλλω, blandior.

μ.

βρέμω, fremo.   δέμω, ædifico.

ν.

ῥαίνω, perfundo.   φείνω, interficio.
τείνω, tendo.   χραίνω, coloro.
Ͽαρσύνω, fiduciam affero.   κραίνω, perficio.
Ͽαυμαίνω, admiror.   ὀνομαίνω, nomino.

ρ.

τείρω, vexo.   οἰκτείρω, commiseror.
Ͽείρω, calefacio.   πταίρω, sternuto.

Sexta.

ω purum.

κωλύω, prohibeo.   ἀνύω, perficio.
χλίω, deliciis frango.   ὀδώω, iter facio.
ἀρύω, haurio.   κολύω, amputo.

De Conjugationibus Circumflexorum.

Vocantur Circumflexa, quia duabus Syllabis in unam contractis, accentum habent circumflexum: ut ποιέω ποιῶ.

Nascuntur a Barytonis Sextæ Conjugationis in ἰω, άω, όω: unde tres sunt Conjugationes Circumflexorum.

Dignoscuntur per literas Characteristicas, quæ sunt vocales α, ε, ο, proxime præcedentes ω Præsentis.

Pri-

Grammatices.
Prima.

Præf.	Futur.	Præt.
έω	ήσω	ηκα
	Secunda.	
άω	ήσω	ηκα
	Tertia.	
όω	ώσω	ωκα.

Notanda ante Inflexionem.

Circumflexa inflectuntur, formantur, & augentur prorsus ut Verba Barytona, nisi quod hic quædam Tempora contrahuntur.

Contrahuntur autem solum Præsens, & Præteritum Imperfectum in omnibus Personis, per omnes Modos, & Participia.

Primæ Conjugationis Contractio.
1. εε contrahitur in ει
2. εο in ου
3. Si post ε sequitur Vocalis longa, aut Diphthongus, fit contractio tollendo ε.

Verbum Circumflexum ex prima Conjugatione
Vocis Activæ.

Modus Indicativus.
Præsens.

S. (ποιέω, ποιῶ: ποιέεις, ποιεῖς: ποιέει, ποιεῖ. Facio.
D. (ποιέετον, ποιεῖτον: ποιέετον, ποιεῖτον.
P. (ποιέομεν, ποιοῦμεν: ποιέετε, ποιεῖτε: ποιέουσι, ποιοῦσι.

Imperfectum.

S. (ἐποίεον, ουν: ἐποίεες, εις: ἐποίεε, ει.
D. (ἐποιέετον, εῖτον: ἐποιέετην, είτην.
P. (ἐποιέομεν, οῦμεν: ἐποιέετε, εῖτε: ἐποίεον, ουν.

Fut. 1. ποιήσω. Aor. 1. ἐποίησα. Præter. perf. πεποίηκα. Plusq. perf. ἐπεποιήκειν ; ad normam Barytonorum & hic, & in reliquis Modis.

Modus Imperativus.
Præsens, & Imperfectum.

S. (ποίεε, ποίει: ποιεέτω, ποιείτω.
D. (ποιέετον, ποιεῖτον: ποιεέτων, ποιείτων.

P. (ποιέ-

P. (ποιέητε, ποιῆτε : ποιέητωσαν, ποιήτωσαν.
Aor. 1. ποίησον. Præt. perf. & plusq. πεποίηκε.
Modus Optativus.
Præsens, & Imperfectum.
εἴθε, utinam.
S. (ποιέοιμι, οἷμι : ποιέοις, οἷς : ποιέοι, οἷ.
D. (ποιέοιτον, οἶτον : ποιεοίτην, οίτην.
P. (ποιέοιμεν, οἶμεν : ποιέοιτε, οἶτε : ποιέοιεν, οἶεν.
Inflexio Attica, & Æolica.
S. (ποιοίην, ποιοίης, ποιοίη.
D. (ποιοίητον, ποιοιήτην.
P. (ποιοίημεν, ποιοίητε, ποιοίησαν.
Inflexio Dorica.
S. (ποιῴην, ποιῴης, ποιῴη.
D. (ποιῴητον, ποιῳήτην.
P. (ποιῴημεν, ποιῴητε, ποιῴησαν.
Fut. 1. ποιήσοιμι. Aor. 1. ποιήσαιμι. Aor. Æol. ποιή-
σεια. Præt. perf. πεποιήκοιμι.
Modus Subjunctivus.
Præsens, & Imperfectum.
ἐὰν, cum.
S. (ποιέω, ῶ : ποιέῃς, ῇς : ποιέῃ, ῇ.
D. (ποιέητον, ῆτον : ποιέητον, ῆτον.
P. (ποιέωμεν, ῶμεν : ποιέητε, ῆτε : ποιέωσι, ῶσι.
Aor. 1. ποιήσω. Præt. perf. πεποιήκω.
Modus Infinitivus.
Præs. & Imperf. ποιέειν, ποιεῖν.
Fut. 1. ποιήσειν.
Aor. 1. ποιῆσαι.
Præt. perf. πεποιηκέναι.
Participium.
Præsens, & Imperfectum.
M. (ὁ ποιέων, ῶν : τῷ ποιέοντος, ὄντος.
F. (ἡ ποιέουσα, οῦσα : τῆς ποιεούσης, ούσης.
N. (τὸ ποιέον, οῦν : τῷ ποιέοντος, ὄντος.
Fut. 1. ὁ ποιήσων. Aor. 1. ὁ ποιήσας.
Præt. perf. ὁ πεποιηκώς.

Vo-

Grammatices.
Vocis Passivæ.
Modus Indicativus.
Præsens.

S. (ποιέομαι, ύμαι, ποιέῃ, ῇ: ποιέεται, εἶται.
D. (ποιεόμεθον, ύμεθον: ποιέεσθον, εἶσθον: ποιέεσθον, εἶσθον.
P. (ποιεόμεθα, ύμεθα: ποιέεσθε, εἶσθε: ποιέονται, ὖνται.

Imperfectum.

S. (ἐποιεόμην, ύμην: ἐποιέου, ῦ: ἐποιέετο, εῖτο.
D. (ἐποιεόμεθον, ύμεθον: ἐποιέεσθον, εἶσθον: ἐποιεέσθην, είσθην.
P. (ἐποιεόμεθα, ύμεθα: ἐποιέεσθε, εἶσθε: ἐποιέοντο, ῦντο.

Præt. perf. πεποίημαι. Plusq. perf. ἐπεποιήμην.
Paulo post Fut. πεποιήσομαι. Aor. 1. ἐποιήθην.
Fut. 1. ποιηθήσομαι.

Modus Imperativus.
Præsens, & Imperfectum.

S. (ποιέου, ῦ: ποιεέσθω, είσθω.
D. (ποιέεσθον, εἶσθον: ποιεέσθων, είσθων.
P. (ποιέεσθε, εἶσθε: ποιεέσθωσαν, είσθωσαν.

Perf. & plusq. πεποίησο. Aor. 1. ποιήθητι.

Modus Optativus.
Præsens, & Imperfectum.
εἴθε, utinam.

S. (ποιεοίμην, οίμην: ποιέοιο, οῖο: ποιέοιτο, οῖτο.
D. (ποιεοίμεθον, οίμεθον: ποιέοισθον, οῖσθον: ποιεοίσθην, οίσθην.
P. (ποιεοίμεθα, οίμεθα: ποιέοισθε, οῖσθε, ποιέοιντο, οῖντο.

Perfectum, & plusquam perfectum.

S. (πεποιήμην, ῇο, ῇτο.
D. (πεποιήμεθον, ῇσθον, ῇσθην.
P. (πεποιήμεθα, ῇσθε, ῇντο.

Paulo post Fut. πεποιησοίμην. Aor. 1. ποιηθείην.
Fut. 1. ποιηθησοίμην.

Modus Subjunctivus.
Præsens, & Imperfectum.
ἐάν, cum.

S. (ποιέωμαι, ῶμαι: ποιέῃ, ῇ: ποιήσηται, ῆται.
D. (ποιεώμεθον, ώμεθον: ποιέησθον, ῆσθον: ποιέησθον, ῆσθον.
P. (ποιεώμεθα, ώμεθα: ποιέησθε, ῆσθε: ποιέωνται, ῶνται.

Perf. & plusq. perf.

S. (πεποιῶμαι, ῇ, ῆται

D. (πεποιώμεδον, ησδον, ησδον.
P. (πεποιώμεδα, ησδε, ωνται.
   Aor. 1. ποιηδω,
               Modus Infinitivus.
      Præſ. & Imperf. ποιέεσθαι, ποιεῖσθαι.
      Perf. & Pluſq. πεποιῆσθαι.
      Paulo poſt Fut. πεπαιήσεσθαι.
      Aor. 1. ποιηδῶαι.
      Fut. 1. ποιηδήσεσθαι.
             Participium.
        Præſens, & Imperf.
M. (ὁ ποιόμενθ', ὑμενθ' : τῶ ποιομένυ, υμένυ.
F. (ἡ ποιομένη, υμένη : τῆς ποιομένης, υμένης.
N. (τὸ ποιόμενον, ὑμενον : τῶ ποιομένυ, υμένυ.
   Perf. & pluſ. πεποιημένος. Paulo poſt Fut. πεποιησόμενοι.
   Aor. 1. ποιηδείς. Fut. 1. ποιηδησόμενθ'.
             Vocis Mediæ.

Tempora, quæ contrahuntur, ſunt eadem in voce Media, ac in Paſſiva: Tempora reliqua formantur ut Media Barytona.
            Fut. 1.
      Indic. ποιήσομαι.
      Optat. ποιησοίμω.
      Infinit. ποιήσεσθαι.
      Partic. ποιησόμενθ'.
           Aor. 1.
      Indicat. ἐποιησάμω.
      Imper. ποίησαι.
      Optat. ποιησαίμω.
      Subjun. ποιήσωμαι.
      Infinit. ποιήσασθαι.
      Partic. ποιησάμενθ'.
          Obſervatio.

Quædam Verba Primæ Conjugationis formant Futurum in ήσω, & ίσω: Præteritum in ηκα, & εκα: ut καλέω voco, Fut. καλήσω, & καλέσω. Ita αἰνέω, laudo, φρονέω, ſapio; φορέω, geſto; κορέω, ſatio; τελέω, perficio; πονέω, laboro; & alia.

Diſſyllaba formant Futurum in ἔσω: ut χέω, ſundo:
                     Fut.

Grammatices. 103

Fut. χώσω. Sic ῥέω, fluo ; πνέω, flo ; πλέω, navigo.
Excipitur δέω, ligo ; Fut. δήσω.

In Diffyllabis prima Singularis, & Prima ac Tertia Pluralis Præfentis non contrahuntur: ut πλέω, πλέομεν, πλέουσι ; non πλῶ, πλοῦμεν, πλοῦσι.

Contrahitur tamen Præfens Infinitivi, ut πλέειν, πλεῖν, τρίειν, τρεῖν, πνέειν, πνεῖν, ῥέειν, ῥεῖν. Reperitur & Participii Præfens πλέων, pro quo melius πλεῖν. Vide Henricum Stephanum.

Quæ poſt factam contractionem non definunt in ω purum, habent in hac prima Conjugatione Aoriſtum ſecundum, Futurum ſecundum, & Præteritum Medium: ut φιλῶ e φιλέω, amo. Aoriſt. 2. ἔφιλον : Fut. 2. φιλῶ : Præter. med. τέφιλα : inflectenda ut Barytona Activa. Diſſyllaba vero nunquam habent, præter χέω (quod tamen inuſitatum in Præſenti) cujus aor. 2. ἔχον.

Secundæ Conjugationis Contractio.

1. Si poſt α ſequitur ο, vel ω, fit contractio in ω.
2. Si poſt α ſequitur alia Vocalis, vel Diphthongus, fit contractio in α ; niſi ſequatur ω, vel ω: nam tunc fit contractio in ω.
3. Sicubi reperitur ι, ſubſcribitur ; υ vero abjicitur.

Verbum Circumflexum ex Secunda Conjugatione Vocis Activæ.

Modus Indicativus. Præfens.

S. (βοάω, βοῶ : βοάεις, βοᾷς : βοάει, βοᾷ.   Clamo.
D. (βοάετον, βοᾶτον : βοάετον, βοᾶτον.
P. (βοάομεν, βοῶμεν : βοάετε, βοᾶτε : βοάουσι, βοῶσι.

Imperfectum.

S. (ἐβόαον, ων : ἐβόαες, ας : ἐβόαε, α.
D. (ἐβοάετον, ᾶτον : ἐβοαέτην, ᾱτην.
P. (ἐβοάομεν, ῶμεν : ἐβοάετε, ᾶτε : ἐβόαον, ων.

Fut. 1. βοήσω. Aor. 1. ἐβόησα. Perf. βεβόηκα.
Pluſq. perf. ἐβεβοήκειν.

Modus Imperativus.
Præſ. & Imperfectum.

S. (βόαε, βόα : βοαέτω, βοάτω.

G 4   D. (βοάε-

D. (βοάιτον, βοᾶτον : βοαέτων, βοάτων.
P. (βοάιτε, βοᾶτε : βοαέτωσαν, βοάτωσαν.
   Aor. 1. βόησον. Præter. perf. & plusq. βεβόηκε.
   Modus Optativus.
      Præsens, & Imperfectum.
         ἄθε, utinam.
S. (βοάοιμι, ῷμι : βοάοις, ῷς : βοάοι, ῷ.
D. (βοάοιτον, ῷτον : βοαοίτην, ῴτην.
P. (βοάοιμεν, ῷμεν : βοάοιτε, ῷτε : βοάοιεν, ῷεν.
      Inflexio Attica.
S. (βοῴην, βοῴης, βοῴη.
D. (βοῴητον, βοῳήτην.
P. (βοῴημεν, βοῴητε, βοῴησαν.
   Fut. 1. βοήσοιμι. Aor. 1. βοήσαιμι. Aor. Æol. βοή-
   σεια. Perf. & plusq. βεβοήκοιμι.
   Modus Subjunctivus.
      Præsens, & Imperfectum.
         ἐὰν, cum.
S. (βοάω, ῶ : βοάῃς, ᾶς : βοάῃ, ᾷ.
D. (βοάητον, ᾶτον : βοάητον, ᾶτον.
P. (βοάωμεν, ῶμεν : βοάητε, ᾶτε : βοάωσι, ῶσι.
   Aor. 1. βοήσω. Perf. & plusq. βεβοήκω.
   Modus Infinitivus.
      Præf. & Imperf. βοάειν, βοᾶν.
      Fut. 1. βοήσειν.
      Aor. 1. βοῆσαι.
      Præt. & plusq. perf. βεβοηκέναι.
         Participium.
      Præf. & Imperfectum.
M. (ὁ βοάων, ῶν : τῦ βοάοντος, ῶντος.
F. (ἡ βοάουσα, ῶσα : τῆς βοαούσης, ώσης.
N. (τὸ βοάον, ῶν : τῦ βοάοντος, ῶντος.
   Fut. 1. βοήσων. Aor. 1. βοήσας. Præt. & plusq. βεβοηκώς.
      Vocis Passivæ.
         Modus Indicativus.
            Præsens.
S. (βοάομαι, ῶμαι : βοάῃ, ᾷ : βοάεται, ᾶται.
D. (βοαέμεθον, ώμεθον : βοάεσθον, ᾶσθον : βοάεσθον, ᾶσθον.
P. (βοαόμεθα, ώμεθα : βοάεσθε, ᾶσθε : βοάονται, ῶνται.
                                                     Im-

Grammatices.
Imperfectum.

S. (ἐβοαόμιω, ώμιω: ἐβοάω, ῶ: ἐβοάιτο, ᾶτο.
D. (ἐβοαόμεϑον, ώμεϑον: ἐβοάισϑον, ᾶσϑον: ἐβοάισϑων, άσϑων.
P. (ἐβοαόμεϑα, ώμεϑα: ἐβοάισϑε, ᾶσϑε: ἐβοάοντο, ῶντο.
Perf. βεβόημαι. Plusq. perf. ἐβεβοήμω. Paulo post Fut.
βεβοήσομαι. Aor. 1. ἐβοήϑω. Fut. 1. βοηϑήσομαι.

Modus Imperativus.
Præsens, & Imperfectum.

S. (βοᾶυ, ῶ: βοαίσϑω, άσϑω.
D. (βοάισϑον, ᾶσϑον: βοαίσϑων, άσϑων.
P. (βοάισϑε, ᾶσϑε: βοαίσϑωσαν, άσϑωσαν.
Perf. & plusq. βεβόησο. Aor. 1. βοήϑητι.

Modus Optativus.
Præf. & Imperfect.
εἴϑε, utinam.

S. (βοαοίμω, ώμω: βοάοιο, ῷο: βοάοιτο, ῷτο.
D. (βοαοίμεϑον, ώμεϑον: βοάοισϑον, ῷσϑον: βοαοίσϑων, ῷσϑων.
P. (βοαοίμεϑα, ώμεϑα: βοάοισϑε, ῷσϑε: βοάοιντο, ῷντο.

Perf. & plusq. perf.

S. (βεβοήμω, βεβόηο, βεβόητο.
D. (βεβοήμεϑον, βεβοήσϑον, βεβοήσϑων.
P. (βεβοήμεϑα, βεβοήσϑε, βεβοήντο.
Paulo post Fut. βεβοησοίμω. Aor. 1. βοηϑείω.
Fut. 1. βοηϑησοίμω.

Modus Subjunctivus.
Præsens, & Imperfect.
ἐάν, cum.

S. (βοάωμαι, ῶμαι: βοάῃ, ᾷ: βοάηται, ᾶται.
D. (βοαώμεϑον, ώμεϑον: βοάησϑον, ᾶσϑον: βοάησϑον, ᾶσϑον.
P. (βοαώμεϑα, ώμεϑα: βοάησϑε, ᾶσϑε: βοάωνται, ῶνται.

Perf. & plusq. perf.

S. (βεβοῶμαι, βεβοῇ, βεβοῆται.
D. (βεβοώμεϑον, βεβοῆσϑον, βεβοῆσϑον.
P. (βεβοώμεϑα, βεβοῆσϑε, βεβοῶνται.
Aor. 1. βοηϑῶ.

Modus Infinitivus.
Præf. & Imperf. βοάεσϑαι, βοᾶσϑαι.
Perf. & plusq. perf. βεβοῆσϑαι.
Paulo post Fut. βεβοήσεσϑαι.

Ao-

Aoristus 1. βοηθῆναι.
Futurum 1. βοηθήσεσθαι.
Participium.
Præsens, & Imperfectum.

M. (ὁ βοαόμενος, ούμενος : τοῦ βοαομένου, ουμένου.
F. (ἡ βοαομένη, ουμένη : τῆς βοαομένης, ουμένης.
N. (τὸ βοαόμενον, ούμενον : τοῦ βοαομένου, ουμένου.

Perf. & plusq. βεβοημένος. Paulo post Fut. βεβοησόμενος. Aor. 1. βοηθείς. Fut. 1. βοηθησόμενος.

Vocis Mediæ.

Tempora, quæ contrahuntur, sunt eadēm, atque Passiva: Reliqua ut Media Barytona.

Futur. 1.
Indicat. βοήσομαι.
Optat. βοησοίμην.
Infinit. βοήσεσθαι.
Partic. βοησόμενος.

Aorist. 1.
Indicat. ἐβοησάμην.
Imper. βόησαι.
Optat. βοησαίμην.
Subjun. βοήσωμαι.
Infinit. βοήσασθαι.
Particip. βοησάμενος.

Observatio.

Multa Verba Secundæ Conjugationis formant Fut. in άσω, Præt. in ακα: præsertim habentia ε, vel ι, ante άω: ut ἰάω, sino, ἰάσω, ἴακα: κοπιάω, laboro, κοπιάσω, κεκοπίακα: plurima habentia λ, vel ρ ante άω: ut γελάω, rideo, γελάσω, γεγέλακα: δράω, facio, δράσω, δέδρακα.

His adde δικάω, judico: διφάω, quæro: θλάω, tundo: μάω, & μαιμάω, vehementer cupio: νάω, fluo: πάω, possideo: σπάω, vello: σπαλάω, suffero: φθάω, prævenio: φλάω, tundo: & alia.

Hæc tamen καίω, vel κάω, uro; & κλάω, frango, formant Fut. καύσω, & κλαύσω.

Quæ-

Grammatices.

Quædam etiam utramque habent terminationem in ἀσω, & ήσω, ut περάω, transeo, περάσω, & περήσω; πηράω, conor, πηράσω, & πηρήσω.

Attici contrahunt αεις in ῇς, αει in ῇ, & αειν in ῇν, in his quatuor: ζῶ, ζῇς, ζῇ, ζῇν, vivo: πηνῶ, νῇς, νῇ, νῇν, esurio: διψῶ, ῇς, ῇ, ῇν, sitio: χρῶμαι, χρῇ, χρῆται, χρῆσθαι, utor.

Dores adhibent hanc contractionem αεις *in* ῃς *ubique: Æoles vertunt in Infinito* ᾷν *in* αἰς, *ut* γελαῖς *pro* γελᾷν.

Jones post factam contractionem in ω præponunt ε, ut μνεώμεν&, pro μνώμεν&, memorans. Poetæ præponunt ο, si præcedens syllaba sit brevis, ut καρηκομόωντες, pro καρηκομῶντες, caput comatum habentes; si autem sit longa, præponunt ω, ut πηρώωντες, pro πηρῶντες, tentantes. Aliquando postponunt ο, ut μνώομαι, pro μνῶμαι, recordor. Nonnunquam geminant α, ut ἑλάαν, pro ἑλᾶν, incitare; τιμάασθαι, pro τιμᾶσθαι, honorari.

In hac etiam Secunda Conjugatione, si thema jam contractum in Præsenti non desinat in ω purum, reperitur Aoristus secundus, Futurum secundum, & Præteritum Medium: ut a τιμῶ, quod a τιμάω, honoro, Aor. 2. ἔτιμον. Fut. 2. τιμῶ. Præt. Med. τέτιμα. Non reperitur tamen vel post hujusmodi contractionem in Disyllabis, præter σπάω, σπῶ, cujus Aor. 2. ἔσπον.

Tertiæ Conjugationis Contractio.

1. Si post ο sequitur ω, vel ν, fit contractio in ω.
2. Si post ο sequitur ε, vel ο, vel ν, fit contractio in ν.
3. Si post ο sequitur quævis alia vocalis, vel Diphthongus, fit contractio in οι: nisi in infinitivo, qui contrahitur in ῶν.

Verbum Circumflexum ex tertia Conjugatione
Vocis Activæ.
Modus Indicativus.
Præsens.

S. (χρυσόω, ῶ: χρυσόεις, οῖς: χρυσόει, οῖ.
D. (χρυ-

D. (χρυσόετον, ετον: χρυσόετον, ετον.
P. (χρυσόομεν, ωμεν: χρυσόετε, ετε: χρυσόωσι, ωσι.
Imperfectum.
S. (ἐχρύσοον, ες: ἐχρύσοες, ες: ἐχρύσοε, ε.
D. (ἐχρυσόετον, ετον: ἐχρυσοέτην, ετην.
P. (ἐχρυσόομεν, ομεν: ἐχρυσόετε, ετε: ἐχρύσοον, ον.
Fut. 1. χρυσώσω. Aor. 1. ἐχρύσωσα. Perf. κεχρύσωκα.
Plusq. perf. ἐκεχρυσώκειν.
Modus Imperativus.
Præsens, & Imperfectum.
S. (χρύσοε, ε: χρυσοέτω, ετω.
D. (χρυσόετον, ετον: χρυσοέτων, ετων.
P. (χρυσόετε, ετε: χρυσοέτωσαν, ετωσαν.
Aor. 1. χρύσωσον. Perf. & plusq. perfect. κεχρύσωκε.
Modus Optativus.
Præsens, & Imperfectum.
εἴθε, utinam.
S. (χρυσόοιμι, οἶμι: χρυσόοις, οἶς: χρυσόοι, οἶ.
D. (χρυσόοιτον, οἶτον: χρυσοοίτην, οίτην.
P. (χρυσόοιμεν, οἶμεν: χρυσόοιτε, οἶτε: χρυσόοιεν, οἶεν.
Fut. 1. χρυσώσοιμι. Aor. 1. χρυσώσαιμι. Aor. Æol.
χρυσώσεια. Perf. & plusq. perf. κεχρυσώκοιμι.
Modus Subjunctivus.
Præsens, & Imperfectum.
ἰάν, cum.
S. (χρυσόω, ῶ: χρυσόῃς, οἶς: χρυσόῃ, οἶ.
D. (χρυσόητον, ῶτον: χρυσόητον, ῶτον.
P. (χρυσόωμεν, ῶμεν: χρυσόητε, ῶτε: χρυσόωσι, ῶσι.
Aor. 1. χρυσώσω. Perf. & plusq. perf. κεχρυσώκω.
Modus Infinitivus.
Præs. & Imperf. χρυσόειν, χρυσοῦν.
Fut. 1. χρυσώσειν.
Aor. 1. χρυσῶσαι.
Perf. & plusq. κεχρυσωκέναι.
Participium.
Præsens, & Imperfect.
M. (ὁ χρυσόων, ῶν: τῦ χρυσόοντος, ῶντος.
F. (ἡ χρυσόουσα, ῦσα: τῆς χρυσοούσης, ύσης.
N. (τὸ χρυσόον, ῦν: τῦ χρυσόοντος, ῶντος.

Fut.

Grammatices. 109
Fut. 1. χρυσώσων. Aor. 1. χρυσώσαι. Perf. & plusq. perf. κεχρυσωκώς.

Vocis Passivæ.
Modus Indicativus.
Præsens.

S. (χρυσόομαι, ῦμαι: χρυσόῃ, οῖ : χρυσόεται, ῦται.
D. (χρυσοόμεθον, ύμεθον: χρυσόεσθον, ῦσθον: χρυσόισθον, ῦσθον.
P. (χρυσοόμεθα, ύμεθα: χρυσόεσθε, ῦσθε: χρυσόονται, ῦνται.

Imperfectum.

S. (ἐχρυσοόμην, ύμην: ἐχρυσόυ, σῦ: ἐχρυσόετο, ῦτο.
D. (ἐχρυσοόμεθον, ύμεθον: ἐχρυσόεσθον, ῦσθον: ἐχρυσοέσθην, ύσθην.
P. (ἐχρυσοόμεθα, ύμεθα: ἐχρυσόεσθε, ῦσθε: ἐχρυσόοντο, ῦντο.

Perf. κεχρύσωμαι, Plusq. perf. ἐκεχρυσώμην.
Paulo post Fut. κεχρυσώσομαι. Aor. 1. ἐχρυσώθην.
Fut. 1. χρυσωθήσομαι.

Modus Imperativus.

S. (χρυσόυ, ῦ : χρυσοέσθω, έσθω.
D. (χρυσόεσθον, ῦσθον: χρυσοέσθων, ύσθων.
P. (χρυσόεσθε, ῦσθε: χρυσοέσθωσαν, ύσθωσαν,
Perf. & plusq. κεχρύσωσο. Aor. 1. χρυσώθητι.

Modus Optativus.
Præsens, & Imperfectum.
εἴθε utinam.

S. (χρυσοοίμην, οίμην: χρυσόοιο, οῖο: χρυσόοιτο, οῖτο.
D. (χρυσοοίμεθον, οίμεθον: χρυσόοισθον, οῖσθον: χρυσοοίσθην, οίσθην.
P. (χρυσοοίμεθα, οίμεθα : χρυσόοισθε, οῖσθε: χρυσόοιντο, οῖντο.

Perfectum, & plusquam.

S. (κεχρυσώμην, κεχρυσῷο, κεχρυσῷτο.
D. (κεχρυσώμεθον, κεχρυσῷσθον, κεχρυσῷσθην.
P. (κεχρυσώμεθα, κεχρυσῷσθε, κεχρυσῷντο.
Paulo post Fut. κεχρυσωσοίμην. Aor. 1. χρυσωθείην.
Fut. 1. χρυσωθησοίμην.

Mo-

Institutio Græcæ
Modus Subjunctivus.
Præsens, & & Imperfectum,
ἐὰν, cum.

S. (χρυσῶμαι, ῶμαι: χρυσοῖ, οἶ: χρυσῶνται, ῶται.
D. (χρυσοώμεθον, ώμεθον: χρυσόησθον, ῶσθον: χρυσόησθον, ῶσθον.
P. (χρυσοώμεθα, ώμεθα: χρυσόησθε, ῶσθε: χρυσόωνται, ῶνται.

Perfectum, & plusquam.
S. (κεχρυσῶμαι, κεχρυσῇ, κεχρυσῆται.
D. (κεχρυσώμεθον, κεχρυσῆσθον, κεχρυσῆσθον.
P. (κεχρυσώμεθα, κεχρυσῆσθε, κεχρυσῶνται.
Aor. 1. χρυσωθῶ.

Modus Infinitivus.
Præf. & Imperf. χρυσόεσθαι, χρυσοῦσθαι.
Perf. & plusq. κεχρυσῶσθαι.
Paulo post Fut. κεχρυσώσεσθαι.
Aor 1. χρυσωθῆναι.
Fut. 1. χρυσωθήσεσθαι.

Participium.
Præsens, & Imperfectum.
M. (ὁ χρυσόμενος, ώμενος: τοῦ χρυσοομένου, ωμένου.
F. (ἡ χρυσοομένη, ωμένη: τῆς χρυσοομένης, ωμένης.
N. (τὸ χρυσοόμενον, ώμενον: τοῦ χρυσοομένου, ωμένου.

Perf. & plusq. κεχρυσωμένος. Paulo post Fut. κεχρυσωσόμενος. Aor. 1. χρυσωθείς. Fut. 1. χρυσωθησόμενος.

Vocis Mediæ.

Tempora, quæ contrahuntur, sunt eadem in Voce Media, ac in Passiva: Tempora reliqua formantur ut Media Barytona.

Fut. 1.
Indicat. χρυσώσομαι.
Optat. χρυσωσοίμην.
Infinit. χρυσώσεσθαι.
Partic. χρυσωσόμενος.

Aorist. 1.
Indicat. ἐχρυσωσάμην.

Imper.

Grammatices.

Imper. χρύσωσαι.
Optat. χρυσωσαίμω.
Subjun. χρυσώσωμαι.
Infinit. χρυσώσασθαι.
Particip. χρυσωσάμενος.

Observatio.

Verba in όω, a Nomine derivata mutant in Futuro *o* in *ω*: ut δηλόω, δηλώσω, manifesto, a δῆλος manifestus: cætera fere retinent *o*; ut ἀρόω, ἀρόσω, aro. At δόω, δώσω, do.

Aoristus secundus, Futurum secundum, & Præteritum Medium hic penitus desiderantur in omnibus generibus.

Exempla primæ Conjugationis Circumflexorum

in εω.

κομίω, *curam gero.*
οἰδέω, *tumeo.*
ὀκνέω, *cunctor.*
ῥοφέω, *exhaurio.*
θαρρέω, *confido.*

φθονέω, *invideo.*
αἰτέω, *peto.*
ωρέω, *fruor.*
χειροτονέω, *per suffragia creo.*
ζητέω, *quæro.*

Secunda.
in αω.

καλεράω, *proculco.*
ὁρμάω, *prorumpo.*
αἰονάω, *aspergo.*
πηράω, *conor.*
θρυγανάω, *frico.*

φλιδάω, *putresco.*
περάω, *vendo, transeo.*
βροντάω, *tono.*
γράω, *comedo.*
ἐρωτάω, *interrogo.*

Tertia.
in οω.

κληρόω, *forte deligo.*
ὁμοιόω, *assimilo.*
αἰσιμόω, *insumo.*
πληρόω, *impleo.*
ῥιζόω, *stabilio.*
χαριτόω, *gratum reddo.*

ἐλευθερόω, *libero.*
θανατόω, *neco.*
φαρμακόω, *pharmaca misceo,*
ἀκριβόω, *exquiro.*
ἐρημόω, *vasto.*
φραγελλόω, *flagello.*

De

De Conjugationibus Verborum in μι.

Vocantur Verba in μι, propter ultimam syllabam μι, in quam desinunt: ut τίθημι.

Oriuntur ex sexta Conjugatione Barytonorum a Verbis desinentibus in έω, άω, όω, ύω: unde quatuor sunt Conjugationes Verborum in μι.

Habent pro Characteristica, Prima ε: Secunda α: Tertia o: Quarta υ.

Fiunt autem mutando ω ultimam syllabam in μι, vertendo brevem Characteristicam in longam, videlicet ε, α in η: o in ω: υ correptum in υ productum; & præponendo Reduplicationem.

Reduplicatio duplex est.
> Propria: cum prima consonans Thematis, vel Tenuis loco Aspiratæ cum ι brevi repetitur: ut,
>
> θέω,   τέθεω,   τέθημι, pono.
> δόω,   δίδόω,   δίδωμι. do.
>
> Impropria: cum ι solum præfigitur; idque vel cum Verbum incipit a π, vel a Vocali: ut
>
> στάω,   ἱστάω,   ἵστημι, sto.
> ἔω,   ἱέω,   ἵημι, mitto.

Reduplicationem habent tantum Tres priores Conjugationes in Præsenti, & Præterito Imperfecto solum, per omnes Modos, & Participia: Quarta nullam habet; sed tantum in ea ω vertitur in μι, hoc modo:

1. a θέω,   ⎫   ⎧ τίθημι, pono.
2. a στάω,   ⎬   format.   ⎨ ἵστημι, sto.
3. a δόω,   ⎪   ⎪ δίδωμι, do.
4. a ζάγνύω, ⎭   ⎩ ζάγνυμι, jungo.

Multa sunt etiam sine Reduplicatione: ut σβῆμι, extinguo: φημί, dico: ἄλωμι, capio: γνῶμι, cognosco: & alia.

Poe.

Grammatices.

Poetæ perinde agunt cum Reduplicatione, atque cum Verborum augmento Syllabico, & Temporali. Modo enim addunt Reduplicationem, modo detrahunt. Hinc in omni Conjugatione multa reperiuntur Verba in μι *sine ulla omnino Reduplicatione:* ut φίλημι, a φιλέω, *amo:* γέλημι a γελάω, *video:* ἰλᾰδέρωμι *ab* ἰλᾰδέρέω, *libero:* κλύμι a κλύω, *audio: aliaque plura, non tantum Poetis, sed & aliis subinde usurpata. Interdum adhibent quidem Reduplicationem, sed per* ε: ut νοίω, νόημι, νενόημι, *intelligo:* πελέω, πέλημι, πεπέλημι, *perficio:* τλάω, τλῆμι, τέτλημι, *tolero. In quibusdam Verbis, loco Reduplicationis repetunt duas primas literas Præsentis;* ut ἀλυκτέω, ἀλύκτημι, ἀλαλύκτημι, *in angustias redigo:* ἀλάω, ἄλημι, ἀλάλημι, *erro:* ἀχέω, ἄχημι, ἀκάχημι, *angor. Interdum Verba a vocali cæpta habent Reduplicationem in secunda syllaba: ut* ὀρέω, *seu* ὀράω, ὄρημι, ὄρωμι, *juvo. Aliquando Reduplicatio sive per* ι, *sive per* ε, *suapte natura brevis, producitur inserto* μ: *ut* πράω, πρῆμι, πίμπρημι, *comburo:* πλάω *sive* πλέω, πλῆμι, πίμπλημι, *impleo. Verba aliqua retinent Reduplicationem etiam in Futuro. Hinc* διδώσω *pro* δώσω: διδράσω *pro* δράσω *a* διδράσκω *fugio.*

Advertenda ante Inflexionem.

Peculiarem habent inflexionem Præsens, Imperfectum, Aoristus secundus: Reliqua Tempora sequuntur rationem Barytonorum.

Destituuntur Verba in μι omni Futuro secundo, Præterito Perfecto Medio, Aoristo secundo Passivo.

Verba Quartæ Conjugationis, si Dissyllaba sunt, Futurum habent, & Aoristum secundum: si Trissyllaba, non ultra Imperfectum flectuntur. Carent etiam modo Optativo, & Conjunctivo.

Inflexio Verborum ex quatuor Conjugationibus in μι
Vocis Activæ.
Modus Indicativus.
Præsens.
1. S. (άθημι, άθης, άθησι.

H   D. (ύ-

Institutio Græca

    D. (τίθετον, τίθετον.
    P. (τίθεμεν, τίθετε, τιθᾶσι, Jon. τιθέασι.
2. S. (ἵςημι, ἵςης, ἵςησι.
    D. (ἵςατον, ἵςατον.
    P. (ἵςαμεν, ἵςατε, ἵςασι.
3. S. (δίδωμι, δίδως, δίδωσι.
    D. (δίδοτον, δίδοτον.
    P. (δίδομεν, δίδοτε, διδᾶσι, Jon. διδόασι.
4. S. (ζάγνυμι, ζάγνυς, ζάγνυσι.
    D. (ζάγνυτον, ζάγνυτον.   (γνύκσι.
    P. (ζάγνυμεν, ζάγνυτε, ζαγνῦσι: in usu ζά-

    Imperfectum.
1. S. (ἐτίθω, ἐτίθης, ἐτίθη.
    D. (ἐτίθετον, ἐτιθέτην.
    P. (ἐτίθεμεν, ἐτίθετε, ἐτίθεσαν.
2. S. (ἵςω, ἵςης, ἵςη.
    D. (ἵςατον, ἱςάτην.
    P. (ἵςαμεν, ἵςατε, ἵςασαν,
3. S. (ἐδίδων, ἐδίδως, ἐδίδω.
    D. (ἐδίδοτον, ἐδιδότην.
    P. (ἐδίδομεν, ἐδίδοτε, ἐδίδοσαν.
4. S. (ἐζάγνυω, ἐζάγνυς, ἐζάγνυ.
    D. (ἐζάγνυτον, ἐζαγνύτην.
    P. (ἐζάγνυμεν, ἐζάγνυτε, ἐζάγνυσαν.

    Aoristus Secundus.
1. S. (ἔθω, ἔθης, ἔθη.
    D. (ἔθετον, ἐθέτην.
    P. (ἔθεμεν, ἔθετε, ἔθεσαν.
2. S. (ἔςω, ἔςης, ἔςη.
    D. ἔςητον, ἐςήτην.
    P. (ἔςημεν, ἔςητε, ἔςησαν.
3. Si (ἔδων, ἔδως, ἔδω.
    D. (ἔδοτον, ἐδότην.
    P. (ἔδομεν, ἔδοτε, ἔδοσαν.

    Futurum primum.
1. θήσω.
2. ςήσω.
3. δώσω.

Aori-

Grammatices.

Aoristus primus.
1. ἔθηκα.
2. ἔησα.
3. ἔδωκα.

Cur ἔθηκα, ἔδωκα *habeant* κ, *diximus loco suo.*

Præteritum perfectum.
1. τέθηκα: ε pro η, more Bœotorum.
2. ἕσακα, pro ἕηκα, ad differentiam ἕηκα, quod est Præterit. Medium ab ἕηκω, sto. In Compositis tamen remanet η, ut ἀφέηκα.
3. δίδωκα.

Præt. plusq. perf.
1. ἐτεθείκειν.
2. ἑσάκειν.
3. ἐδεδώκειν.

Modus Imperativus.

Præsens, & Imperfectum.
1. S. (τίθει, τιθέτω.
   D. (τίθετον, τιθέτων.
   P. (τίθετε, τιθέτωσαν.
2. S. (ἵσαθι, ἱσάτω.
   D. (ἵσατον, ἱσάτων.
   P. (ἵσατε, ἱσάτωσαν.
3. S. (δίδοθι, διδότω.
   D. (δίδοτον, διδότων.
   P. (δίδοτε, διδότωσαν.
4. S. (ζάγνυθι, ζαγνύτω.
   D. (ζάγνυτον, ζαγνύτων.
   P. (ζάγνυτε, ζαγνύτωσαν.

Aoristus secundus.
1. S. (θὲς, θέτω.
   D. (θέτον, θέτων.
   P. (θέτε, θέτωσαν.
2. S. (στῆθι, στήτω.
   D. (στῆτον, στήτων.
   P. (στῆτε, στήτωσαν.
3. S. (δός, δότω.
   D. (δότον, δότων.
   P. (δότε, δότωσαν.

Institutio Græcæ

Aoristus primus.
1. ἔθηκον.
2. ἕησον.
3. ἔδωκον.

Præt. perf. & Plusq. Perf.
1. τέθεικε.
2. ἕσακε.
3. δέδωκε.

Modus Optativus.
εἴθε, utinam.

1. S. (τιθείω, τιθείης, τιθείη.
   D. (τιθείητον, τιθειήτην.
   P. (τιθείημεν, τιθείητε, τιθείησαν, & τιθεῖεν.
2. S. (ἱσαίω, ἱσαίης, ἱσαίη.
   D. (ἱσαίητον, ἱσαιήτην.
   P. (ἱσαίημεν, ἱσαίητε, ἱσαίησαν, & ἱσαῖεν.
3. S. (διδοίω, διδοίης, διδοίη.
   D. (διδοίητον, διδοιήτην.
   P. (διδοίημεν, διδοίητε, διδοίησαν, & διδοῖεν.

Aoristus secundus.
1. S. (θείω, θείης, θείη.
   D. (θείητον, θειήτην.
   P. (θείημεν, θείητε, θείησαν, & θεῖεν.
2. S. (σαίω, σαίης, σαίη.
   D. (σαίητον, σαιήτην.
   P. (σαίημεν, σαίητε, σαίησαν, & σαῖεν.
3. S. (δοίω, δοίης, δοίη.
   D. (δοίητον, δοιύτην.
   P. (δοίημεν, δοίητε, δοίησαν, & δοῖεν.

Futurum primum.
1. θήσοιμι.
2. ἕήσοιμι.
3. δώσοιμι.

Aoristus primus.
1. θήξαιμι.
2. ἕήσαιμι.
3. δώξαιμι.

Præt. Perfect. & plusq.
1. τεθήκοιμι.

2. ἱσά-

Grammatices.

2. ἱστάκοιμι.
3. διδάκοιμι.
  Modus Subjunctivus.
    ἐὰν, cum.
1. S. (τιθῶ, τιθῇς, τιθῇ.
   D. (τιθῆτον, τιθῆτον.
   P. (τιθῶμεν, τιθῆτε, τιθῶσι.
2. S- (ἱστῶ, ἱστᾷς, ἱστᾷ.
   D. (ἱστῆτον, ἱστᾶτον.
   P. (ἱστῶμεν, ἱστᾶτε, ἱστῶσι.
3. S. (διδῶ, διδῷς, διδῷ.
   D. (διδῶτον, διδῶτον.
   P. (διδῶμεν, διδῶτε, διδῶσι.
    Aoristus secundus.
1. S. (θῶ, θῇς, θῇ.
   D. (θῆτον, θῆτον.
   P. (θῶμεν, θῆτε, θῶσι,
2. S. (στῶ, στῇς, στῇ.
   D. (στῆτον, στῆτον.
   P. (στῶμεν, στῆτε, στῶσι.
3. S. (δῶ, δῷς, δῷ.
   D. (δῶτον, δῶτον.
   P. (δῶμεν, δῶτε, δῶσι.
     Aoristus primus.
   1. θήκω.
   2. στήσω.
   3. δώκω.
    Præt. perf. & plusq.
   1. τεθήκω.
   2. ἕστακω.
   3. δεδώκω.
    Modus Infinitivus.
   Præsens, & Imperfectum.
   1. τιθέναι.
   2. ἱστάναι.
   3. διδόναι.
   4. ζωγνύναι.
    Aoristus Secundus.
   1. θεῖναι.

H 3   2. στῆ·

Institutio Græcæ

2. ςεῖναι.
3. δᾶναι.

Futurum primum.

1. θήσειν.
2. ςύσειν.
3. δώσειν.

Aoristus primus.

1. θῆκαι.
2. ςῆσαι.
3. δῶκαι.

Præt. perf. & plusq.

1. τεθακέναι.
2. ἑςακέναι.
3. δεδωκέναι.

Participium.
Præsens, & Imperfect.

1. M. (ὁ τιθείς, τῦ τιθέντ⊙.
   F. (ἡ τιθεῖσα, τῆς τιθείσης.
   N. (τὸ τιθέν, τῦ τιθέντ⊙.
2. M. (ὁ ἱςάς, τῦ ἱςάντ⊙.
   F. (ἡ ἱςᾶσα, τῆς ἱςάσης.
   N. (τὸ ἱςάν, τῦ ἱςάντ⊙.
3. M. (ὁ διδύς, τῦ διδόντ⊙.
   F. (ἡ διδῦσα, τῆς διδύσης.
   N. (τὸ διδόν, τῦ διδόντ⊙.
4. M. (ὁ ζᾳγνύς, τῦ ζᾳγνύντ⊙.
   F. (ἡ ζᾳγνῦσα, τῆς ζᾳγνύσης.
   N. (τὸ ζᾳγνύν, τῦ ζᾳγνύντ⊙.

Aoristus secundus.

1. M. (ὁ θείς, τῦ θέντ⊙.
   F. (ἡ θεῖσα, τῆς θείσης.
   N. (τὸ θέν, τῦ θέντ⊙.
2. M. (ὁ ςάς, τῦ ςάντ⊙.
   F. (ἡ ςᾶσα, τῆς ςάσης.
   N. (τὸ ςάν, τῦ ςάντ⊙.
3. M. (ὁ δύς, τῦ δύντ⊙.
   F. (ἡ δῦσα, τῆς δύσης.
   N. (τὸ δόν, τῦ δόντ⊙.

Fu-

Grammatices.

Futuram primum.
1. θήσων.
2. σήσων.
3. δώσων.

Aoristus primus.
1. θήκας.
2. σήσας.
3. δώκας.

Perf. & Plusq.
1. τεθηκώς.
2. ἱσακώς.
3. δεδωκώς.

Vocis Passivæ.

Modus Indicativus.
Præsens.
1. S. (τίθεμαι, τίθεσαι, τίθεται.
   D. (τιθέμεθον, τίθεσθον, τίθεσθον.
   P. (τιθέμεθα, τίθεσθαι, τίθενται.
2. S. (ἵσαμαι, ἵσασαι, ἵσαται.
   D. (ἱσάμεθον, ἵσασθον, ἵσασθον,
   P. (ἱσάμεθα, ἵσασθε, ἵσανται.
3. S. (δίδομαι, δίδοσαι, δίδοται.
   D. (διδόμεθον, δίδοσθον, δίδοσθον.
   P. (διδόμεθα, δίδοσθε, δίδονται.
4. S. (ζάγνυμαι, ζάγνυσαι, ζάγνυται.
   D. (ζαγνύμεθον, ζάγνυσθον, ζάγνυσθον.
   P. (ζαγνύμεθα, ζάγνυσθε, ζάγνυνται.

Imperfectum.
1. S. (ἐτιθέμω, ἐτίθεσο, & ἐτίθυ, ἐτίθετο.
   D. (ἐτιθέμεθον, ἐτίθεσθον, ἐτιθέσθω.
   P. (ἐτιθέμεθα, ἐτίθεσθε, ἐτίθεντο.
2. S. (ἱσάμω, ἵσασο, & ἵσω, ἵσατο.
   D. (ἱσάμεθον, ἵσασθον, ἱσάσθω.
   P. (ἱσάμεθα, ἵσασθε, ἵσαντο.
3. S. (ἐδιδόμω, ἐδίδοσο, & ἐδίδυ, ἐδίδοτο.
   D. (ἐδιδόμεθον, ἐδίδοσθον, ἐδιδέσθω.
   P. (ἐδιδόμεθα, ἐδίδοσθε, ἐδίδοντο.

4. S. (ἐζάγνύμἰω, ἰζάγνυσο, ἰζάγνυτο.
   D.(ἰζάγνύμεθον, ἰζάγνυσθον, ἰζάγνύσθων.
   P. (ἰζάγνύμεθα, ἰζάγνυθε, ἰζάγνωνται.

Perfectum :
1. τέθειμαι,
2. ἴσαμαι.
3. δίδομαι.

Plusquam perfectum.
1. ἐπεθέμιω.
2. ἰσάμιω.
3. ἰδιδόμιω.

Paulo post Futurum.
1. τεθήσομαι.
2. ἰσάσομαι.
3. διδόσομαι.

Aoristus primus.
1. ἐπέθω.
2. ἰσάθω.
3. ἰδόθω.

Futurum primum.
1. τεθήσομαι.
2. σαθήσομαι.
3. δοθήσομαι.

Modus Imperativus.
Praesens, & Imperfect.
1. S. (τίθεσο, & τίθε, τιθέσθω.
   D.(τίθεσθον, τιθέσθων.
   P.(τίθεσθε, τιθέσθωσαν.
2. S. (ἵσασο, & ἵσω, ἱσάσθω.
   D.(ἵσασθον, ἱσάσθων.
   P.(ἵσασθε, ἱσάσθωσαν.
3. S. (δίδοσο, & δίδω, διδόσθω.
   D.(δίδοσθον, διδόσθων,
   P.(δίδοσθε, διδόσθωσαν.
4. S. (ζάγνυσο, ζάγνύσθω.
   D.(ζάγνυσθον, ζάγνύσθων.
   P.(ζάγνυσθε, ζάγνύσθωσαν.

Perfectum, & plusquam.
1. τέθεισο.

Grammatices.

2. ἵσασο.
3. δίδοσο.
   Aoristus primus.
1. τέθητι.
2. στάθητι.
3. δόθητι.
   Modus Optativus.
   Præsens, & Imperfectum.
   εἴθε, utinam.
1. S. (τιθείμω, τιθεῖο, τιθεῖτο.
   D. (τιθείμεθον, τιθεῖσθον, τιθείσθην.
   P. (τιθείμεθα, τιθεῖσθε, τιθεῖντο.
2. S. (ἱσαίμω, ἱσαῖο, ἱσαῖτο.
   D. (ἱσαίμεθον, ἱσαῖσθον, ἱσαίσθην.
   P. (ἱσαίμεθα, ἱσαῖσθε, ἱσαῖντο.
3. S. (διδοίμω, διδοῖο, διδοῖτο.
   D. (διδοίμεθον, διδοῖσθον, διδοίσθην.
   P. (διδοίμεθα, διδοῖσθε, διδοῖντο.
   Perfectum, & plusquam.
1. S. (τεθείμω, τεθεῖο, τεθεῖτο.
   D. (τεθείμεθον, τεθεῖσθον, τεθείσθην.
   P. (τεθείμεθα, τεθεῖσθε, τεθεῖντο.
2. S. (ἱσαίμω, ἱσαῖο, ἱσαῖτο.
   D. (ἱσαίμεθον, ἱσαῖσθον, ἱσαίσθην.
   P. (ἱσαίμεθα, ἱσαῖσθε, ἱσαῖντο.
3. S. (δεδοίμω, δεδοῖο, δεδοῖτο.
   D. (δεδοίμεθον, δεδοῖσθον, δεδοίσθην.
   P. (δεδοίμεθα, δεδοῖσθε, δεδοῖντο.
   Paulo post Futurum.
1. τεθησοίμω,
2. ἱσασοίμω.
3. δεδοσοίμω.
   Aoristus primus.
1. τεθείω.
2. σταθείω.
3. δοθείω.
   Futurum primum.
1. τεθησοίμω.
2. σταθησοίμω.

3. δο-

Institutio Græca

3. δοθησοίμlω.

Modus Subjunctivus.

Præsens, & Imperfectum.

ἐὰν, cum.

1. S. (τιθῶμαι, τιθῇ, τιθῆται.
   D. (τιθώμεθον, τιθῆσθον, τιθῆσθον.
   P. (τιθώμεθα, τιθῆσθε, τιθῶνται.
2. S. (ἱςῶμαι, ἱςᾷ, ἱςᾶται.
   D. (ἱςώμεθον, ἱςᾶσθον, ἱςᾶσθον.
   P. (ἱςώμεθα, ἱςᾶσθε, ἱςῶνται.
3. S. (διδῶμαι, διδῷ, διδῶται.
   D. (διδώμεθον, διδῶσθον, διδῶσθον,
   P. (διδώμεθα, διδῶσθε, διδῶνται.

Præteritum & plusq.

1. S. (πεθῶμαι, πεθῇ, πεθῆται.
   D. (πεθώμεθον, πεθῆσθον, πεθῆσθον.
   P. (πεθώμεθα, πεθῆσθε, πεθῶνται.
2. S. (ἱςῶμαι, ἱςᾷ, ἱςᾶται.
   D. (ἱςώμεθον, ἱςᾶσθον, ἱςᾶσθον.
   P. (ἱςώμεθα, ἱςᾶσθε, ἱςῶνται.
3. S. (δεδῶμαι, δεδῷ, δεδῶται.
   D. (δεδώμεθον, δεδῶσθον, δεδῶσθον.
   P. (δεδώμεθα, δεδῶσθε, δεδῶνται.

Aoristus primus.

1. τεθῶ.
2. ςαθῶ.
3. δοθῶ.

Modus Infinitivus.

Præsens, & Imperfectum.

1. τίθεσθαι.
2. ἵςασθαι.
3. δίδοσθαι.
4. ζάγνυσθαι.

Perfectum, & plusquam.

1. τεθῆσθαι.
2. ἱςᾶσθαι.
3. δεδόσθαι.

Paulo post Futur.

1. τεθήσεσθαι.

2. ἱςά-

Grammatices.

2. ἵστασθαι.
3. δίδοσθαι.
    Aoristus primus.
1. τεθῆναι.
2. σταθῆναι.
3. δοθῆναι.
    Futurum primum.
1. τεθήσεσθαι.
2. σταθήσεσθαι.
3. δοθήσεσθαι.
    Participium.
Præsens, & Imperfectum.
1. M. (ὁ τιθέμενος, τῦ τιθεμένου.
   F. (ἡ τιθεμένη, τῆς τιθεμένης.
   N. (τὸ τιθέμενον, τῦ τιθεμένου.
2. M. (ὁ ἱστάμενος, τῦ ἱσταμένου.
   F. (ἡ ἱσταμένη, τῆς ἱσταμένης.
   N. (τὸ ἱστάμενον, τῦ ἱσταμένου.
3. M. (ὁ διδόμενος, τῦ διδομένου.
   F. (ἡ διδομένη, τῆς διδομένης.
   N. (τὸ διδόμενον, τῦ διδομένου.
4. M. (ὁ ζαγνύμενος, τῦ μένου.
   F. (ἡ ζαγνυμένη, τῆς μένης.
   N. (τὸ ζαγνύμενον, τῦ μένου.

    Perfect. & plusq.
1. τεθυμένος.
2. ἱσταμένος.
3. δεδομένος.
    Paulo post Futurum.
1. τεθυσόμενος.
2. ἱστασόμενος.
3. δεδοσόμενος.
    Aoristus primus.
1. τεθείς.
2. σταθείς.
3. δοθείς.
    Futurum primum.
1. τεθησόμενος.

2. ταθησόμενος.
3. δοθησόμενος.

Vocis Mediæ.

Præsens, & Imperfectum per omnes Modos sunt eadem, ac Passiva.
Modus Indicativus.
Aoristus secundus.
1. S. (ἐθέμην, ἔθεσο, & ἔθου, ἔθετο.
   D. (ἐθέμεθον, ἔθεσθον, ἐθέσθην.
   P. (ἐθέμεθα, ἔθεσθε, ἔθεντο.
2. S. (ἐστάμην, ἔστασο, ἔστατο.
   D. (ἐστάμεθον, ἔστασθον, ἐστάσθην.
   P. (ἐστάμεθα, ἔστασθε, ἔσταντο.
3. S. (ἐδόμην, ἔδοσο, & ἔδου, ἔδοτο.
   D. (ἐδόμεθον, ἔδοσθον, ἐδόσθην.
   P. (ἐδόμεθα, ἔδοσθε, ἔδοντο.

Futurum primum.
1. θήσομαι.
2. στήσομαι.
3. δώσομαι.

Aoristus primus.
1. ἐθηκάμην.
2. ἐστησάμην.
3. ἐδωκάμην.

Modus Imperativus.
Aoristus secundus.
1. S. (θέσο, & θοῦ, θέσθω.
   D. (θέσθον, θέσθων.
   P. (θέσθε, θέσθωσαν.
2. S. (στάσο, στάσθω.
   D. (στάσθον, στάσθων.
   P. (στάσθε, στάσθωσαν.
3. S. (δόσο, & δοῦ, δόσθω.
   D. (δόσθον, δόσθων.
   P. (δόσθε, δόσθωσαν.

Aori-

Grammatices. 125

Aoristus primus.
1. θήκαι.
2. ςῆσαι.
3. δῶκαι.

Modus Optativus.
Aoristus secundus.
εἴθε, utinam.
1. S. (θείμlω, θεῖο, θεῖτο.
   D. (θείμεθον, θεῖσθον, θείσθlω.
   P. (θείμεθα, θεῖσθε, θεῖντο.
2. S. (ςαίμlω, ςαῖο, ςαῖτο.
   D. (ςαίμεθον, ςαῖσθον, ςαίσθlω.
   P. (ςαίμεθα, ςαῖσθε, ςαῖντο.
3. S. (δοίμlω, δοῖο, δοῖτο.
   D. (δοίμεθον, δοῖσθον, δοίσθlω.
   P. (δοίμεθα, δοῖσθε, δοῖντο.

Futurum primum.
1. θησοίμlω.
2. ςησοίμlω.
3. δωσοίμlω.

Aoristus primus.
1. θηκαίμlω.
2. ςησαίμlω.
3. δωκαίμlω.

Modus Subjunctivus.
Aoristus secundus.
ἐὰν, cum.
1. S. (θῶμαι, θῇ, θῆται.
   D. (θώμεθον, θῆσθον, θῆσθον.
   P. (θώμεθα, θῆσθε, θῶνται.
2. S. (ςῶμαι, ςῇ, ςῆται.
   D. (ςώμεθον, ςῆσθον, ςῆσθον.
   S. (ςώμεθα, ςῆσθε, ςῶνται.
3. S. (δῶμαι, δῷ, δῶται.
   A. (δώμεθον, δῆσθον, δῆσθον.

P. (δύ-

P. (δώμεθα, δῶσθε, δῶνται.

Aoristus primus.
1. θήκωμαι.
2. σήσωμαι.
3. δώκωμαι.

Modus Infinitivus.
Aoristus secundus.
1. θέσθαι.
2. σάσθαι.
3. δόσθαι.

Futurum primum.
1. θήσεσθαι.
2. σήσεσθαι.
3. δώσεσθαι.

Aoristus primus.
1. θήκασθαι.
2. σήσασθαι.
3. δώκασθαι.

Participium.
Aoristus secundus.
1. M.(ὁ θέμενος, τῦ θεμένυ.
   F. (ἡ θεμένη, τῆς θεμένης.
   N. (τὸ θέμενον, τῦ θεμένυ.
2. M.(ὁ σάμενος, τῦ σαμένυ.
   F. (ἡ σαμένη, τῆς σαμένης.
   N. (τὸ σάμενον, τῦ σαμένυ.
3. M.(ὁ δόμενος, τῦ δομένυ.
   F. (ἡ δομένη, τῆς δομένης.
   N. (τὸ δόμενον. τῦ δομένυ.

Futurum primum.
1. θησόμενος.
2. σησόμενος.
3. δωσόμενος.

Aoristus primus.
1. θηκάμενος.
2. σησάμενος.
3. δωκάμενος.

Tem-

Temporum quorundam Formatio in Voce Activa.

Præsens.

De hujus formatione satis dictum est supra.

Imperfectum.

Formatur a Præsenti, mutando μι in ν; & præponendo Augmentum, nisi Verbum incipiat ab ι positione longo: ut τίθημι, ἐτίθω: sed ἵημι, ἵην.

Observatio.

Præsens, & Imperfectum activum in Duali, & Plurali mutant Characteristicam longam in brevem: ut τίθεμεν, ἵεμεν, δίδομεν, ζάγνυμεν, &c.

Imperfectum singulare trium priorum Conjugationum vix est in usu; sed utimur personis circumflexorum: ἐτίθην, ἐτίθης, ἐτίθει, ἐτίθεις: ἵην, ἵης, ἵεις, ἵες: ἐδίδων, ἐδίδως, ἐδίδου, ἐδίδους, &c. Secundæ etiam personæ Imperativi sæpe contrahuntur: ut τίθει, ἵει, δίδου, a contractis τιθῶ, ἱῶ, διδῶ.

Aoristus Secundus.

Deducitur ab Imperfecto rejiciendo Reduplicationem, & præponendo Augmentum ε: ut ἐτίθω, ἔθω: sed ἵτω, ἴτω: quod, sicut etiam Præteritum ἔτακα (quod & ἔτα) neutram, seu passivam habet significationem: *steti, jacui, vel positus sum*.

Similis est Imperfecto, nisi quod in Duali, ac Plurali Vocalem retinet longam, præter ἔθω, ἔθων, & ὦ, ab ἵημι, mitto.

Si Verbum caret Reduplicatione, idem erit Imperfectum, & Aoristus secundus: ut σβῆμι, ἔσβω, extinguo: κλύμι, ἔκλω, audio.

Hi tres Aoristi secundi ἔθω, ἔδων, ὦ, in Indicativo singulariter sunt inusitati.

Observatio in Modos Reliquos.

IMPERATIVI Præsens formatur a Præsenti Indicativi, mutando μι in θι, & longam Vocalem in brevem:

vem: ut ἴσημι, ἴσαθι: fed ἄθετω, non ἄθεθι, propter alterum θ præcedens.

Aoriſtus ſecundus exit plerumque in θι: ut ϛῆθι, ϛήτω: γνώθι, γνώτω: ſed θὶς, & δὸς, excipiuntur; quamvis apud aliquos etiam δόθι: ſicut etiam χὶς, habeto, a χῆμι: ϕρὶς, fer, a ϕρῆμι: ἒς, mitte, ab ἴημι, cum ſuis compoſitis.

OPTATIVI Præſens, τιθείλω, ἱϛαίλω, διδοίλω: & Aoriſtus ſecundus, θείλω, ϛαίλω, δοίλω, per diphthongum, quæ continet Characteriſticam Conjugationis η, αι, οι.

SUBJUNCTIVI Præſens, τιθῶ, τιθῆς, τιθῇ: ἱϛῶ, ἱϛᾷς, ἱϛᾷ: διδῶ, διδῷς, διδῷ. Secunda, & Tertia perſona per diphthongum impropriam; ῇ primæ Conjugationis: ᾷ Secundæ; ῷ Tertiæ. Aoriſtus autem ſecundus θῶ, θῆς, θῇ: ϛῶ, ϛῆς, ϛῇ: δῶ, δῷς, δῷ, per ῇ in Duabus Primis Conjugationibus, & per ῷ in Tertia.

INFINITIVI Præſens, τιθέναι, ἱϛάναι, διδόναι, ζαγνύναι per Characteriſticam ſuæ Conjugationis ante ναι. Ab hoc formatur Aoriſtus ſecundus, abjecta Reduplicatione, & mutata brevi Vocali in longam: ut ἱϛάναι, ϛῶναι, Excipiuntur θεῖναι, δῦναι, ἆναι, ab εἶμι, quæ ex Vocali brevi faciunt diphthongum.

PARTICIPII Præſens, τιθεὶς, διδὺς, a themate τίθημι, δίδωμι, mutato μι in ς, & ad Characteriſticam brevem ſumptam addito ς in τιθεὶς, υ in διδὺς: ϛὰς ab ἵϛημι, mutato μι in ς, & η in α longum: ζαγνὺς a ζάγνυμι, mutato μι in ς. Acuitur in omnibus ultima.

Præteritum Perfectum ἑϛακώς, ἑϛακυῖα, ἑϛακός: & Jonice, ἑϛαὼς, ἑϛαόϛ: Jones enim e Præteritis ſubtrahunt κ, & penultimam corripiunt: inde per craſin, ὁ ἑϛὼς, ἑϛῶϛος: ἡ ἑϛῶσα, ἑϛώσης: τὸ ἑϛὼς, ἑϛῶϛος, maximo in uſu. Neutrum ἑϛὼς non ſ:cus, ac maſcullinum, ſcribitur per ω, quia natum ex craſi.

Temporum quorundam formatio in Voce Paſſiva.

Præſens.

Formatur ab Activo τίθημι, mutando μι in μαι, &
lou-

longam vocalem in suam brevem, ut & in reliquis Personis omnibus.

Observatio.

Secunda Persona Præsentis exit in σαι: τίθεσαι, ἵστασαι: Attice tamen τίθη, ἵση.

Sunt nonnulla in μι, quæ communiter formant Secundam personam in η: κάθημαι, κάθη, sedeo; ἐπίσταμαι, ἐπίση, scio; δύαμαι, δύη, possum: pro κάθησαι, ἐπίστασαι, δύασαι: quamvis illæ etiam terminationes reperiantur.

Quædam etiam, Attice præsertim, retinent longam vocalem Activi, ut ὄνυμαι, ὄνησαι, ὄνηται, fruor; pro ὄνεμαι, ὄνεσαι, ὄνεται: κάλημαι, pro κάλεμαι, ab Activo κάλημι, voco: δίζημαι, pro δίζεμαι, a δίζημι, quæro: sic in Secunda Conjugatione: ὄρημαι, pro ὄραμαι, ab ὄρημι, video, ἄημαι, ab ἄημι, spiro.

Imperfectum.

A Præsenti τίθεμαι, verso αι in ω, & Augmento præposito. Cæterum ubique est brevis Characteristica. Secunda persona pro ἐτίθεσο, est etiam ἐτίθε: sic ἵστασο, & ἵσω: ἐδίδοσο, & ἐδίδω, expuncto σ, & duabus Vocalibus in unam syllabam contractis.

Præteritum Perfectum.

Formatur a Perfecto Activo, mutando κα in μαι, & penultima corripienda, idque in omnibus Numeris; ut ἕστακα, ἕσταμαι, ἑστάμεθον, ἑστάμεθα: δέδωκα, δέδομαι, δεδόμεθον, δεδόμεθα. Sed τέθειμαι, retinet Bœoticam Perfecti Activi diphthongum.

Aoristus Primus.

Aoristus Primus ἐτέθω formatur a Tertia persona perfecti τέθεται, mutata αι in ω; retentoque Augmento Imperfecti. Penultima hujus Aoristi corripitur: a τέθεται, ἐτέθω, abjecta Subjunctiva, verso autem θ in τ, propter alterum θ sequens.

I

Observatio in Modos reliquos.

IMPERATIVI Præsens αἴθισο formatur a Præsenti Indicativi mutando μαι in σο; retinendoque brevem Vocalem in omnibus Numeris. Ablato σ fit crasis Attica: αἴθισο, αἴθω, αἴθυ: ἵστασο, ἵστω, ἵσω: δίδοσο, δίδω, δίδυ.

OPTATIVI Præsens τιθείμην, a Præsenti Indicativi mutando αι in μην, & ad penultimam brevem addendo ι: ἱσαίμαι, ἱσαίμην: διδοίμαι, διδοίμην. Præterea Secunda, ac Tertia persona, ultima brevi, in penultima ubique circumflectitur, nisi Activum non sit in usu: ut δυναμαι, possum, δυναίμην, δύναιο, δύναιτο; quia non dicitur, δύνημι, δυνείην.° Quidam tamen ἱσαίμην, ἵσαιο, ἵσαιτο.

Perfectum τεθείμην nihil differt a Præsenti τιθείμην, nisi prima syllaba; quia illic est Reduplicatio, hic Augmentum.

SUBJUNCTIVI Præsens τιθῶμαι simile est suo Circumflexo; nisi quod Secunda Singularis Tertiæ Conjugationis inflectitur per ῷ, non per οῖ, ut, διδῶμαι, διδῷ, διδῶται: & pro ἱσῶμαι, ᾷ, ᾶται, quidam dicunt ἱσῶμαι, ῇ, ἧται: sic δυνῶμαι, δυνῇ, δυνῆται.

Perfectum τεθῶμαι nihil differt a Præsenti τιθῶμαι, nisi prima syllaba: quæ illic est Reduplicatio, hic Augmentum.

INFINITIVI Præsens τίθεσθαι a Secunda Plurali Præsentis Indicativi, mutando ε in αι.

Animadversio in Vocem Mediam.

Præsens, & Imperfectum conveniunt cum Passivis. Futurum primum, & Aoristus primus juxta regulam Barytonorum.

Perfectum, & plusquam perfectum, & Futurum secundum tunc sunt, cum Verba circumflexa, a quibus Verba in μι formantur, prædicta Tempora habuerint: cæterum desiderantur, ut dictum est.

Aori-

Aoristus primus vix est in usu, maxime extra Indicativum, ut etiam Aoristus Primus Activus.

Aoristus Secundus.

Fit ab Imperfecto, abjecta Reduplicatione, idque in omnibus Modis: ut ἐτιθέμην, τιθέμην: ἱστάμην, ἱστάμην: ἐδιδόμην, διδόμην. E'στάμην convenit cum Præterito Plusquam perfecto Passivo, licet spiritu differat, cum in illo sit asper, hic lenis.

Vix est usitatum hoc tempus, & minus extra Indicativum, στάσο, στάμην, στάμαι, στάσθαι.

Imperativi Aoristus secundus θῦ, fit a θέσο, expuncto σ, & duabus Vocalibus in υ contractis.

Cæterum Verba in μι, præsertim vero Polysyllaba Quartæ, defectum Temporum aliunde sarciunt: ut ζάγνυμι a ζάγνύω. Fut. 1. ζάξω a ξάγω: Aor. 1. ἔζαξα: Aor. 2. ἔζυγον.

Conjugatio quorundam Anomalorum in μι.
Verbum substantivum Εἰμί, sum.
Modus Indicativus.
Præsens.

S. (εἰμί, εἶς, vel εἶ, ἐστί.
D. (ἐστόν, ἐστόν.
P. (ἐσμέν, ἐστέ, εἰσί.

Imperfectum.

S. (ὦ, ἦς, ἦ, vel ὦ.
D. (ἦτον, ἦτην.
P. (ἦμεν, ἦτε, ἦσαν.

Plusquam perfectum.

S. (ἤμην, ἦσο, ἦτο.
D. (ἤμεθον, ἦσθον, ἦσθην.
P. (ἤμεθα, ἦσθε, ἦτο.

Futurum.

S. (ἔσομαι, ἔσῃ, ἔσεαι, vel ἔσαι.
D. (ἐσόμεθον, ἔσεσθον, ἔσεσθον.
P. (ἐσόμεθα, ἔσεσθε, ἔσονται.

Modus Imperativus.
Præsens, & Imperfectum.

S. (ἴσο, καὶ ἴσθι, ἴσω.

D. (ἴσον,

Institutio Græca

D. (ἴσον, ἴσων.
P. (ἴσι, ἴσωσαν, vel ἴσων Att.

Modus Optativus.
Præsens, & Imperfectum.
εἴθε, utinam.

S. (εἴλω, εἴης, εἴη.
D. (εἴητον, εἴητων.
P. (εἴημεν, εἴητε, εἴησαν.

Futurum.
S. (ἐσοίμην, ἔσοιο, ἔσοιτο.
D. (ἐσοίμεθον, ἔσοισθον, ἐσοίσθην.
P. (ἐσοίμεθα, ἔσοισθε, ἔσοιντο.

Modus Subjunctivus.
Præs. & Imperfect.
S. (ὦ, ᾖς, ᾖ.
D. (ἦτον, ἦτων.
P. (ὦμεν, ἦτε, ὦσι.

Modus Infinitivus.
Præsens, & Imperfectum.
εἶναι.
Futurum.
ἔσεσθαι.

Participium.
Præsens, & Imperfectum.
M. (ὁ ὤν, τοῦ ὄντος.
F. (ἡ οὖσα, τῆς οὔσης.
N. (τὸ ὄν, τοῦ ὄντος.

Futurum.
M. (ὁ ἐσόμενος, τοῦ ἐσομένου.
F. (ἡ ἐσομένη, τῆς ἐσομένης.
N. (τὸ ἐσόμενον, τοῦ ἐσομένου.

Εἶμι, Eo.
Modus Indicativus.
Præsens.
M. (εἶμι, εἶς, vel εἶ, εἶσι.
F. (ἴσον, ἴσον.
N. ('μεν, 'τε, ἴσι.

Im-

Grammatices.

Imperfectum.
S. (εἶν, εἶς, εἶ.
D. (εἶτον, εἴτην.
P. (ἦμεν, ἦτε, ἦσαν.

Perfectum.
S. (εἶκα, εἶκας, εἶκε.
D. (εἴκατον, εἴκατον.
P. (εἴκαμεν, εἴκατε, εἴκασι.

Plusquam perfectum.
S. (εἴκην, εἴκης, εἴκη, vel Attice ἤκειν, ἤκεις, &c.
D. (εἰκειτον, εἰκείτην.
P. (εἰκειμεν, εἰκειτε, εἰκησαν.

Perfectum Medium.
S. (εἶα, εἶας, εἶς, vel ἦα, ἦας, &c.
D. (εἴατον, εἴατον.
P. (ἔαμεν, εἴατε, εἴασι.

Plusquam perfect. Medium.
S. (ἤειν, ἤεις, ἤει.
D. (ἤειτον, ἤείτην.
P. (ἤειμεν, ἤειτε, ἤεισαν,

Aoristus primus.
S. (εἶσα, εἶσας, εἶσε,
D. (εἴσατον, εἰσάτην.
P. (εἴσαμεν, εἴσατε, εἶσαν.

Aoristus secundus.
S. (ἴον, ἴις, ἴε.
D. (ἴετον, ἰέτην.
P. (ἴεμεν, ἴετε, ἴον.

Futurum primum.
S. (εἴσω, εἴσεις, εἴσει.
D. (εἴσετον, εἴσετον.
P. (εἴσομεν, εἴσετε, εἴσουσι.

Hoc Futurum in usu non est: utimur autem pro eo Præsenti Tempore, hoc est εἶμι, εἶς, εἶσι.

Modus Imperativus.
S. (ἴθι, ἴτω.
D. (ἴτον, ἴτων.
P. (ἴτε, ἴτωσαν.

Ao-

Institutio Græca

Aoristus secundus.

S. (ἴθι, ἴτω.
D. (ἴτον, ἴτον.
P. (ἴτε, ἴτωσαν.

Pro ἴθι, per crasin dicitur εἶ, εἴτω, quod cum omnibus præpositionibus componere licet, ut δίει, ἴξει. Duas excipe, nempe σύν, & παρά.

Optativus & Subjunctivus vix sunt in usu. Habet tamen Demost. Phil. 4. Aorist. 1. Subjunct. ἴῃ.

Modus Infinitivus.
Præsens, & Imperfect.
ἰέναι, vel ἰέναι, vel ἰέναι.
Participium.
Aoristus secundus.
M. (ὁ ἰών, τοῦ ἰόντος.
F. (ἡ ἰοῦσα, τῆς ἰούσης.
N. (τὸ ἰόν, τοῦ ἰόντος.

Ἵημι, Mitto.
Vox Activa.
Modus Indicativus.
Præsens.

S. (ἵημι, ἵης, ἵησι.
D. (ἵετον, ἵετον.
P. (ἵεμεν, ἵετε, ἱεῖσι, & ἱᾶσι Att.

Imperfectum.
S. (ἵην, ἵης, ἵη, & ἵεον, ἵες, ἵεις, ἵεις, ἵει, ἵη contracta.
D. (ἵετον, ἱέτην.
P. (ἵεμεν, ἵετε, ἵεσαν.

Perfectum.
S. (εἷκα, εἷκας, εἷκε.
D. (εἵκατον, εἵκατον.
P. (εἵκαμεν, εἵκατε, εἵκασι.

Plusquam Perfectum.
S. (εἵκην, εἵκης, εἵκει.
D. (εἵκητον, εἵκείτην.
P. (εἵκημεν, εἵκητε, εἵκησαν.

Grammatices.

Aoristus primus.
S. (ἦκα, ἦκας, ἦκε, vel ἔηκα, ἔηκας, &c. Att.
D. (ἤκατον, ἠκάτην.
P. (ἤκαμεν, ἤκατε, ἦκαν.

Aoristus secundus.
S. (ὧ, ἧς, ἦ.
D. (ἕτον, ἕτην.
P. (ἕμεν, ἕτε, ἕσαν.

Futurum.
S. (ἥσω, ἥσεις, ἥσει.
D. (ἥσετον, ἥσετον.
P. (ἥσομεν, ἥσετε, ἥσουσι.

In reliquis Modis Perfect. & plusquam perfectum, Aoristus primus, itemque Futurum inusitata sunt.

Modus Imperativus.
Præsens, & Imperfect.
S. (ἵεθι, ἱέτω.
D. (ἵετον, ἱέτων.
P. (ἵετε, ἱέτωσαν.

Aoristus secundus.
S. (ἕς, ἕτω.
D. (ἕτον, ἕτων.
P. (ἕτε, ἕτωσαν.

Modus Optativus.
Præsens, & Imperfectum.
εἴθε, utinam.
S. (ἱείην, ἱείης, ἱείη.
D. (ἱείητον, ἱειήτην.
P. (ἱείημεν, ἱείητε, ἱείησαν.

Aoristus Secundus.
S. (εἵην, εἵης, εἵη.
D. (εἵητον, εἱήτην.
P. (εἵημεν, εἵητε, εἵησαν.

Modus Subjunctivus.
Præsens, & Imperfectum.
ἐάν, cum.
S. (ἱῶ, ἱῇς, ἱῇ.
D. (ἱῆτον, ἱῆτον.

P. (ὦ-

Institutio Græca

P. (ἴωμεν, ἴητε, ἴωσι.
      Aoristus secundus.
S. (ὦ, ᾖς, ᾖ.
D. (ἦτον, ἦτον.
P. (ὦμεν, ἦτε, ὦσι.
      Modus Infinitivus.
      Præsens, & Imperf.
        ἰέναι
      Aoristus secundus.
        εἶναι.
      Participium.
   Præsens, & Imperfect.
M. (ὁ ἰείς, τῶ ἰέντος.
F. (ἡ ἰοῦσα, τῆς ἰούσης.
N. (τὸ ἰέν, τῶ ἰέντος.
      Aoristus Secundus.
M. (ὁ εἴς, τῶ ἔντος.
F. (ἡ οὖσα, τῆς οὔσης.
N. (τὸ ἔν, τῶ ἔντος.
      Vox Passiva.
      Modus Indicativus.
        Præsens.
S. (ἴεμαι, ἴεσαι, ἴεται.
D. (ἰέμεθον, ἴεσθον, ἴεσθον.
P. (ἰέμεθα, ἴεσθε, ἴενται.
        Imperfectum.
S. (ἰέμην, ἴεσο, ἴετο.
D. (ἰέμεθον, ἴεσθον, ἰέσθην.
P. (ἰέμεθα, ἴεσθε, ἴεντο.
        Perfectum.
S. (εἶμαι, εἶσαι, εἶται.
D. (εἴμεθον, εἶσθον, εἶσθον.
P. (εἴμεθα, εἶσθε, εἶνται.
      Plusquam perfect.
S. (εἴμην, εἶσο, εἶτο.
D. (εἴμεθον, εἶσθον, εἴσθην.
P. (εἴμεθα, εἶσθε, εἶντο.
      Aoristus primus.
S. (ἴθην, ἴθης, ἴθη, & εἴθην, εἴθης.
              D. (ἰθη-

Grammatices. 137

D. (ἰθήτον, ἰθήτην.
P. (ἰθήμεν, ἰθήτε, ἰθήσαν.
Futurum.
S. (ἰθήσομαι, ἰθήσῃ, ἰθήσεται.
D. (ἰθησόμεθον, ἰθήσεσθον, ἰθήσεσθον,
P. (ἰθησόμεθα, ἰθήσεσθε, ἰθήσονται.
Paulo post Futurum.
S. (εἴσομαι, εἴσῃ, εἴσεται.
D. (εἰσόμεθον, εἴσεσθον, εἴσεσθον.
P. (εἰσόμεθα, εἴσεσθε, εἴσονται.
Modus Imperativus.
Præsens, & Imperfect.
S. (ἴεσο, καὶ ἴευ, ἰέσθω.
D. (ἴεσθον, ἰέσθων.
P. (ἴεσθε, ἰέσθωσαν.

Cætera Tempora hic, & in reliquis Modis formabis ad normam Verbi Passivi αἴθεμαι.

Modus Optativus.
Præsens, & Imperfectum.
αἴθε, utinam.
S. (ἰείμην, ἰεῖο, ἰεῖτο.
D. (ἰείμεθον, ἰεῖσθον, ἰείσθων.
P. (ἰείμεθα, ἰεῖσθε, ἰεῖντο.
Modus Subjunctivus.
Præs. & Imperfectum.
ἰάν, cum.
S. (ἰῶμαι, ἰῇ, ἰῆται.
D. (ἰώμεθον, ἰῆσθον, ἰῆσθον.
P. (ἰώμεθα, ἰῆσθε, ἰῶνται.
Modus Infinitivus.
Præsens, & Imperfectum.
ἴεσθαι.
Participium.
Præsens, & Imperfectum.
M.(ὁ ἱέμενος, τοῦ ἱεμένου.
F. (ἡ ἱεμένη, τῆς ἱεμένης.
N.(τὸ ἱέμενον, τοῦ ἱεμένου.
Vox Media.
Præs.

Præf. & Imperfectum per omnes modos sunt eadem in Voce Media, ac Passiva.

Aoristus primus.

ἠκάμην, ἤκω, ἤκατο &c. ut ἐθηκάμην.

Aoristus secundus.

S. (ἵμην, ἵσο, & ἵο, & ἦ, ἵτο.
D. (ἵμεθον, ἵσθον, ἵσθην.
P. (ἵμεθα, ἵσθε, ἵντο.

Modus Imperativus.
Aoristus Secundus.

S. (ἵσο, & ἵο, & ἦ, ἵσθω.
D. (ἵσθον, ἵσθων.
P. (ἵσθε, ἵσθωσαν.

Modus Optativus.
Aoristus secundus.

εἴθε, utinam.

S. (ἱέμην, εἷο, εἷτο.
D. (εἵμεθον, εἷσθον, εἷσθην.
P. (εἵμεθα, εἷσθε, εἷντο.

Modus Subjunctivus.
Aoristus secundus.

ἐάν, cum.

S. (ὦμαι, ᾖ, ἧται.
D. (ὤμεθον, ἦσθον, ἦσθον.
P. (ὤμεθα, ἦσθε, ὦνται.

Modus Infinitivus.
Aoristus secundus.

ἵσθαι.

Participium.
Aoristus secundus.

M. (ὁ ἵμενος, τοῦ ἱμένου.
F. (ἡ ἱμένη, τῆς ἱμένης.
N. (τὸ ἵμενον, τοῦ ἱμένου.

Ἵημι, Concupisco.

Eandem per omnes Modos, & Tempora inflexionem habet, quam ἵημι mitto, dempto Aoristo primo Activo, qui est ἧσα, non ἧκα. Usitatius est in voce Passiva ἵεμαι, quam in aliis; unde compositum ἐφίεμαι.

Γημι

Grammatices.

Ἴημι Vado.

In eo solo distinguitur ab Ἵημι mitto, quod illud aspero, hoc leni spiritu notatur. Tempora omnia tum quoad formationem, tum quoad terminationem eadem sunt.

Ἧμαι, Sedeo.
Modus Indicativus.
Præsens.
S. (ἧμαι, ἧσαι, ἧται, vel ἧσαι Poet.
D. (ἥμεθον, ἧσθον, ἧσθον.
P. (ἥμεθα, ἧσθε, ἧνται.
Imperfectum.
S. (ἥμην, ἧσο, ἧτο, vel ἧστο Poet.
D. (ἡμέσθον, ἧσθον, ἧσθην.
P. (ἥμεθα, ἧσθε, ἧντο.
Modus Imperativus.
S. (ἧσο, ἧσθω.
D. (ἧσθον, ἧσθων.
P. (ἧσθε, ἧσθωσαν.

Optativus, & Subjunctivus non sunt in usu.
Modus Infinitivus.
ἧσθαι.
Participium.
M. (ὁ ἥμενος, τῶ ἡμένω.
F. (ἡ ἡμένη, τῆς ἡμένης.
N. (τὸ ἥμενον, τῶ ἡμένω.
Inde Compositum Κάθημαι, Sedeo.

Κεῖμαι, Jaceo.
Modus Indicativus.
Præsens.
S. (κεῖμαι, κεῖσαι, κεῖται.
D. (κείμεθον, κεῖσθον, κεῖσθον.
P. (κείμεθα, κεῖσθε, κεῖνται.
Imperfectum.
S. (ἐκείμην, ἔκεισο, ἔκειτο.
D. (ἐκείμεθον, ἔκεισθον, ἐκείσθην.
P. (ἐκείμεθα, ἔκεισθε, ἔκειντο.

Futur.

Futur. 1. κείσομαι, κείση, κείσεται, &c. ut τύψομαι. Sic in Optat. κεσοίμην. In Infin. κείσεσθαι. In Partic. κησόμενος.

Modus Imperativus.
Præf. & Imperf.
S. (κεῖσο, κείσθω.
D. (κεῖσθον, κοίσθων.
P. (κεῖσθε, κείσθωσαν.

Modus Optativus.
Præf. & Imperf.
εἴθε, utinam.
S. (κεοίμην, κέοιο, κέοιτο.
D. (κεοίμεθον, κέοισθον, κεοίσθην
P. (κεοίμεθα, κέοισθε, κέοιντο.

Modus Subjunctivus.
Præf. & Imperf.
ἐὰν, cum.
S. (κέωμαι, κέῃ, κέηται.
D. (κεώμεθον, κέησθον, κέησθον.
P. (κεώμεθα, κέησθε, κέωνται.

Modus Infinitivus.
κεῖσθαι.

Participium.
M. (ὁ κείμενος, τῦ κημένυ.
F. (ἡ κειμένη, τῆς κειμένης.
N. (τὸ κείμενον, τῦ κημένυ.

Composita a κεῖμαι retrahunt accentum, ut διάκειμαι, διάκεισο: in Infinitivo manet, ut διακεῖσθαι.

Ἴσημι, Scio.
Vox Activa.
Modus Indicativus.
Præsens.
S. (ἴσημι, ἴσης, ἴσησι.
D. (ἴσατον, ἴσατον.
P. (ἴσαμεν, & Syn. ἴσμεν, ἴσατε, & Syn. ἴστε, ἴσασι.

Imperfectum.
S. (ἴσην, ἴσης, ἴση.
D. (ἴσατον, ἴσάτην.
P. (ἴσαμεν, ἴσατε, ἴσασαν, & ἴσαν, Syn.

Grammatices. 141
Modus Imperativus.
S. (ἴσαθι, ἰσάτω.
D. (ἴσατον, ἰσάτων.
P. (ἴσατε, ἰσάτωσαν.
Vel per Sync.
S. (ἴσθι, ἴσω.
D. (ἴστον, ἴστων.
P. (ἴστε, ἴστωσαν, vel ἴστων.
Modus Infinitivus.
ἰσάναι, & ἰσάμεναι Attice.
Participium.
M. (ὁ ἴσας, τῦ ἰσαντος.
F. (ἡ ἴσασα, τῆς ἰσάσης.
N. (τὸ ἴσαν, τῦ ἰσαντος.
Vox Passiva.
Modus Indicativus.
Præsens.
S. (ἴσαμαι, ἴσασαι, ἴσαται.
D. (ἰσάμεθον, ἴσασθον, ἴσασθον.
P. (ἰσάμεθα, ἴσασθε, ἴσανται.
Vel interjecto τ.
S. (ἴσταμαι, ἴστασαι, ἴσταται.
D. (ἰστάμεθον, ἴστασθον, ἴστασθον.
P. (ἰστάμεθα, ἴστασθε, ἴστανται.
Imperfectum.
S. (ἰστάμην, ἴστασο, ἴστατο.
D. (ἰστάμεθον, ἴστασθον, ἰστάσθων.
P. (ἰστάμεθα, ἴστασθε, ἴσταντο.
Modus Imperativus.
S. (ἴστασο, ἰστάσθω.
D. (ἴστασθον, ἰστάσθων.
P. (ἴστασθε, ἰστάσθωσαν.
Modus Infinitivus.
ἴστασθαι.

Reliqua tempora vix apud Auctores invenies:
Inde Compositum Ἐπίσαμαι, Scio.
Modus Indicativus.
Præsens.
S. (ἐπίσαμαι, ἐπίσασαι, ἐπίσαται.

D. (ἐπι-

Institutio Græca

D. (ἐπιςάμεθον, ἐπίςασθον, ἐπίςασθον.
P. (ἐπιςάμεθα, ἐπίςασθε, ἐπίςανται.

Imperfectum.

S. (ἐπιςάμιω, ἐπίςασο, ἐπίςαο Jon. ἐπίςω crasi, ἐπίςαω.
D. (ἐπιςάμεθον, ἐπίςασθον, ἐπιςάσθω.
P. (ἐπιςάμεθα, ἐπίςασθε, ἐπίςανω.
Fut. ἐπιςήσομαι, ἐπιςήσῃ, ἐπιςήσεται, &c. ut τύψομαι.

Modus Imperativus.

S. (ἐπίςασο, ἐπιςάσθω.
D. (ἐπίςασθον, ἐπιςάσθων.
P. (ἐπίςασθε, ἐπιςάσθωσαν.

Modus Subjunctivus.

ἐὰν, cum.

S. (ἐπίςωμαι, ἐπίςῃ, ἐπίςηται.
D. (ἐπιςώμεθον, ἐπίςησθον, ἐπίςησθον,
P. (ἐπιςώμεθα, ἐπίςησθε, ἐπίςωνται.

Modus Infinitivus.

ἐπίςασθαι.

Participium.

M. (ὁ ἐπιςάμενος, τῶ ἐπιςαμένου.
F. (ἡ ἐπιςαμένη, τῆς ἐπιςαμένης.
N. (τὸ ἐπιςάμενον, τῶ ἐπιςαμένου.

Φημὶ, dico.

Vocis Activæ
Modus Indicativus.
Præsens.

S. (φημὶ, φὴς, φησί.
D. (φατὸν, φατὸν.
P. (φαμὲν, φατέ, φασί.

Imperfectum.

S. (ἔφω, ἔφης, ἔφη.
D. (ἔφατον, ἔφατων.
P. (ἔφαμεν, ἔφατε, ἔφασαν.

Aoristus secundus.

S. (ἔφω, ἔφης, ἔφη.

D. (ἔφη-

Grammatices.

D. (ἐφητον, ἐφήτην.
P. (ἐφημεν, ἐφητε, ἐφησαν.

Fut. φήσω, φήσης, φήσει. &c. Aor. 1. ἐφησα, ἐφησας. ἐφησι, &c. ducuntur per omnes modos, ut in Barytonis.

Modus Imperativus.
Præsens, & Imperfectum.

S. (φάθι, φάτω.
D. (φάτον, φάτων.
P. (φάτε, φάτωσαν.

Aoristus secundus.

S. (φῆθι, φήτω.
D. (φῆτον, φήτων.
P. (φῆτε, φήτωσαν.

Hic tamen Aoristus rarus est.

Modus Optativus.
εἴθε, utinam.

S. (φαίην, φαίης, φαίη.
D. (φαίητον, φαιήτην.
P. (φαίημεν, φαίητε, φαίησαν.

In Optativo, Subjunctivo, ac Participio Præs. & Aor. 2. idem sunt.

Modus Subjunctivus.
ἐὰν, cum.

S. (φῶ, φῇς, φῇ.
D. (φῆτον, φῆτον.
P. (φῶμεν, φῆτε, φῶσι.

Modus Infinitivus.
Præsens, & Imperf.

φάναι cum acuto, ut distinguatur ab Aorist. 1. φᾶναι, apparuisse verbi φαίνω.

Aoristus secundus φῆναι.

Participium.

M. (ὁ φὰς, τῦ φάντος.
F. (ἡ φᾶσα, τῆς φάσης,
N. (τὸ φὰν, τῦ φάντος.

Ve-

Institutio Græcæ
Vocis Mediæ.
Præsens.

S. (φάμαι, φάσαι, φάται: alii φαμαὶ &c.
D. (φάμεθον, φάσθον, φάσθον.
P. (φάμεθα, φάσθε, φάνται.

Aoristus secundus.

S. (ἐφάμlω, ἔφασο, ἔφατο.
D. (ἐφάμεθον, ἔφασθον, ἐφάσθlω.
P. (ἐφάμεθα, ἔφασθε, ἔφαντο.

Modus Infinitivus.
Aoristus secundus.

φάσθαι.

Participium.
Aoristus secundus.

M. (ὁ φάμενος, τῦ φαμένε.
F. (ἡ φαμένη, τῆς φαμένης.
N. (τὸ φάμενον, τῦ φαμένε.

Exempla.
Conjugationum in μι.
Primæ.

φίλημι, amo.
ὄνημι, juvo.
ἄχημι, angor.
νόημι, intelligo.
βλῆμι, percutio.
ἐνίσπημι, dico.
κάλημι, voco.

αἴνημι, laudo.
τίλημι, perficio.
ἀλύκτημι, in angustias redigo.
σβῆμι, extinguo.
χῆμι, habeo.
φρῆμι, fero.

Secundæ.

τίθημι, morior.
ἄλημι, erro.
νίκημι, vinco.
κτῆμι, occido.
τίπρημι, & τίμπρημι, incendo.
ἵημι, video.
ἵλημι, propitius sum.

τίθλημι, & τλῆμι, tolero.
γέλημι, rideo.
ἀρίστημι, prandeo.
ἀφίημι, dimitto.
πίπλημι, & τίμπλημι, impleo.
ἄνημι, saturo.
φθῆμι, prævenio.

Tertiæ.

ἀλωμι, capio.
ἐλdθέρωμι, libero.

βίωμι, vivo.
δοκιμωμι, probo.

γρά-

Grammatices. 145

γνῶμι, *cognosco.*

               Quarta.

ἄγνυμι, *frango.*   ὄλυμι, *perdo.*
κλύμι, *audio.*   πήγνυμι, *pango.*
ῥώννυμι, *roboro.*   πετάννυμι, *extendo.*
σβέννυμι, *extinguo.*   φύμι, *nascor.*
ὄμνυμι, *juro.*   ὀμόργνυμι, *abstergo.*
μίγνυμι, *misceo.*   ἕννυμι, *induo.*
δύμι, *subeo.*

De Verbalibus.

Verbalia sic appellata, quod a Verbis formentur, fere deducuntur a Præterito Passivo, & Medio, dempta Reduplicatione, vel Augmento, & addita propria Terminatione: ut a πέπραγμαι, πρᾶγμα, res: ab ἔψαλμαι, ψαλμός, psalmus: a τέτομαι, τόμος, sectio.

Temporum Personæ, unde Verbalia, & horum pleræque Terminationes.

A prima Persona Præteriti Passivi in
- μα, γράμμα, littera.
- μος, δεσμός, vinculum.
- μη, γραμμή, linea.
- μων, νοήμων, intelligens.

A Secunda persona Præteriti Passivi
- ις, ποίησις, poesis.
- ια, δοκιμασία, probatio.

A Tertia persona Præteriti Passivi in
- της, Ποιητής, Poeta.
- τος, ἀκυστός, audibilis.
- τηρ, χαρακτήρ, character.
- τωρ ut κοσμήτωρ, princeps.
- κος, κριτικός, judicialis.
- ας, πίσις, fides.
- τυς, ὀρχηστύς, saltator.
- τεια, ὀρχήστεια, saltatrix.
- τρα, ὀρχήστρα, illa Theatri pars. in qua chorus saltabat.
- τηριον, ποτήριον, poculum.
- τρον, διδακτρον, minerval.

Verbalia positionis in ος, ιξ, ιον, ut γραπτός, γραπτιξ, γραπτιον.

A Præ-

A Præterito Medio in
- Ο, λόγ Ο, sermo.
- υ, ἐπιστολή, epistola.
- ιον, λόγιον, oraculum.
- ας, τομάς, sector.

Paucula quædam descendunt ab ipso Themate, ut λευκός, candidus, a λεύσσω, video: & ab Aoristo secundo, ut φυγή, fuga, ab ἔφυγον.

De Impersonalibus.

Impersonalia sunt, quæ cum Vocem Tertiis personis similem præseferant, personarum tamen significandarum rationem incertam habent, & indefinitam. Eorum quædam sunt formæ Activæ, quædam Passivæ: rursus quædam Personalium analogiam sequuta, regulariter nascuntur: alia irregulariter evadunt.

Ἀνήκει, decet. imperf. ἀνῆκε. partic. ἀνῆκον, ab ἀνήκω, pervenio.

Ἀτίχει, sufficit, ab ἀτίχω.

Ἀρίσκει, placet. imperf. ἤρισκε. opt. ἀρίσκοι. fut. 1. ἀρέσει. aor. 1. ἤρεσε, ab ἀρίσκω placeo. Compos. ἀπαρίσκει, displicet. imperf. ἀπήρισκε. aor. 1. ἀπήρεσε. Συναρίσκει, complacet.

Ἄρμρε, decretum est, ab ἄρω, congruo.

Ἀρκεῖ, sufficit. imperat. ἀρκείτω. aor. 1. ἤρκεσε, ab ἀρκέω sufficio.

Διαφέρει, interest. imperf. διέφερε. optat. διαφέροι. partic. διαφέρον a διαφέρω, differo.

Δεῖ, oportet. imperf. ἔδει. optat. δέοι. fut. 1. δεήσει. aor. 1. ἐδέησε. infinit. δεῖν, δεήσειν, δεῆσαι. partic. δέον, δεῆσον, δεῆσαν, a δέω, desum. Compos. ἀποδεῖ, ἐνδεῖ, καταδεῖ, προσδεῖ, deest, vel opus est. futur. 1. προσδεήσει. infinit. ἀποδεῖν, ἐνδεῖν, προσδεῖν.

Δοκεῖ, videtur. imperf. ἐδόκει. fut. 1. δόξει. Aor. 1. ἔδοξε. subjun. δόξῃ. partic. δοκοῦν, δόξαν. perf. pass. δέδοκται, a δοκέω videor. Compos. ἀπέδοξε, non visum est. Μετεδόκει, mutata sententia videtur. aor. 1. μετέδοξε. subjun. μεταδόξῃ. Προδοκεῖται, prius decernitur. plusq. perf. προεδέδοκτο. Συνδοκεῖ, simul videtur. partic. συνδόξαντα, conventa.

Ἐγχω-

Grammatices. 147

Ἐγχωρᾶ, licet, locus est. imperf. ἐνεχώρει. fut. 1. ἐγχωρήσει. subjun. ἐγχωρῇ. partic. ἐγχωρῶν, ab ἐγχωρέω, concedo. Rarius χωρεῖ, idem. subjun. χωρῇ.

Εἵμαρται, in fatis est. plusq. perf. εἵμαρτο, a μείρομαι inusit. dividor.

Εἴρηται, dictum est, ab ἐρέομαι, dicor. Compos. διήρηται, discussum est. Ἀπείρηται, vetitum est, plus. perf. ἀπείρητο. Προείρηται, ante dictum est.

Ἐκπέλει, licet; minus usitatum.

Ἐνδέχεται, fieri potest. subjun. ἐνδέχηται. infin. ἐνδέχεσθαι. partic. ἐνδεχόμενον, ab ἐνδέχομαι, admitto.

Ἔοικε, par est, videtur, ab εἴκω, similis sum. Compos. ἐπέοικε, προσέοικε, idem: ἀπέοικε, non par est.

Ἐςὶ cum compositis ἔνεςι, ἔξεςι, πάρεςι, πρόσεςι, licet. imperf. ἰῶ. Composita leguntur in præs. imperf. imperat. infinit. partic. ut ἔξεςι. imperf. ἐξῶ. imperat. ἐξέςω. infinit. ἐξεῖναι. partic. ἐξόν. Eodem modo formatur μέτεςι, interest.

Ἔτυχε, a τυγχάνω, accido. partic. compos. παρατυχόν.

Κατέλαβε, accidit, a verbo καταλαμβάνω, evenio. Sic ἐπέλαβε, ab ἐπιλαμβάνω, attingo.

Λυσιτελῇ, confert.

Μέλει, curæ est. imperf. ἔμελε, fut. 1. μελήσει. aor. 1. ἐμέλησε. opt. Æol. μελήσειε. In comp. perf. μεμέληκε. perf. Med. μέμηλε. plus. perf. ἐμεμήλει. imperat. μελέτω. infinit. μέλειν, & μελήσειν. partic. μέλον. præs. pass. μέλεται. imperf. ἐμέλετο. subjun. μέληται. perf. μεμέληται. plus. perf. ἐμεμέλητο rarius: pro quibus sæpius μέμβλεται, & μέμβλετο apud Poet. imperat. μελέσθω. partic. μεμελημένος. Compos. μεταμέλει, pœnitet, imperf. μετέμελε. fut. 1. μεταμελήσει. infinit. μεταμελήσειν. aor. 1. μετεμέλησε. opt. Æol. μεταμελήσαις. infinit. μεταμέλειν. partic. μεταμέλον. Ἀμελεῖται, cura nulla est. perf. ἠμέληται, ab ἀμελοῦμαι, negligor.

Ὀφείλει, & ὀφείλεται, oportet. aor. 1. ὤφελε, ab ὀφείλω, debeo.

Ὄψεται, visum fuerit, ab ὄπτομαι, video, inusit.

K 2   Πα-

Παρέχη, facile, vel integrum est. optat. παρέχοι. subjun. παρέχῃ.

Παρέχῃ, licet. Part. παραχόν.

Πέπρωται, fato destinatum est. plusq. perf. πέπρωτο. partic. πεπρωμένον, per syncop. a περατόω finio, parum usitat.

Πέφασαι, dictum est. imperat. πεφάσθω, dictum sit, a φάομαι inusit.

Πρέπει, decet. imperf. ἔπρεπε. partic. πρέπον, a πρέπω, decorus sum.

Προσήκει, convenit, imperf. προσῆκε, a προσήκω, attineo.

Σημαίνει, signum datur. aor. 1. ἐσήμηνε. sub. σημήνῃ, a σημαίνω, signum do. Compos. ἐπισημαίνει.

Συμφέρει, confert. imperf. συνέφερε. partic. συμφέρον. fut. 1. συνοίσει. opt. pass. συμφέροιτο, a συμφέρω, comporto.

Συμβαίνει, contingit. fut. συμβήσεται, & συμβύσει. perf. συμβέβηκε. aor. 2. συνέβη. partic. συμβαίνον, συμβεβηκός, συμβὰν, a συμβαίνω, contingo.

Ὑπάρχει, licet, vel necesse est. imperf. ὑπῆρχε. infinit. ὑπάρχειν. fut. 1. ὑπάρξει. aor. 1. ὑπῆρξε. partic. ὑπάρχον, ab ὑπάρχω, sum.

Ὕει, pluit. Compos. ἐφύει, impluit.

Φιλεῖ, solet. imperf. ἐφίλει, a φιλέω, amo.

Χρή, oportet. imperf. ἐχρῶ, vel χρέω. fut. 1. χρήσει. infinit. χρῶμαι, pro quo etiam χρέω inusitat. Compos. ἀπόχρη, sufficit. imperf. ἀπέχρη. fut. 1. ἀποχρήσει. aor. 1. ἀπέχρησε. infinit. ἀποχρῶμαι, & ἀποχρέω. Item ἀποχρᾷ, ἐκχρᾷ, & καταχρᾷ, sufficit. fut. 1. ἐκχρήσει, καταχρήσει. aor. 1. ἐξέχρησε, κατέχρησε. Hæc tria a χράω, commodo.

Denique Personalia fere omnia Passiva, & passive significantia formam Impersonalium induere possunt, ut φαίνεται, apparet: γέγραπται, scriptum est: βροντᾷ, tonat: ἀστράπτει, fulgurat, &c. similiter & Participia neutra verborum Personalium, ut ἐπῆλθόν μοι, ἐπιόν μοι, venit mihi in mentem.

De

De Defectivis.

Verba Defectiva sunt, quæ solum usque ad Præteritum imperfectum communiter conjugantur, & si quæ Tempora habent præter ea, mutuantur illa a Verbis aliis.

Desinunt autem fere in

αω:	μαθηπάω, discere cupio.
υω:	ῥηγνύω, rumpo.
ηω:	ὀψείω, videre cupio.
γω:	ὀπύω, uxorem habeo.
μβω:	ῥέμβω, circumago.
ρβω:	φέρβω, pasco.
λδω:	μέλδω, elixo.
νδω:	κυλίνδω, volvo.
αζω:	κυππάζω, inclino me.
ιζω:	στοναχίζω, gemo.
αθω:	κιάθω, vado.
εθω:	ut φλεγέθω, uro.
υθω:	μινύθω, minuo.
χθω:	ἐρέχθω, scindo.
σκω:	μολίσκω, venio.
βλω:	μέμβλω, curo.
φλω:	ὀφλω, debeo.
ανω:	ἁμαρτάνω, pecco.
αινω:	ππαίνω, tendo.
ενω:	φαένω, luceo.
κνω:	δάκνω, mordeo.
ρσω:	ὄρσω, concito.
ψω:	ἴψω, concoquo.

Præter ita desinentia, Defectiva sunt Verba Quintæ Conjugationis, quæcumque habent primam syllabam ex Reduplicatione desinentem in consonantem liquidam; ut παμφαίνω a φαίνω, appareo: μαρμαίρω a μαίρω, luceo: Tum quæ per pleonasmum sunt facta additione cujuscunque literæ; ut μίμνω a μένω, maneo: τίκτω a τέκω, pario; ἐνίσπω ab ἐνέπω, dico; & similia, quorum nonnulla retinent ε simplicis, nonnulla mutant in ι: Tum quæ bis, ter, quaterque de-

ri-

rivantur ; ut ἐρυκακέω ex ἐρυκάκω ab ἐρύκω , quod ab ἐρύω , traho : Tandem quæ fiunt a Præteritis ; ut πεφρίκω ex πιφρικα, quod a φρίττω horreo : τετοίθω, & τετοιθέω ex τέτοιθα, quod a πήθω, perfuadeo.

Obfervatio.

Defectiva in έω funt, quæ derivata plerunque a Futuro, interdum etiam a Præfenti, refpondent iis, quæ Latini appellant Defiderativa, ut γαμησέω, nupturio, ex γαμήσω, quod a γαμέω, nubo : πολεμησέω, bellaturio, ex πολεμήσω, quod a πολεμώ : τελέω ex τελῶ, perficio. Cæterum Verba in έω, quæ non aliunde formantur, legitime conjugantur per omnes Modos, & Tempora : ut κλέω, claudo, κλέσω, κέκληκα : σέω, quatio, σέσω, σέσηκα.

Defectiva in αω funt & ipfa defiderativa ; ut θανατάω, feu θανατέω, mori cupio : βασιληάω, regnaturio. quibus accedunt Imitativa ; ut μελανιάω, nigrico.

Verbum σπένδω, libo, etiamfi in νδω, tamen habet Fut. σπέσω. Aor. 1. ἔσπησα.

De Verbis Anomalis.

Quia difcrimen eft inter Verba Defectiva, & Anomala : nam Defectivum illud dicitur, quod aliquibus Perfonis, vel Temporibus deftituitur, quæ vel omnino non habet, vel aliunde mutuatur : quo fit, ut nunquam regulariter ultra Imperfectum conjugetur : Anomalum proprie illud eft, quod cum fere conjugetur per omnia Tempora, non tamen conjugatur æqualiter, cum a variis Verbis quafi fubfidium petat, ut omnia fua Tempora expleat, ficut fero apud Latinos : ideo hic de Anomalis.

Anomalorum etiamfi quædam plane videantur regularia, & eorum formatio regularis, tamen habent in ratione Temporum, quod obfervetur : ut λήπω, λήψω, regulare Verbum eft ; attamen obfervandum in eo, fere non uti nos Aoriflo primo Activo ἔλεψα, fed fecundo ἔλιπον ; non Perfecto Activo λέλεφα, fed Medio λέλοιπα. Simile quippiam exiftima in cæteris.

Ver-

Verba Anomala.

A

Miror	Ἄγαμαι. fut. ἀγάσομαι ab ἀγάζω, aorist. ἠγά- σθλω. aorist. 1. med. ἠγασάμλω.
Ago	Ἄγω. fut. ἄξω. præter. ἦχα, Attice ἀγήοχα. aor. 2. ἦγον, Attice ἤγαγον.
Frango	Ἄγνυμι. fut. ἄξω. præt. ἦχα. aor. 1. ἦξα, & ἔαξα, unde κατέαξα. præt. med. ἦγα, inusitatum, unde ἔαγα, Attice, & κατέαγα.
Dico	Ἀγορέω. fut. ἀγορέσω. aor. 1. ἠγόρευσα. præt. εἴρηκα ab εἴρω.
Cano	Ἄδω. futur. ᾄσω, Aor. 1. ᾖσα.
Placeo	Ἄδω. præter. med. ἦδα, & ἔαδα.
Capio	Αἱρῶ. futur. αἱρήσω. aorist. 2. εἷλον ab ἕλω inusitato.
Eligo	Αἱροῦμαι. fut. αἱρήσομαι. præt. ᾕρυμαι. aor. 1. ᾑρέθλω. aorist. 2. med. εἰλόμλω ab ἕλομαι inusitato.
Sentio	Αἰσθάνομαι. futur. αἰσθήσομαι. præt. ᾔσθημαι. aorist. 2. med. ᾐσθόμλω ab αἰσθέομαι, αἰσθοῦ- μαι inusitato.
Arceo	Ἀλέξω, fut. ἀλεξήσω ab ἀλεξέω ἀλεξῶ, inusitato.
Tollo	Αἴρω. fut. ἀρῶ. aor. 1. ἦρα. vel ᾖρα. aor. 2. ᾖρον. præt. ἦρκα. aor. 1. imperat. act. ἆρον. subj. ἄρω, ῃς, ῃ. part. ὁ ἄρας, τοῦ ἄραντ©. imperat. pas. ἄρθητι. a. 2. inf. med. ἀρέσθαι.
Capior	Ἁλίσκομαι. fut. ἁλώσομαι. præt. ἥλωκα, & ἑάλωκα. aor. 1. ἥλωσα, & ἑάλωσα, ab ἁλόω, ῶ. aor. 2. ἥλων, ἥλως, ἥλω, & ἑά- λων, aor. 2. inf. ἁλῶναι. part. ὁ ἁλύς, τοῦ ἁλόντ© ab ἅλωμι.
Pecco	Ἁμαρτάνω. fut. ἁμαρτήσω. præt. ἡμάρτηκα. aor. 2. ἥμαρτον, ab ἁμαρτέω inusitato.
Induo	Ἀμφιέννυμι. fut. ἀμφιέσω. præt. pass. ἠμφίεσ- μαι.
Renuo	Ἀναίνομαι. præt. ἀρήνημαι. aor. 1. med. ἠνη- νάμλω.

Confumo	Ἀναλίσκω. fut. ἀναλώσω. præt. ἀνήλωκα, & ἀνάλωκα, & in paff. ἀνήλωμαι.
Aperio	Ἀνοίγω. fut. ἀνοίξω. aor. 1. ἀνέῳξα. præt. med. ἀνέῳγα; paff. ἀνέῳγμαι. aor. 1. ἀνεῴχθω.
Lego	Ἀναγινώσκω. imperf. ἀνεγίνωσκον. fut. ἀναγνώσομαι. præt. ἀνέγνωκα. aor. 2. ἀνέγνων, ab ἀναγνόω, & ἀνάγνωμι inufitato.
Odio fum	Ἀπεχθάνομαι. fut. ἀπεχθήσομαι. præt. ἀπήχθημαι. aor. 2. med. ἀπεχθόμην, ab ἀπεχθέομαι, ὕμαι inufitato.
Perdo	Ἀπολύω & ἀπόλυμι, fut. ἀπολῶ, & ἀπολίσω, illud ab ἀπόλω, hoc ab ἀπολέω. præt. ἀπώλικα, Attice ἀπολώλεκα. præt. med. Attic. ἀπόλωλα.
Indurui	Ἀπέσκληκα, ἀπεσκληκώς, ἀπεσκληκέναι, ab inufitat. ἀποσκλάω. optat. ἀποσκλαίω ab ἀπόσκλημι. præteritum fimplex eft ἔσκληκα. aor. 2. ἔσκλων a σκλῆμι. Thema ufitatum eft σκίλω, feu σκάλω, exficco, arefacio. fut. σκαλῶ. aor. 1. ἔσκαλα, & ἔσκηλα. Hinc Aoriftus Æolicus σκήλεια, σκήλειας, σκήλει, arefecerim, induruerim.
Privo	Ἀπαυράω, ῶ. aor. 1. ἀπηῦρα. aor. 2. ἀπηύρον.
Placeo	Ἀρέσκομαι. fut. ἀρέσομαι.
Augeo	Αὐξάνω, & αὔξω. fut. αὐξήσω. aor. 1. ηὔξησα, tanquam ab αὐξέω.
Ægre fero	Ἄχθομαι. fut. ἀχθήσομαι, & ἀχθίσομαι, ab ἀχθέομαι inufitat. aor. 1. ἠχθίσθω.

B

Mitto	Βάλω. futur. βαλῶ. præt. βέβληκα, quafi a βλέω. aor. 2. ἔβαλον.
Vado	Βαίνω. fut. βήσομαι. aor. 2. ἔβλω, a βῆμι inufitato.
Germino	Βλαστάνω. fut. βλαστήσω. aor. 2. ἔβλαστον, a βλαστέω inufitat.
Vivo	Βιόω. fut. βιώσω. aor. 2. ἐβίων, ἐβίως, ἐβίω. partic. ὁ βιὺς, τῦ βιόντ@, a βίωμι inufitat.
Volo	Βύλομαι. futur. βυλήσομαι. præt. βεβύλημαι. plufq.

Grammatices. 153

plusq. ἐβεβυλήμω. aorist. 1. ἐβυλήθω, a
βυλίομαι inusitato.
Comedo Βρώσκω. fut. βρώσω, a βρώω inusit.

Γ

Duco u- Γαμέω, ῶ. fut. γαμήσω. aor. 1. ἔγημα, a
xorem   γάμω; & ἐγάμησα.
Gigno   Γείνομαι. fut. γενῦμαι. aor. 1. med. ἐγεινάμω.
Lætor   Γηθέω. fut. γηθήσω. præt. γεγήθηκα. præter.
    med. γέγηθα, a γήθω.
Senesco Γηράσκω. fut. γηράσω, a γηράω, γηρῶ inusitat.
Fio, Sum Γίνομαι, & γίγνομαι. fut. γενήσομαι. præt. γε-
    γένημαι. aor. 1. med. ἐγενησάμω. aorist. 2.
    med. ἐγενόμω, a γενάομαι inusitat. præter.
    med. γέγονα, a γένω inusitat.
Cognosco Γινώσκω. fut. γνώσομαι. aor. 1. ἔγνωσα. præt.
    ἔγνωκα, a γνόω, ῶ. aor. 2. ἔγνων, ως, ω.
    imperat. γνῶθι. infinit. γνῶναι. particip. ὁ
    γνὺς, τῶ γνόντΘ, a γνῶμι.
Vigilo   Γρηγορέω. futur. γρηγορήσω. præt. med. ἐγρή-
    γορα. plusq. ἐγρηγόρειν.

Δ

Scio, & Δαίω. fut. δαήσω a δαίω. præt. pass. δεδάη-
etiam   μαι. & δίδασμαι, a δάζομαι. aor. 2. pass.
Divido ἐδάω. præt. med. δίδαα, & δίδηα.
Mordeo Δάκνω. futur. δήξω, vel δήξομαι. aor. 2. ἐδα-
    κον a δήκω.
Oportet Δεῖ. fut. δεήσει. aor. 1. ἐδέησε. imperf. ἔδει.
    infin. δεῖν.
Timeo   Δείδω. fut. δείσω. a. 1. ἐδεισα. præt. δέδεικα.
    med. δέδοικα pro δέδοιδα, Jon. δέδια, Poet.
    δείδια. plusq. ἐδεδίειν, & ἐδεδίην. imperat.
    δίδιθι, poet. δέδιθι, ab inusit. δίδιμι.
Rogo   Δέομαι. fut. δεήσομαι. præt. δεδέημαι. aor. 1.
    ἐδεήθω a δέομαι, δεῦμαι.
Suscipio Δέχομαι. fut. δέξομαι. præt. δέδεγμαι. aor.
    1. med. ἐδεξάμω.
Ligo   Δέω. fut. δέσω, & δήσω. aor. 1. ἔδησα. præt.
                                           δέδε-

Institutio Græcæ

δίδεκα, & δίδηκα. præt. pass. δίδεμαι, & δίδημαι. aor. 1. pass. ἐδίδω.

Doceo Διδάσκω, imperf. ἐδίδασκον. fut. διδάξω a διδάχω. aor. 1. ἐδίδαξα. præt. δεδίδαχα.

Aufugio Διδράσκω. fut. διδράσωα διδράω. aor. 2. διέδραν, pro διέδρων. part. διαδράς, τῷ διαδράντ᾽ a διάδρημι.

Existimo Δοκέω, ῶ. fut. δόξω a δόκω. aor. 1. ἐδόξα. præt. δεδόκηκα a δοκέω, δοκήσω.

Facio Δράω, ῶ. futur. δράσω. præt. δέδρακα. aor. 1. ἐδρασα.

Possum Δύαμαι, δύασαι, & δύῃ, δύαται, imperf. ἐδυνάμην, Attic. ἠδυνάμην. præt. pass. δεδύνημαι. aor. 1. ἐδυνήθω, seu ἠδυνήθω, a δυνάω, vel ἐδυνάσθω, seu ἠδυνάσθω a δυνάζω. fut. 1. med. δυνήσομαι. aor. 1. med. ἐδυνησάμην. Caret imperativo per omnia tempora.

Subeo Δύω, & δύω, & δῦμι. fut. δύσω, aor. 2. ἔδυν, unde κατέδυν, & ἀνέδυν. imper. δῦθι.

E

Sino Ἐάω. ῶ. imperf. εἴαον, εἴων. fut. ἐάσω. aor. 1. ἐίασα.

Excito Ἐγείρω. fut. ἐγερῶ. aor. 1. ἤγειρα. med. ἠγειράμην.

Polliceor Ἐγγυάω. fut. ἐγγυήσω. aor. 1. ἠγγύησα. præt. ἠγγύηκα, & ἐγγεγύηκα.

Edo Ἔδω, præt. perf. ἧκα, Att. ἐδήκα, & per pleonasmum ἐδήδοκα. præt. med. ἦδα. Attic. ἐδηδα. partic. ἐδηδώς, fut. med. ἐδομαι pro ἐδῦμαι.

Volo Ἐθέλω, fut. ἐθελήσω ab ἐθελέω.

Solitus sum Ἔθω, præter. med. εἴωθα pro ἦθα, per pleonasmum ω.

Scio, & Εἴδω. fut. εἴσω, & εἰδήσω, vel εἰδήσομαι, ab εἰδέω.

Video præt. perf. εἴδηκα, per Sync. εἴδα, Attice ἧδα. infin. εἰδηκέναι, & per Sync. εἰδέναι. partic. εἰδηκώς: & εἰδώς. præt. med. οἶδα, ας, ε, & addito Attice θα secunda singularis οἶδασθα. &, per sync. item Atticam ablato de

Grammatices.

        de medio, δα, οἶσθα. aor. 2. εἶδον, & cum refertur ad *scio*, ἴδον.

Dico   Εἴρω, & ἐρέω. fut. 1. ἐρῶ, & ἐρήσω, præt. εἴρηκα. paſſ. εἴρημαι. paulo poſt fut. εἰρήσομαι. aor. 1. paſſ. ἐρρήθην, partic. ῥηθείς.

Abigo   Ἐλαύνω. fut. ἐλάσω ab ἐλάω. præt. ἤλακα, Attic. ἐλήλακα. aor. 1. ἤλασα. Perſ. paſſ. ἤλαμαι, Att. ἐλήλαμαι. aor. 1. ἠλάθην; partic. ἐλαθείς.

Sortitus ſum   Ἔμμορα, præt. med. a μείρω, μερῶ, μέμορα, & ἔμμορα.

Speravi Ἔολπα, præt. med. pro ἦλπα ab ἔλπω.

Dico   Ἔπω. aor. 1. εἶπα. med. εἰπάμην in Compoſitis. infinit. εἰπᾶσθαι, partic. εἰπάμενος. aor. 2. εἶπον, med. εἰπόμην.

Operor   Ἐργάζομαι. perſ. paſſ. εἴργασμαι; part. εἰργασμένος. aor. 1. εἰργάσθην. fut. 1. med. ἐργάσομαι, & ἐργῶμαι, ᾳ, αται. aor. 1. εἰργασάμην.

Interrogo Ἔρομαι, & εἴρομαι, & ἐρέομαι. fut. 1. ἐρήσομαι. aor. 1. εἰρησάμην, & ἠράμην. aor. 2. ἠρόμην, & εἰρόμην poet.

Pereo   Ἔρρω. fut. ἐρρήσω. præt. ἔρρηκα.

Venio   Ἔρχομαι. fut. ἐλεύσομαι ab ἐλεύθω. perſ. ἤλυθα, Att. ἐλήλυκα. aor. 2. ἤλυθον, ἤλυθες, ἤλυθε, per Sync. ἦλθον, ἦλθες, ἦλθε: infinit. ἐλθεῖν. præt. med. ἠλύθα, Att. ἐλήλυθα.

Invenio Εὑρίσκω. fut. εὑρήσω. præt. εὕρηκα. aor. 2. εὗρον ab εὑρέω, εὑρῶ. præt. paſſ. εὕρημαι. pluſq. perſ. εὑρήμην. aor. 1. εὑρέθην, aor. 1. med. εὑρεσάμην, & εὑράμην, part. εὑράμενος.

Habeo   Ἔχω. fut. ἕξω. & χήσω. perſ. ἔχηκα a χέω. aor. 2. ἔχον imperat. χές; opta. χοῖμι, Att. χοίην; ſubjun. χῶ: infin. χεῖν; part. χών. fut. 2. χῶ, χεῖς, χεῖ.

Z

Vivo   Ζάω, ζῶ. fut. ζήσω. aor. 1. ἔζησα: utrumque interdum ſignificat Active *vivifico*. imperſ. ἔζην a ζῆμι. imperat. ζῆ, & ζῆθι; optat. ζαίην, & ζῴην a ζῶμι.

Jungo   Ζάγνυμι, & ζαγνύω. futur. ζάξω a ζάγω. præt. ἔζα-

Cingo   Ζωννύω, Ζώννυμι. fut. ζώσω ab antiquo ζόω.
         perf. ἔζωκα. perf. paff. ἔζωμαι, & ἔζωσμαι.

H

Lætor   Ἥδομαι. fut. ἥσομαι. perf. ἥσμαι. aor. 1.
         ἥσθων. med. ἡσάμων.
Triſtavit Ἤχαχεν ab ἄχω.

Θ

Sepelio Θάπτω. fut. θάψω. perf. τέταφα. aor. 1. ἐθα-
         ψα. perf. paff. τέθαμμαι. aor. 2. paff. ἐτά-
         φων a τάφω. fut. 1. paff. ταφθήσομαι.
Volo   Θέλω. fut. θελήσω a θελέω. aoriſt. 1. ἐθέλη-
         σα, Att. ἠθέλησα.
Curro   Θέω. imper. ἔθων. fut. θεύσομαι. Attice θεύσουμαι.
Morior   Θνήσκω. aor. 2. ἔθανον. fut. 2. med. θανοῦμαι
         a θένω. præt. τέθνηκα, Jon. τέθναα a θνάω,
         Bœot. autem τέθνακα, vel τέθνακα, a τέθνη-
         μι, unde præſ. imper. τέθναθι; optat. τε-
         θναίων: infin. τεθνάναι. præt. part. τεθνη-
         κώς, τεθνηκώς, τεθνεώς, τεθνεώς, τεθνώς,
         & poet. τεθνηώς. Invenitur etiam fut. 1.
         τεθνήσω: θνήξω, & τεθνήξω. fut. 1. med.
         τεθνήσομαι, θνήξομαι, & τεθνήξομαι.

I

Pervenio Ἵκνέομαι ὔμαι. fut. ἴξομαι. aor. 2. ἱκόμων ab
         ἵκομαι. perf. ἶγμαι.
Placo   Ἱλάσκομαι. fut. ἱλάσομαι ab ἱλάομαι.
Volo, as. Ἵπταμαι. fut. πτήσομαι a πτάω. præt. πέπταμαι.
         aor. 2. ἔπτην ab ἵπτημι; med. ἐπτάμων, & ἐπτό-
         μων; infin. πτᾶσθαι, & πτέσθαι; part. πτάμενος.
Eundum   Ἴων, & pleonaſmo ἰππίων ab εἶμι, vado.
         præt. act. inuſitat. ἦκα; paff. εἶμαι, εἶσαι,
         εἶται, unde εἶπον, & ε ablato, ἴπον.

K

Se-   (Καθίζω, & καθίζομαι. fut. 2. med. καθι-
deo   (δοῦμαι, aor. 1. καθῆσα.
         (Κάθημαι. fut. καθήσομαι.
Demitto Καθίημι. aor. 1. καθῆκα.
Voco   Καλέω. futur. καλέσω, & καλήσω. perf. κέκληκα,
                                                    Sync.

Grammatices.

Sync. pro κεκάληκα. fut. 1. pass. κληθήσομαι.

Laboro — Κάμνω, & κάμω. fut. καμοῦμαι. aor. 2. ἔκαμον, perf. κέκμηκα.

Dormio — Καταδαρθάνω. fut. καταδαρθήσομαι. aor. 2. κατέδαρθον a καταδάρθω.

Misceo — Κεραννύω, & κεράννυμι. fut. κεράσω, & Sync. κράσω. perf. κέκρακα, pass. κέκραμαι, infin. κεκράσθαι per Sync. pro κεκέρακα, κεκέραμαι, κεκεράσθαι.

Clango — Κλάζω, fut. κλάγξω a κλάγγω; Poet. κικλάγξω. aor. 1. ἔκλαγξα. perf. κέκλαγχα. aor. 2. ἔκλαγον. præt. med. κέκληγα a κλήγω.

Fleo — Κλίω, vel κλαίω. futur. κλαύσω a κλαύω, & κλαυήσω a κλαυέω inusitato. aor. 1. ἔκλαυσα. perf. pass. κέκλαυμαι.

Audio — Κλύμι a κλύω. fut. κλύσω. perf. κέκλυκα. imperf. & aor. 2. ἔκλυω; imper. κλῦθι: particip. κλὺς, τῷ κλυώτῷ.

Saturo — Κορεννύω, & κορέννυμι. fut. κορέσω, & κορήσω. aor. 1. ἐκόρεσα, perf. κεκόρηκα a κορέω. fut. 1. med. κορέσομαι. perf. κέκορα.

Clamo — Κράζω. fut. κράξω. aor. 1. ἔκραξα, Attic. ἐκέκραξα. aor. 2. ἔκραγον. fut. 2. κραγῶ. præt. med. κέκραγα.

Pendeo — Κρέμαμαι. fut. κρεμάσομαι.

Sum, & Nanciscor — Κύρω, & κύρομαι. fut. 1. κύρσω. aor. 1. ἔκυρσα; infin. κύρσαι; part. κύρσας Æolica sunt. Est etiam κυρέω. fut. κυρήσω. aor. 1. ἐκύρησα; infin. κυρῆσαι.

Λ

Sortior — Λαγχάνω. fut. κληρώσομαι a κληρόω, ῶ. Præt. med. λέλογχα. præt. act. λέληχα, Attic. εἴληχα. aor. 2. ἔλαχον a λήχω. fut. λήξω inusit.

Capio — Λαμβάνω. fut. λήψομαι a λήβω: unde aor. 2. ἔλαβον. perf. λέληφα. Att. εἴληφα. aor. 2. pass. ἐλήφθην.

Lateo — Λανθάνω. fut. λήσω, & λύσομαι a λήθω. perf. & ob-

	Institutio Græcæ
& obli- viscor	med. λέληθα, aor. 2. ἔλαθον. perf. λέλησ- μαι. aor. 2. med. ἐλαθόμην.
Linquo	Λείπω. fut. λείψω. aor. 2. ἔλιπον.

M

Infanio	Μαίνομαι. fut. μανοῦμαι. præt. med. μέμηνα. aor. 2. pass. ἐμάνην.
Disco	Μανθάνω. fut. μαθήσομαι a μαθέω. perf. με- μάθηκα. aor. 2. ἔμαθον a μήθω inusit.
Pugno	Μάχομαι. fut. μαχοῦμαι, & μαχέσομαι, & μα- χήσομαι a μαχέομαι inusitato. aor. 1. med. ἐμαχεσάμην. præt. pass. μεμάχημαι.
Curo	Μέλω, raro personale. Imperson. μέλει, cu- ræ est. fut. 1. μελήσει. aor. 1. ἐμέλησε a με- λέω inusitat. præt. med. μέμηλα poet.
Maneo	Μένω. fut. μενῶ. aor. 1. ἔμεινα. perf. μεμέ- νηκα a μενέω inusitato.
Misceo	Μιγνύω & μίγνυμι. fut. μίξω. aor. 2. pass. ἐμίγην a μίγω inusitato.
Recordor	Μιμνήσκω. fut. μνήσομαι. præt. μέμνημαι a μνάω. plusq. ἐμεμνήμην. paulo post fut. μεμνήσομαι. aor. 1. pass. ἐμνήσθην. med. ἐμνησάμην.
Abstergo	Μοργνύω. fut. μόρξω.

N

Pasco	Νέμω. fut. νεμῶ. perf. νενέμηκα. aor. 1. ἔνεμα.
Nuo	Νέω. fut. νεύσω.

Ξ

Lacero	Ξαίνω. fut. ξανῶ.
Intelligo	Ξυνίημι, & συνίημι. fut. ξυνήσω, & συνήσω. aor. 1. συνῆκα, & ξυνέηκα.

O

Oleo	Ὄζω. futur. ὀζέσω, & ὀζήσω. perf. ὦζηκα. præt. med. ὦδα, Att. ὄδωδα, & ὤδοδα, præt. pass. ὦσμαι. Att. ἔωσμαι.
Puto	Οἴομαι, & per Sync. Atticam οἶμαι, οἴη, οἴεται. imperfect. ᾠόμην, per Sync. ᾤμην. futur. οἰήσο-

Grammatices. 159

οἰήσομαι ab οἰέσμαι, οἴυμαι inusit. aor. 1. pass. ᾠήθω.

Eo	Οἴχομαι. fut. ὀχήσομαι. aor. 2. med. ᾠχόμων.
Ululo	Ὀλολύζω. fut. ὀλολύξω,
Perdo, vel	Ὀλύω, & ὄλυμι. aor. 1. ὤλεσα. perf. med.
Pereo	ὄλα, Att. ὄλωλα. aor. 2. ὤλον; med. ὠλόμην. fut. 2. ὀλῦμαι.
Juro	Ὀμνύω, & ὄμνυμι, & ὀμόω. fut. ὀμόσω, & ὀμῦμαι. perf. ὤμοκα, Attice ὀμώμοκα.
Abstergo	Ὀμόργνυμι. fut. ὀμόρξω.
Video	Ὁράω. imperf. ἑώρων. fut. ὄψομαι ab ὄπω. præt. ἑώρακα. pass. ἑώραμαι. aor. 1. pass. ὤφθω. præt. med. ὄπωπα, Att. pro ὦπα.
Moveo	Ὄρω. fut. ὀρῶ, Æol. ὄρσω. præt. plusq. perf. pass. ὤρμων. præt. med. ὦρα. Att. ὄρωρα.
Debeo	Ὀφείλω, & per Sync. Atticam ὄφλω. futur. ὠφειλήσω, & ὀφλήσω ab ὀφειλέω inusit. perf. ὤφληκα. aor. 2. ὤφειλον, per Sync. ὤφλον.

Π

Patior	Πάχω. fut. 1. med. πείσομαι, & πήσομαι a πήθω. præt. act. τετάθηκα. med. τέπονθα per pleonasm. a πονέω, pro πέτονα. aor. 2. ἔπαθον a πήθω.
Extendo	Πεπαννύω, & πεπάννυμι. fut. πεπάσω. præt. πεπίσακα, & per sync. τέτακα, unde præt. pass. πέπαμαι a πεπάω inusit.
Figo	Πήγνυμι, & πηγνύω. fut. πήξω. præt. med. τέπηγα, fixus sum. aor. 2. pass. ἐπάγω a πήγω.
Incendo	Πίμπρημι. fut. πρήσω. aor. 1. ἔπρησα a πρήθω.
Vendo	Πεπράσκω, πράττω, πράζω. fut. 1. πράσω. præt. πέτρακα. aor. 1. ἐπέρασα, vix ἔπρασα. præt. pass. πέτραμαι. aorist. 1. pass. ἐπράθω. Nam πράττω, futur. ξω, facio.
Bibo	Πίνω, imperf. ἔπινον. fut. πόσω. præt. πέπωκα a πόω. aor. 2. ἔπιον a πίω. fut. 2. med. πίομαι pro πιῦμαι. perf. pass. πέπομαι, raro πέπωμαι. aor. 2. imperat. πίθι a πῖμι; item πῶθι, & per apocop. πῶ a πῶμι.

Cado

Cado   Πίπτω. fut. πεσώ. aor. 1. ἔπεσα. præt.
πέπτωκα. part. πεπτωκώς, per Sync. πεπτώς,
per crasin πεπτώς, a πτώ. aor. 2. ἔπεσον a
πεσέω ; unde alius aor. 1. ἔπεσα ; med.
ἐπεσάμην. futur. 2. med. πεσοῦμαι usitatum
pro πέσομαι.

Fingo   Πλάττω. futur. πλάσω. præt. πέπλακα ; pass.
πέπλασμαι.

Percutio Πλήττω. aor. 2. ἔπληγον, cum ad corpus ;
ἐπλάγην, cum ad animum refertur.

Interrogo Πυνθάνομαι. fut. πεύσομαι a πεύθομαι. præt.
πέπυσμαι. aor. 2. med. ἐπυθόμην.

P

Facio   Ῥέζω, & ἔρδω. fut. ῥέξω, & per Metath.
ἔρξω, tanquam ab ἔργω. aor. 1. ἔρρεξα, &
ἔρεξα, & ἤρξα. aor. 1. part. pass. ῥιχθείς.
præt. med. ἔοργα pro ἔρρογα, seu ἔρογα.
plusq. perf. ἐώργειν.

Fluo   Ῥέω. fut. ῥεύσω, & ῥυήσω. præt. ἐρρύηκα. aor.
2. act. ἐρρύην ; pass. ἐρρύην a ῥυέω.

Dico   Ῥέω, vel ῥῆμι. aor. 1. pass. ἐρρήθην, & ἐρρέθην
in indicativo ; at in reliquis modis per ε
tantum. fut. 1. pass. ῥηθήσομαι.

Rumpo   Ῥηγνύω, & ῥήγνυμι. fut. ῥήξω. aor. 1. ἔρρη-
ξα. præt. med. ἔρρωγα pro ἔρρυγα. aor. 2.
pass. ἐρράγην.

Roboro   Ῥωννύω, & ῥώννυμι. fut. ῥώσω.
Valeo   Ῥώννυμαι. fut. ῥώσομαι. præt. ἔρρωμαι ; imperat. ἔρρωσο.

Σ

Extinguo Σβεννύω, & σβέννυμι. fut. σβέσω, & σβή-
σω, & σβέσομαι, & σβήσομαι a σβέω inusit. aor. 1. ἔσβησα. Sequentia passive significant ; aor. 2. ἔσβην a σβῆμι, inf. σβῶναι
perf. ἔσβηκα.

Concutio Σάω. aor. 1. ἔσασα, & ἔσα, infinit. σάσαι,
& σάαι ; part. σάσας, & σάας. præs. pass.
σάο-

Grammatices.

σd'ομαι. præter. ἔσυμαι. per metath. pro σίσυμαι a σύω. aor. 1. ἐτύθω.

Putresco Σήπομαι. fut. 1. med. σήψομαι. aor. 2. pass. ἐσάπων. præt. med. σέσηπα.

Libo Σπένδω. fut. σπείσω a σπείδω inusitato. aor. 1. ἔσπεισα. præt. pass. ἔσπεισμαι.

Privo Σπερίσκω. fut. σερήσω. præt. ἐσέρηκα a σερέω.

Sterno Σπορεννύω, & σορέννυμι. fut. σορέσω. aor. 1. ἐσόρεσα a σορέω.

Sterno Στρωννύω,& στρώννυμι fut.στρώσω. aor. 1. ἔστρωσα.

Cohibeo Σχέω inusitatum: vide ἔχω.

T

Extendo Τανύω. fut. τάσω. præt. τέτακα; pass. τέταμαι a τείνω.

Seco. Τέμνω. fut. τεμῶ, & τμήξω a τμήγω, vel τμήσω a τμέω. præt. τέτμηκα. pass. τέτμημαι. aor. 1. pass. ἐτμήθω. aor. 2. ἔταμον, & ἔτεμον, vel ἐτμήγον, & ἔτμαγον. fut. 2. ταμῶ.

Fabrico Τάχω. fut. τάξω. aor. 1. ἔταξα. aor. 2. ἔτυχον. præt. Pass. τέτυγμαι.

Pario Τίκτω. fut. τέξομαι. aor. 2. ἔτεκον. præt. med. τέτοκα. præt. pass. τέτεγμαι. aor. 1. pass. ἐτέχθω.

Solvo Τίνω. fut. τίσω, a τίω.

Perforo Τιτραίνω, vel τιτράω. futur. τρήσω a τράω inusitato. præt. pass. τέτρημαι.

Vulnero Τιτρώσκω. fut. τρώσω. aor. 1. ἔτρωσα. præt. τέτρωκα a τρόω, ῶ.

Tolero Τλάω. fut. τλήσω. aorist. 2. ἔτλων a τλῆμι.

Nutrio Τρέφω. fut. θρέψω. aor. 1. ἔθρεψα. præt. τέθρεφα. med. τέτροφα. pass. τέθραμμαι. aor.2. ἐτράφων.

Curro. Τρέχω. fut. θρέξω. præt. δεδράμηκα a δραμέω. aor. 2. ἔδραμον. fut. 2. med. δραμοῦμαι. præt. med. δέδρομα.

Comedo Τρώγω. futur. 2. med. φάγομαι pro φαγοῦμαι. aor. 2. ἔφαγον a φάγω, vel φύγω inusit.

Sum,Sor- Τυγχάνω. fut. τεύξομαι a τεύχω. præt. πέτυχη-
tior,Nan- κα a τυχέω. aor. 2. ἔτυχον, præt. pass. τέ-
ciscor

L

ciscor τύγμαι, & τέταγμαι. aor. 1. part. pass. ταχθείς. aor. 2. med. ἐτυχόμην.

T

Promitto Ὑπισχνοῦμαι. fut. ὑποσχήσομαι. praet. ὑπέσχημαι. aor. 1. pass. ὑπεσχέθην. aor. 2. med. ὑπεσχόμην.

Φ

Fero Φέρω. fut. οἴσω ab οἴω inusitat. aor. 1. ἤνεγκα. aor. 2. ἤνεγκον ab ἐνέγκω. praet. med. ἤνοχα, Attic. ἐνήνοχα, tanquam ab ἐνέχω. praet. pass. ἤνεγμαι, & ἐνήνεγμαι. aorist. 1. pass. ἠνέχθην, & ἠνείχθην.

Fugio Φεύγω. fut. φεύξομαι, & φεύξοῦμαι. praet. pass. πέφυγμαι. med. πέφυγα, & πέφευγα. aor. 2. ἔφυγον.

Ajo Φημί. fut. φήσω. aor. 1. ἔφησα. aorist. 2. ἔφην, infinit. φάναι.

Praevenio Φθάνω. fut. φθάσω a φθάω. praet. ἔφθακα. aor. 1. ἔφθασα, & aorist. 2. ἔφθην a φθῆμι; participium φθάς.

Tabesco Φθίνω. fut. φθίσω a φθίω.
Horreo Φρίττω. fut. φρίξω. praet. πέφρικα.
Produco Φύω. futur. φύσω. praet. πέφυκα. aorist. 2. ἔφυν a φῦμι.

X

Gaudeo Χαίρω. fut. χαρήσομαι a χαρέω. aor. 2. pass. ἐχάρην.

Dehisco Χάσκω. fut. χανοῦμαι. praet. med. κέχηνα. aor. 2. ἔχανον, a χαίνω.

Fundo Χέω. futur. χεύσω a χεύω. aorist. 1. ἔχευα, & poetice ἔχεα. infin. χέαι.

Coloro Χραννύω, & χρώννυμι. fut. χρώσω. praet. pass. κέχρωσμαι.

Fundo Χώω. fut. χώσω. a χόω.
Obruo Χωννύω, & χώννυμι. fut. χώσω, a χόω inuaggere sitato.

Ω'-

Grammatices. 163

Ω

Pello   Ω'θέω. fut. ωθήσω, & ώσω ab ώθω. aor. 1. ώθησα, & ώσα, & ἴωσα. præt. paff. ὤθημαι, ὦσμαι, & ἔωσμαι.

Emo   Ω'νέομαι. fut. ωνήσομαι. præt. ὤνημαι, & Attice ἐώνημαι: unde ἐωνημέν⊙.

Investigandi Thematis Exemplum.

Conjugationum exempla femper infpicienda funt: confideranda item formatio Temporum in prima, penultima, & ultima fyllaba: & eodem modo, quo afcenditur in illis formandis, viciffim in diffolvendis defcendendum. Ut κολαρθῶσι fimile eft τῷ τυρθλῶσι. Aoriftus 1. Indic. Paffivus ἐκολάρθω, ut ἐτύρθω. Tertia Perfona fingularis Perfecti Paff. κεκόλαπται, ut τέτυπται. Secunda, κεκόλαψαι, ut τέτυψαι. Prima κεκόλαμμαι, ut τέτυμμαι. Activum Perfectum, κεκόλαρα, ut τέτυρα. Futurum 1. κολάψω, ut τύψω. Thema igitur erit aut κολάπω, aut κολάβω, aut κολάφω, aut κολάπτω. Nam ψ nafcitur ex π, β, φ, πτ. Lexicon vero oftendet κολάπτω, tundo.

ἠγέω, fimile eft τῷ ἐποιέω. Diffolutum erit ἠγέω, ficut ἐποιέω. Præfens ergo ἠγέομαι, ficut ποιέομαι.

ἀνιώμεν⊙, fimile eft τῷ βοώμεν⊙. Diffolutum erit ἀνιαόμεν⊙: nam ω ex αω nafcitur. Thema ἀνιάομαι, mœreo.

κρατήσας, fimile eft τῷ ποιήσας, aut βοήσας: nam η nafcitur ex ε, vel α. Thema igitur aut κρατέω, aut κρατάω. Ex Lexico autem habebis κρατέω, impero.

De Adverbio.

Adverbio accidunt quatuor: Species, Significatio, Figura, Comparatio.

Species.
Duplex eft: Primitiva, ut χθές, heri: αὔριον cras.
Derivativa, ut ἰδίως, Græce: σοφῶς, fapienter.

L 2

Significatio.

1. Loci: ut ἐνταῦθα, hic; αὐτόθι, istic; ἐκεῖ, illic; χαμαί, humi; ἐγγύς, prope; ἐπίκεινα, vel ἐπ' ἐκεῖνα, ultra; ἐπιταῦδε, vel ἐπὶ τάδε, citra; μακράν, longe; ἑκάς, procul; πολλαχῦ, multis in locis; ὀλιγαχῦ, in paucis locis; ἁπανταχῦ τῆς γῆς, ubique terrarum; ἐνιαχῦ, in quibusdam locis; ἑκασταχῦ, in singulis locis; αὐτῶ, idest ἐπ' αὐτῷ τῷ τόπῳ, ibidem; ἀλλαχῦ, alibi; ὐδαμῦ, nusquam.

Localia Adverbia triplicia:
Vel significant in loco, præsertim desinentia in θι, aut desinentia similiter Dativis pluralibus in σι: ut ὑρανόθι, in Cœlo; ἀθήνησι, Athenis; οἴκοι, domi.

Vel ad locum, præsertim in δε, σε, ζε desinentia: ut, οἴκαδε, domum; ὑρανόσε, in Cœlum; ἀθήναζε, Athenas.

Poetæ particulam δὲ sæpe subjungunt accusativo pro εἰς, vel ἐπὶ, ut οἶκόν δε, domum; θάνατόν δε, ad mortem. Aliquando etiam substantivo simul & adjectivo subjiciunt, ut ὄνδε δόμονδε, domum suam.

Vel de loco, desinentia in θεν: ut οἴκοθεν, domo; ὑρανόθεν, cœlitus; κυθηρόθεν, ex Insula Cytheris; ἀθήνηθεν, Athenis.

2. Temporis: ut, νῦν, nunc; αὐτίκα, statim; μεταύριον, perendie; πρόχθες, nudius tertius; ἡμῶ, cum; τῆμῶ, tum, Poetica pro ὅτε, & πότε; ὄφρα, dum; τόφρα, tum, pro ἕως, & τέως; μέσφα, donec; εἰσόκεν, donec.

Adverbia loci, ac temporis regunt Genitivum: ut ἔξω βελῶν, extra teli jactum: ἐγγύς τοῦ εἶναι ἐνεοὶ εἰσι, prope absunt, ut sint muti: ἐπίκεινα Τίγριδος, ἢ ἐυφράτου, ultra Tigrim, & Euphratem: ἑκάς τῆς ἀσίας, procul ab Asia: μεταξύ λόγων, inter verba, idest inter dicendum: μέχρι ζωῆς, quoad vivam: μέχρις ἐμοῦ, ad meam usque ætatem. Sic & multa alia: ut, ἅλις δρυός,

satis

Grammatices.

satis quercus; ἅπαξ τῆς ἡμέρας, semel in die, &c.
Genitivus nonnunquam mutatur interposita præpositione: ut ἄχρι πρὸς τὴν πόλιν, usque ad urbem: ἄχρι πρὸς ἑσπέραν, usque ad vesperam. Interdum adhæret verbum, ut μέχρις ὦ, donec eram.

3. Numeri; ut, δὶς, bis; πολλάκις, sæpe; ἀπειράκις, infinities; ὀλιγάκις, raro.

4. Negandi: ut, ὐ, non; ὐδαμῶς, nequaquam; ἤκιστα, minime; ὐ δήπω, haudquaquam. Dicimus ὐ sequente consonante; ὐκ sequente vocali tenuis spiritus; ὐχ sequente vocali aspirata: ὐχὶ sequente vel tenui, vel aspirata vocali.

5. Affirmandi: ut, ναὶ, ita; ἀληθῶς, vere; ὄντως, & τῷ ὄντι, revera: πάντως, omnino; ἦ μὲν, certe.

6. Demonstrandi: ut ἐνθάδε, hic; ἰδὲ, ἰδοὺ, Poet. ἤνι; & ἠνίδε, ecce; quæ construuntur cum nominativo, vel accusativo, ut ἰδοὺ ῥόδος, vel ῥόδον, ecce Rhodus, vel Rhodum, ut apud Latinos ecce.

7. Optandi: ut εἰ; εἴθε, Poet. αἴθε, & αἲ, utinam, cum optativo, vel indicativo; ὤφελον, ὤφελες, ὤφελε, &c. vel Jon. ὄφελον, ες, ε, &c. utinam ego, utinam tu, utinam ille, &c. jungiturque infinito vel solum, vel cum particulis εἰ, εἴθε, αἴθε, ὡς, ut ὤφελε ζῆν βρῦτος, utinam Brutus viveret: αἴθ᾽ ὄφελες ἀδάκρυτος, κ᾽ ἀπήμων ἦσθαι, utinam sine lacrymis, & sine incommodo sessitares. Jonicum tamen ὄφελον omnibus etiam numeris, personisque servit, quasi esset adverbium, ut ὄφελον κ᾽ ἡμεῖς, utinam & nos. Adhibetur & cum indicativo, ut ὄφελον κ᾽ ἀποκόψονται οἱ ἀνασατοῦντες ὑμᾶς: utinam & abscindantur, qui vos labefactant; ἦ ὄφελον ἦν ἀξίη τῆς ὑμῶν ὑπολήψεως, quæ utinam digna esset opinione vestra. Ceterum utrumque est aor. 2. ab ὀφείλω, debeo; ac *debui facere*, & *utinam fecissem* cognata sunt.

8. Hortandi: ut ἄγε, age; φέρε, age, ἴα, ἀμέλησον, mitte.

9. Or-

9. Ordinis: ut ἑξῆς, deinceps; εἶτα, postea.
10. Interrogandi: ut πόθεν, unde ? πῶς, quomodo: μῶν, num? ἆρα, num? ἦ, num? διά τί, cur? τί ποτε Poet. pro τί ποτε, curnam?
11. Similitudinis, & diversitatis: ut ὥσπερ, sicut ; καθάπερ, quemadmodum; ἄλλως, aliter. Ἧ ὑπε, οἱ ἀτε sicut, Poetica sunt.
12. Qualitatis: ut καλῶς, pulchre; ῥωμαϊστί, Latine; ἀγεληδὸν, gregatim, ἀπαρασκευάστως, immote; μεμυχανημένως, solerter, aut subdole. Talia in ως formantur a Genitivis pluralibus mutando ν in ς. Huc pertinent ea, quæ apellantur ὀνοματικὰ ἐπιρρήματα: κοινῇ, communiter; δημοσίᾳ, publice; ἰδίᾳ, privatim.
Adverbia qualitatis in ως ferme habent casum sui nominis, ut ἀξίως τῶν προγόνων, pro dignitate majorum ; ὁμοίως τοῖς ἄλλοις, similiter aliis, idest, eodem modo quo alii &c. Construuntur etiam frequenter, & eleganter cum verbis ἔχω, διάκημαι, & διατίθεμαι, addito, cum opus est, ipsius adverbii casu, ut ἀφειδῶς ἔχει χρημάτων, prodigus est pecuniæ; τῶν ἐν ἀγορᾷ οὐκ ἀπείρως ἔχει, non se habet imperite in rebus forensibus, seu rerum forensium imperitus non est; ἀρχαίως ἔχει, homo est antiquæ fidei; εὖ διακείμενος, ἢ καλῶς, bene affectus: & alia plurima.
13. Quantitatis, idest, intendendi, remittendi, diminuendi: ut, ἄγαν, valde ; μονονυχί, tantum non ; χαλῆγε, lente, aut vix ; ὀλίγον, paululum.
14. Dubitandi, conjecturæ: ut ἴσως, fortasse, τάχα, forsitan: Poet. pro ταχέως, celeriter.
15. Vocandi: ut ὦ, o. Euripid. Phœnissis: ἰώ, ἰώ, πότνια, μόλε πρόδρομος: Heus, heus, veneranda, progredere: ὠή, ὥς ἐν πύλαισι δωμάτων κύρει ; Ohe, quis ad portas domus occurrit? Ibidem.
Adverbium vocandi ὦ cum Vocativis ponitur: ut, ὦ δημόται, o populares.
16. Separandi, distribuendi, excludendi: ut, ἄνευ, sine ;

Grammatices.

fine ; ἰδίᾳ, privatim; δημοσίᾳ, publice ; κοινῇ, communiter ; μόνον, tantum: πλὼ præter. Primum & ultimum genitivum postulant, ut ἄνευ πόνε, sine labore ; πλὼ χρημάτων, præter pecuniam.

17. Jurandi: ut, νὴ, per ; μὰ, non per. Hujusmodi adverbia cum Accusativo ponuntur, eique largiuntur articulum, ut νὴ τὼς θεὼς , per Deos; μὰ τὼς θεὼς , non per Deos. Excipe, si sequatur accusativus Δία, Jovem ; tunc enim μὰ articulum frequentius respuit, cum νὴ variet. Huc addi potest ὡς pro πρὸς, ut, ὡς τὸν ὅμιον, ad similem.

18. Eligendi : ut, μᾶλλον, potius; πρότερον, citius.

19. Congregandi : ut ἅμα, & ὁμοῦ, simul ; συλλήβδην, comprehensim. Hæc Dativum regunt: ut, ἅμα τῇ ἡμέρᾳ, prima luce: ὁμοῦ τοῖς ἄλλοις, cum ceteris.

20. Concedendi : ut, εἶεν, esto.

21. Prohibendi : ut μὴ, ne, cum imperativo, vel subjunctivo ; μηδαμῶς, nequaquam.

22. Eventus: ut κατὰ συγκυρίαν, forte fortuna.

23. Comparandi : ut μᾶλλον, magis ; ἧττον, minus; πλέον, plus ; μάλιστα, maxime. Cum genitivo.

24. Declarandi: ut, δηλαδὴ, scilicet ; ἤγουν, videlicet ; τουτέστι, hoc est: ἀμέλει, exempli gratia. Lucian. Necyomantia.

25. Causæ : ut ἕνεκα, causa ; χάριν, gratia. Hæc quoque cum genitivo.

26. Celandi: ut λάθρα, clam. Pariter cum genitivo.

Adverbium vestitum articulo fit nomen : ut, χθὲς, heri, ὁ χθὲς, hesternus ; λίαν, nimis, ὁ λίαν, nimius; & alia quamplurima.

Adverbium aliquando adhæret adverbio : ut, μέχρι τοῦ, & μέχρι πότε ; Quousque ? &c. Fit hoc etiam cum idem significant, ut quatuor simul juncta apud Aristophan. εἶτ' αὖ πάλιν αὖθις, deinde rursum. Interdum componitur cum præpositione, ut ἐκ τότε, ad verbum ex tunc, ἀπὸ πλοῦ, a longe.

Fi-

Figura.

Triplex est: simplex, ut αὔξιον: Composita, ut μεταίχειον, Decomposita, ut φιλάνθρωπος.

Comparatio.

Ῥᾳδίως facile, ῥᾷον, ῥᾷτα, vel ῥᾷτον.
Μάλα valde, μᾶλλον, μάλιστα.
Πέρα, vel πέραν ultra, περαιτέρω, περαιτάτω.
Πόῤῥω longe, ποῤῥωτέρω, ποῤῥωτάτω.
Πολλάκις sæpe, πλεονάκις, πλεῖστάκις.

Inter Adverbia numerantur Interjectiones.

1. Admirandi: ut βαβαί, papæ; φεῦ, papæ; quæ vel solæ, vel cum genitivo: παπαιάξ, ὡς καλὼ ὀσμὴν ἔχει: Papæ quam bonum odorem habet! Euripid. Cyclope. Ἄπολλον, οἵοις φροιμίοις ἄρχῃ λόγου: Dii boni, qualibus prœmiis auspicaris orationem! Idem Hercule fur.
2. Approbandi: ut εὖγε, euge.
3. Abominandi, ut, ἄπαγε, apage: εὔφημα φώνει, bona verba quæso: Eurip. Herc. ὦ ὦ, ἰοὺ, ὀ, apage: Soph. in Colonœo.
4. Comminandi, ut, οὐαί, væ.
5. Dolendi: ut οἴμοι, hei mihi; φεῦ, heu: ἰώ, heu: ὦ, o. Vel sine casu, vel cum genitivo, aut nominativo.
6. Exclamandi: ut, ὦ, ὂ, ἰοὺ ἰοὺ. heu. Eurip. Hippolit. Pariter cum genitivo, aut nominativo.
7. Metus: ut, ἆ ἆ, at, at; ἔα ἔα, ὦ ὦ, ehem. Eurip. Rheso.
8. Indignandi: ut, φεῦ, evax;
9. Lætandi: ut, ἰοῖ, evax; ἰοὺ, in. Eurip. Cyclope. ὦ φίλτατε παῖ πατρός, o fili patris charissimi. Sophocl. Philoctet.
10. Ridendi: ut, ἆ ἆ, & ἒ, ἒ, ἆ, ha ha ha. Ibid.

De Conjunctione.

Conjunctioni tria accidunt: Potestas, Figura, Ordo.

Potestas.

1. Copulativæ, ut, ἢ & τε que, μὲν quidem, δὲ autem,

interdum Copulativæ, interdum Adversativæ.
2. Disjunctivæ, ut ἤ aut, ἠέ aut, ἤτοι sive..
   Huc pertinent
Particulæ utramque rem tollentes, ut οὐδέ, οὔτε, neque: Dubitativæ; ut εἰ, εἰ ἄρα, an, num. Poet. αἴκε, & αἴκεν, si forte.
3. Adversativæ: ut, ἀλλά, sed; καίπερ, interdum, καίτοι, etsi: εἰ καί, si etiam; ὅμως tamen; καὶ μήν, atqui; εἰ μὴν ἀλλά verumtamen: Poet. ἔμπης tamen.
   Huc pertinent
   Corrigendi particula μᾶλλον δέ, potius, vel imo. Diminuendi, γε, γοῦν, κἄν, saltem.
4. Causales: ut γάρ enim; καὶ γάρ etenim; ὅτι, quod: ἐπεί, ἐπειδή, ἐπειδήπερ, quandoquidem: ἵνα, ὅπως, Poet. ὄφρα, ut, affinché; ἵνα μή, ut ne; quæ construuntur cum optativo, vel subjunctivo.
5. Illativæ, ut ὥστε, ut, cosicché; quæ cum optativo, subjunctivo, & sæpissime infinito jungitur, præcedente fere accusativo, aliquando etiam nominativo, ut λέγεται οὗτος κατάφορος πρὸς δόξαν εἶναι, ὥστε νέος ὢν ἐν ταῖς νύκταις ἀγρυπνεῖν, ita fertur ad gloriam proclivis fuisse, ut, cum adhuc esset juvenis, noctes pervigilaret. Et cum indicativo Attice.
6. Conditionales, seu exceptivæ: ut ᾗ, quatenus; εἰ, si; ἄν, si; ἐάν, si; ὡ, si; εἰ μή, nisi; ὅτι μή, nisi: Poet. αἴκε, & αἴκεν, si modo. Advertendum est, conditionalem εἰ rectius indicativo, & optativo; ὡ, ἄν, ἐάν, & eorum composita subjunctivo, & optativo jungi. Quod autem latine per Subjunctivum dicimus, si verberarem, id Græce frequenter per Indicativum effertur: ut εἰ ἔτυπτον. Item verberavissem, εἰ ἔτυψα, vel εἰ ἐπετύφειν. Utimur & optativo, ut infra post Syntaxim dicemus.
7. Ratiocinativæ: ut ἄρα, vel ἆρα, ergo; οὖν, itaque; τοίνυν, igitur; διὰ τοῦτο, quapropter.
   Huc pertinent
Δηλαδή, videlicet; δηλονότι, nimirum; quæ etiam vim affirmandi habent.

8. Or-

8. Ordinis; ut, τὸ πρῶτον, primum; μετὰ ταῦτα, deinde; πάλιν, rursus; αὖθις, iterum; εἶτα, deinde.
9. Approbativæ: ut, γε: ὂν. Νὴ Δία ἰνδοξοί γε ἀμφότεροι. Per Jovem illustres equidem ambo. Lucian. εἰ δίκαιος, ὥσπερ ἐν τῇ δίκαιος, ὁ τῶν ὅλων ἔφορος: ἕτερός ἐστι βίος μετὰ τὸν παρόντα: Si justus est, ut equidem est justus, ille rerum omnium inspector; altera restat vita post hanc. Theodoretus Sermone 1. de Providentia.
10. Completivæ: ut δή, νύ, πέρ, ῥά, τοί, sane, quidem; πω dum.
11. Potentiales: ut, ἄν, κέ, κέν, utique. De usu ἄν valde observando statim post Syntaxim explicatius.

Figura.

Duplex est: Simplex, ut ᾗ : Composita, ut καίπερ.

Ordo.

Triplex. Præpositivus, ut ᾗ ἀλλά. Sophocles tamen in Coloneo, πειράσατ᾽ ἀλλ᾽ ὑμεῖς γε: conamini attamen vos. Postpositivus: ut, μέν, δέ. Communis: ut, ἄρα, ἵνα.

De Præpositionibus.

Præpositiones sunt
(Monosyllabæ sex: ἐν, εἰς, vel ἐς,
(ἐκ vel ἐξ, πρό, πρός, σύν.
(Dissyllabæ duodecim: ἀνά, ἀμφί,
(ἀντί, ἀπό, διά, ἐπί, κατά,
(μετά, παρά, περί, ὑπό, ὑπέρ.

Præponuntur autem vel extra Compositionem, vel in Compositione.
Extra Compositionem Præpositio partes Orationis Verbo adjungit: ut Ἰησοῦς σώζει τὸν λαὸν αὐτὸν ἀπὸ τῶν ἁμαρτιῶν αὐτῶν. *Jesus servat populum suum a peccatis eorum.*

Grammatices.

In Compositione
(Complet : ut, & bene ; ὑπέρᾱ,
(supra modum bene.
(Minuit : ut, λᾱυκός albus : ὑπό-
(λᾱυκ@ subalbus.
(Mutat : ut, λέγω, dico ; συλλέγω,
(colligo.
(Et alia facit, & saepe etiam or-
(nat tantummodo.

Monosyllabae.

1. Ἐν soli Dativo jungitur, & statum significat : ut οἱ ἐν τοῖς πράγμασι, qui in reipublicae administratione versantur ; ἐν οἴκῳ, in domo : sed per Ellipsin Genitivo, ut ἐν ᾅδου, subaudi οἴκῳ, in domo Platonis. Saepe ponitur pro εἰς per Enallagen, ut θρασὺς ἐν ἐμοί, audax in me, contra me.
Composita *in* significat, ut ἐμβάλλω, injicio.

2. Εἰς, & Attice ἐς Accusativo, *in*, cum motus significatur : ut εἰς ὕδωρ γράφω, in aquam scribo : *ad*, ut εἰς Ἀγαμέμνονα δῖον, ad Agamemnonem dium : *apud*, ut διαβεβλημέν@ εἰς τοὺς Μακεδόνας, apud Macedonas infamatus ; *circiter*, ut εἰς τριακοσίους, circiter trecentos ; *contra*, εἰς τοὺς σοφιστάς, contra sophistas ; *propter*, ut εἰς δικαιοσύνην ἐπαινεῖται, laudatur propter justitiam. Frequenter per Enallagen ponitur pro ἐν ; ut σὺν θρόνον, εἰς ὃν προκαθίζων ἐδίκαζε, thronum, in quo praesidens judicabat. Interdum per Ellipsin omittitur accusativus, ut εἰς διδασκάλου, subaudi οἶκον, in domum Praeceptoris.
Composita *in*, cum motus significationem habet, ut εἰσάλλομαι, *insilio*.

3. Ἐξ sequente vocali, & ἐκ sequente consonante, genitivo gaudet, ut ἐξ ἀπραξίας πρᾶγμα, ex otio negotium ; ἐν νηπίου, ab infantia.
Composita auget, ut ἐκπίνω, ebibo ; & idem significat, quod ἔξω, extra, ut ἐκβάλλω, ejicio : & *palam*, ut ἐξαμαρτάνω, palam pecco.

4. Πρό, *ante*, soli Genitivo, ut πρὸ θυρῶν, prae foribus, τοὺ πρὸ τόπων, superiora tempora, πρὸ τῶν τέκνων
ἐπαι-

ἐπαινῦσι, præ omnibus laudant. Et *pro*, ut πρὸ τῶν κοινῶν κινδυνεύειν, pro communi utilitate periculum subire.

Composita eadem significat, ut προβάλω, propono, προμανθάνω, prædisco, πρόφασις, prætextus, προάστιον, suburbium, seu locus ante urbem, προύργου ἐςὶ, cuivis alii operi prævertendum est; dicunt Latini operæ pretium est; προίεμαι, projicio, προσεύχομαι τῷ λαῷ, oro pro populo.

5. Πρὸς cum Genitivo, *a*, ut πρὸς Θεῦ, a Deo: *officium*, ὑ πρὸς φιλοσόφε, non est Philosophi: *coram*, πρὸς ἐπισκόπε, coram Episcopo: *contra*, πρὸς ἐχθρὲ, contra inimicum. Jurandi quoque est nota, ut πρὸς χαρίτων, per Gratias.

Cum Dativo *prope*, ut πρὸς τῷ τέλει τῦ βίυ, sub finem vitæ, πρὸς τοῖς ποσὶν, ad, seu juxta pedes; *apud*, πρὸς ἑωυτῷ, apud se, secundum: *contra*, πρὸς Ἀτρείδῃσι, contra Atridas; *præter*, πρὸς τούτοις, ad hæc, præter hæc.

Cum Accusativo *ad*, ut πρὸς γυμνάσιον, ad scholam, τὰ πρὸς ςρατὸν, quæ ad exercitum pertinent: & *adversus*, tam in bonam, quam in malam partem, ut πρὸς τοὺς ξένους, erga peregrinos, πρὸς Ῥωμαίους, contra Romanos.

Composita significat, *ad*, ut προσκαλῶ, advoco, προσπορεύομαι, adeo: & *insuper*, ut προσλέγω, insuper dico.

6. Σὺν, & At. ξὺν cum Dativo, σὺν Θεῷ, cum Deo. Composita conjungit, ut συμβάλω, conjicio.

Dissyllabæ.

1. Ἀνὰ per, cum solo Accusativo, ut ἀνὰ ςρατὸν, per exercitum. Sed Poetice cum Dativo usurpatur.

Composita *re* significat, ut ἀνατρέχω, recurro, ἀναβάλω, in aliud tempus rejicio; & *sursum*, ut ἀναβαίνω, ascendo.

2. Ἀμφὶ cum Genitivo *de*, ut ἀμφὶ ἀςέρων λόγος, sermo de astris: *circum*, ἀμφὶ ταύτης τῆς πόλιος, circum

Grammatices. 173

cum hanc urbem: *per*, ἀμφὶ ἥρας λίσσομαι, per Junonem rogo.

Cum Dativo *pro* Poetice significat, ut ἀμφὶ Ὀδυσσῆι, pro Ulysse.

Cum Accusativo *circa*, & *circiter*, ut ἀμφὶ τὰς πεντακισχιλίας, circiter quinque millia ; ἀμφὶ τὸ λυκαυγές, circa diluculum ; οἱ ἀμφὶ λόγες ὄντες, qui versantur circa literas, literarum studiosi ; οἱ νόμοι οἱ ἀμφὶ θυσίαν, leges circa sacrificia, de sacrificiis ; ἀμφὶ αὐτὸν ἐστήκασι, circa illum steterunt ; οἱ ἀμφὶ Πρίαμον, Priami comites, familiares, ministri ; item ipse Priamus ; quod usurpatur tum a Poetis, tum ab Oratoribus, sed cum verbo singulari, ut οἱ ἀμφὶ Παῦλον ἦλθε, Paulus venit.

Composita *circum* significat, ut ἀμφιβάλλω, circumjicio.

3. Ἀντὶ cum Genitivo, *pro*, ut ἀντὶ ἀγαθῶν ἀποδιδόναι κακά, mala pro bonis reddere : ἀντὶ οἰκέτα, pro famulo, i. e. vice, seu loco famuli : ἀντὶ πολλῶν, pro multis, i. e. multorum instar : ἀντὶ κέρδες, pro lucro, i. e. lucri gratia. Et *contra*, ut ἐν ἀνθ' ἑνός, si unum uni contraponatur, seu conferatur.

Composita *contra* significat, ut ἀντιστρέφω, inverto, ἀντιλέγω, contradico, ἀνταδίδωμι, vicissim do, retribuo.

4. Ἀπὸ cum Genitivo, *a*, ut ἀπὸ τῆς κεφαλῆς, a capite : ἀπ' ἀρχῆς, ab initio.

Composita auget, ut ἀποτείνω, extendo. Et significat *a*, ut ἀπέχω absum, ἀφαιροῦμαι, aufero. *Contrarium* etiam significat, ut εὔχομαι, precor, ἀπεύχομαι, imprecor. *Exemplum* quoque, ut ἀπογράφω, describo. Et *privationem*, ut ἀπομανθάνω, dedisco.

5. Διὰ cum Genitivo *per*, ut διὰ βίου, per vitam, δι' ἡδονῆς, per voluptatem, διὰ βραχέων, per brevia, brevibus verbis, δι' ἑαυτῶν, per se, i.e. suis viribus. *Cum*, ut διὰ μαχαιρῶν, cum gladiis. Significat etiam materiam, ut δι' ἀλφίτου, ex farina.

Accusativo juncta *propter*, ut διὰ φόβον, propter timorem. *Per*, ut διὰ τ' ἔντεα, καὶ αἷμα, per arma-
que,

que, & sanguinem, διὰ θεὺς, per Deos, i. e. Deorum ope & favore; διὰ νύκτα, per noctem, i. e. noctis tempore.

Composita *dis* significat, ut διαρτᾶν, dividere. *Per*. i. e. *valde*, ut διακαθαίρω, perpurgo ; & *per medium*, ut διεξέρχομαι, per medium venio.

6. Ἐπὶ cum Genitivo *in*, vel *circa*, ut βῦς ἐπὶ γλώττης, bos in lingua; ἐφ᾽ ἡσυχίας, in otio, otii tempore: *super*, ut ἐφ᾽ ἵππυ, super equo; *officium*, ut ὁ ἐπὶ τῶν δεσμῶν, præfectus carceris, *sopraintendente alle carceri: tempus*, ut ἐπ᾽ ἐμῦ, tempore meo, mea ætate, ἐπ᾽ Ἀλεξάνδρυ, sub Alexandro.

Cum Dativo *propter*, ut ἐπὶ τῷ κέρδει, propter lucrum: *in*, ut ἐπὶ τῷ βασιλεῖ, in Regis potestate; τὸ ἐπ᾽ ἐμοὶ, quantum in me situm: *super*, ut ἐπὶ τῷ θεμελίῳ, super fundamentum: *post*, ut ἐπὶ τούτοις, post hæc: *contra*, ἐπὶ τῷ δήμῳ, contra populum: *ad*, cum verbis motus, ἐπὶ τούτῳ φερόμενος, huc delatus.

Cum Accusativo *ad*, ut ἐπὶ τὰς διδασκάλας, ad Præceptores: *propter*, ut ἐπὶ αὐτὸ, propter hoc: *contra*, ut ἐπ᾽ ἐμὲ, contra me.

Composita *in*, seu *super* significat, ut ἐπιγράφω, inscribo: item *sero*, ut, ἐπιμυθέομαι, post factum consulo: item *contra*, ut ἐπιτυχίζω, murum oppono.

7. Κατὰ, cum Genitivo *contra*, ut κατὰ Χριστιανῶν, contra Christianos: *de*, ut κατὰ σπυδαίων, de studiosis; *per* in jurando, ut κατὰ Θεῶν, per Deos: *præ*, ut κατὰ χειρῶν, præ manibus: *supra*, ut κατὰ πετρῶν, supra petras.

Cum Accusativo *secundum*, ut κατὰ τύπον, ad exemplar; κατὰ νόμον, secundum legem; κατὰ δύναμιν, pro viribus: κατ᾽ αὐτὸ, κατ᾽ αὐτὰ, κατὰ τὰ αὐτὰ, ad eundem modum; τὰ κατ᾽ ἄνθρωπον, quæ sunt secundum hominem, quæ hominis facultatem non excedunt, item quæ hominem decent; κατ᾽ ἀτιμίαν λέγω, secundum ignobilitatem dico, i. e.

Grammatices. 175

i. e. quod attinet ad ignobilitatem ; εἰμ᾿ κατὰ σὲ, sum qualis tu ; οἱ κατ᾿ ἐμὲ, mei similes, & æquales ; κατὰ τὴν ἐμὴν, vel plene κατὰ τὴν ἐμὴν δόξαν, mea quidem sententia ; κατ᾿ ἐμὲ, item, *secondo me* ; item pro viribus meis ; καθ᾿ ἓν, ἓν καθ᾿ ἓν, καθ᾿ ἓν ἕκαστον, καθ᾿ ἕκαστον, & καθ᾿ ἕκαστα, secundum singula, singillatim ; κατ᾿ ἄνδρα, viritim, singuli ; κατὰ πλῆθος, universi ; κατὰ δύο, bini ; κατὰ τρεῖς, terni, & sic deinceps ; κατὰ πόλεις, oppidatim, κατ᾿ ἔπος, in singulis versibus ; κατὰ λέξιν, ad verbum. *Per*, ut καθ᾿ ἑαυτὸν, per se, i. e. distinctus, discretus ; δύο καθ᾿ αὑτὰ, duo ab aliis distincta: κατ᾿ ἰδίαν, privatim, per se solus, remotis arbitris ; κατ᾿ ἐκείνους τοὺς χρόνους, per ea tempora, i. e. illis temporibus ; κατὰ γῆν, per terram, terrestri itinere ; κατὰ δαίμονα, ἢ τύχην, forte fortuna: κατ᾿ ἐξοχὴν, per excellentiam : κατὰ ἱστία φέρεται, per vela fertur ; κατὰ πάντα, per omnia, omnino ; κατὰ πόδας, per vestigia . *Cum*, ut κατὰ σπουδὴν, cum celeritate, i. e. celeriter. *In*, ut κατὰ τὴν ἀγοράν, in foro ; κατὰ τὸν ἕβδομον λόγον, oratione septima ; κατ᾿ αὐτὸ τοῦτο, ὁ, eo ipso tempore, quo, tum, cum ; κατὰ πρῶτον, primo loco ; κατὰ δεύτερον, secundo loco ; κατ᾿ ὀφθαλμοὺς, vel κατὰ πρόσωπον, in conspectu, ob oculos. *Ob*, ut κατ᾿ αὐτὸ τοῦτο, ob idipsum . *Circa*, ut κατὰ ὑπεροχὴν νόμοι, leges circa excessum . *Circiter*, ut κατὰ ἐνιακόσια ἔτη, ferme nongenti anni . *A*, ut κατὰ πρώτης, a principio. *Ad*, ut κατὰ νῆας, ad naves ; τὰ κατ᾿ ἐμὲ, quæ ad me pertinent ; κατὰ κάθετον, ad perpendiculum : & *ad*, i. e. *versus*, ut κατὰ μεσημβρίαν πορεύεται, meridiem versus vadit ; ὁ κατὰ βορέαν, ad Aquilonem positus, Aquiloni obnoxius. *Tempus*, & *locum*, ut καθ᾿ ἡμᾶς, apud nos, i. e. temporibus nostris, vel regionibus ; οἱ καθ᾿ ἡμᾶς ποιηταὶ, nostrorum temporum, vel nostrates poetæ.

Composita *deorsum* significat, ut καταβαίνω, descendo ; item *contra*, ut καταφρονέω, contra aliquem

sen-

sentio; & *sub*, ut κατασκάπτω, suffodio; & *subjectionem*, ut κατείδωλ@, obnoxius simulacris; & *habitudinem*, ut καταβολὴ, constitutio; interdum majorem vim addit, ut καταμανθάνω, perdisco.

8. Μετὰ cum Genitivo *cum*, ut μετὰ φίλων, cum amicis; Poetice pro ἐπὶ, *de*, ut μετὰ πατρὸς ἀκύειν, de patre audire: cum Dativo Poetice *inter*, ut μετὰ πρώτοισιν, inter primos.

Cum Accusativo *post*, ut μετὰ τὸν πόλεμον, post bellum; *in*, ut μετ' ἔριδας βάλλειν, in lites conjicere, litibus implicare; μετὰ χεῖρας ἔχειν, in manibus habere: *ad*, ut ἴβη μετὰ νῆας, venit ad naves: *contra*, ut ἁμαρτάνειν μετὰ τοὺς θεοὺς, peccare in Deos: *propter*, ut ἑὸν μετὰ κάλλ@, ob suam pulchritudinem: *per*, ut μετὰ τὸν βίον, per vitam, μεθ' ἡμέραν, interdiu.

Composita *mutationem* significat, ut μεταφέρω, transfero; μεταβαίνω, transeo: & *inter*, ut μετάφημι, interloquor.

9. Παρὰ cum Genitivo *a*, ut παρὰ Κυρίου, a Domino. Significat etiam *excellentiam*, ut παρὰ πάντων τυγχάνει, est super omnes, h. e. omnes excellit: & *contrarium*, ut παρὰ λόγου, contra rationem.

Dativo juncta *prope*, vel *juxta*, ut παρὰ τῷ Κυρίῳ ἔλεος, apud Dominum misericordia: *in*, ut παρὰ πολέμοις, in bellis; *pro*, ut παρὰ τῇ συνηθείᾳ, pro more.

Accusativo *motum ad rem*, ut παρὰ σὲ, ad te: *Immorationem in aliqua re*, ut παρὰ τὰ Μαθηματικὰ, in studiis Mathematicis: *præter*, ut παρὰ πρέπον, præter decorum: *juxta*, ut παρὰ τὴν ὁδὸν, juxta viam: *propter*, ut παρὰ τί; quamobrem? *trans*, ut παρὰ ποταμὸν, trans fluvium: *infra*, ut παρ' ἀγγέλους, infra Angelos: *supra*, ut παρὰ πάντας, supra ceteros, i. e. plusquam ceteri: & *intermissionem*, ut παρὰ μίαν ἡμέραν, tertio quoque die, alternis diebus.

Composita minuit, ut παράσημ@ ῥήτωρ, malæ monetæ, h. e. adulterinus orator: Significat & *compara-*

parationem, ut παραβάλλω, confero : *contrarium*, ut παράνομ⊕, iniquus. Item *prope*, ut παρακολυθῶ, proxime sequor : *trans*, ut παρέρχομαι, transeo : *ad*, ut παρέρχομαι, advenio, in medium prodeo.

10. Περὶ cum Genitivo *de*, ut περὶ ψυχῆς, de anima; περὶ φυσικῆς ἀκροάσεως, de Physica Auscultatione; περὶ ἀρχῆς μάχεσθαι, de imperio decertare : *præ*, ut περὶ ἁπάντων, præ omnibus : *a*, ut, ἔλαβε περὶ θεῶν, a Diis accepit : *circum*, ut περὶ σπαίας, circum speluncam : *pro*, ut περὶ οὐδενὸς ἡγοῦντο, pro nihilo ducebant, nihili faciebant.

Cum Accufativo *circa*, ut περὶ τὰ φοβερὰ ἡ ἀνδρεία, Fortitudo est circa terribilia ; οἱ περὶ τὰ γράμματα, qui versantur circa literas, in literis; τὰ περὶ ἐμὲ, quæ me circumstant, mea ; οἱ περὶ Παῦλον, qui sunt circa Paulum, i. e. Pauli socii, vel familiares vel ministri ; item ipse Paulus, eo prorsus modo, quo dictum est de ἀμφὶ : *circum*, ut ὁ περὶ τὸ πρόσωπον, circum os offusus : *circiter*, ut περὶ ἀρίστη ὥραν, circiter horam prandii ; περὶ τριάκοντα, circiter triginta : *ad*, ut ἔρχομαι περὶ τοὺς φιλοσόφους, venio ad Philosophos : *supra*, ut τοῦτο περὶ τῶν ἐστι βροτῶν, hoc superat mentes hominum : *erga*, ut χρηστὸς περὶ ἡμᾶς, benignus erga nos ; περὶ τὸν δεξάμενον κακός, in eum, a quo fuit exceptus, ingratus : *apud*, ut περὶ ἑαυτῶν ἀπολείπεσθαι, apud se reservare.

Cum Dativo *ex*, ut περὶ κῆρι φιλῇ σε, amo te ex animo : *circa*, & *circum*, ut περὶ τῇ δίρῃ, circa collum, περὶ στήθεσι, circum pectora ; *pro*, ut περὶ σφίσιν αὐτοῖς φοβοῦνται, pro se ipsis, seu sibi ipsis timent.

Composita *circum* significat, ut περιπατέω, obambulo. Item *excellentiam*, ut περικαλλὴς, admodum venustus ; περιγίνομαι, præsto. Item *de*, ut περιμυθολογία, de se ipso prædicatio.

11. Ὑπὲρ cum Genitivo, *pro*, ut πρέσβυε ὑπὲρ ὑμῶν, ora pro nobis ; ὑπὲρ αὐτοῦ δέδοικα, pro ipso timeo,

meo, i. e. ejus causa; ὑπὲρ τῦ τυχᾶν δόξης, pro obtinenda gloria, gloriæ consequendæ gratia; ὑπὲρ τῦ μὴ γενέσθαι τυραννίδα, pro eo, i. e. in eum finem, ut ne tyrannus fieret; ὑπὲρ τῦ Θεῦ, pro Deo, i. e. Dei vice; *de*, ut ὑπὲρ ὄνε σκιᾶς, de umbra asini: *super*, ut ὑπὲρ κήπων ὄρ۞ κῆπαι, super hortos mons est.

Cum Accusativo *supra*, ut ὑπὲρ ἄνθρωπον φρονῶ, supra hominem sapit; ὑπὲρ τὰ ἑκατὸν ἔτη βιῶν, supra centum annos vivere: *præter*, ut ὑπὲρ μοῖραν, præter fatum: & *intermissionem*, ut ὑπὲρ μίαν, sive ὑπὲρ μίαν ἡμέραν, tertio quoque die, alternis diebus.

Composita significat *defensionem*, ut ὑπερασπίζω, defendo: *augmentum*, ut ὑπερμαίνομαι, nimis insanio: *trans*, ut ὑπερβαίνω, transcendo, ὑπερφίαλος, fœdifragus, *transgressore delle confederazioni*.

12. Ὑπό cum Genitivo *sub*, ut ὑπὸ κόλπυ, *sub sinu*: *propter*, ut ὑπὸ αἰδῦς, *propter verecundiam*: *a*, ut ὑπὸ τῦ πυρὸς καταναλίσκεται, ab igne consumitur: *per*, ut ὑπὸ κήρυκ۞ προηγόρδυσι, per præconem edixit: *apud*, ut ὑπὸ τῶν ἑλλώων, apud græcos.

Cum Dativo *sub*, ut ὑπὸ τῇ λεοντῇ γελοιόν τινα πίθηκον περιέλει, sub pelle leonina ridiculam simiam tegit; ὑφ' αὑτῷ ποιεῖν, sibi subjicere; ὑπὸ γῇ, sub terram, ὑπὸ νυκτί, sub nocte, i. e. in nocte, noctis tempore: *cum*, ut ὑπὸ φωτὶ πολλῷ προῄει, multo cum lumine procedebat.

Cum Accusativo *subter*, ut ὑπὸ γλῶ, subter terram: *infra*, ut ὑπ' αὑτὸν, infra ipsum: *ad*, ut ὑπὸ Ἴλιον ἦλθεν, ad Trojam venit, *venne sotto Troja*: *sub*, ut ὑπὸ τὸ δέρμα, sub cute; ὑφ' ἡγεμόνα, sub duce; ὑφ' ἁμαρτίαν εἶναι, sub peccato esse, i. e. obnoxium peccato; ὑπὸ τὴν κατάλυσιν, sub finem; ὑπὸ κύνα, sub canicula, i. e. tempore caniculæ, vel in ipso ortu canis.

Composita notat *diminutionem*, ut ὑποδείδω, subvereor: *Improbitatem materiæ*, ut ὑπόχρυσ۞, aurum nequam: *subjectionem*, ut ὑπακύω, obedio; ὑποχῆν τὴν δίκην, pœnas subire: *sub*, ut ὑπάγω,

sub-

Grammatices.

subduco, subtraho: *dolum*, ut ὑπάγω, furtim surripio; item in errorem adduco, *seduco;* ὑπέρχομαι, subrepo.

Præpositiones aliquando suis casibus postponuntur, ut εἰρήνης πέρι, *de pace;* tonusque retrahitur, diciturque εἰρήνης περὶ, præter διά, ne accusativus a ζᾶς esse videatur.

Translato accentu præpositiones fiunt verba, ut ἔνι (quod pro ἐνὶ Poetis pro ἐν) pro ἔνεστι *licet*: ἔπι pro ἔπεστι *inest*, *adest*: πέρι pro περίεστι, *supra modum superest*. Sic ἄνα *surge* pro ἀνάστηθι.

Poetæ sæpe Præpositiones per Tmesin dissolvunt, ut κατὰ γαῖα ἐκάλυψε, pro κατεκάλυψε.

Omnes Præpositiones memoriæ caussa his versiculis clauduntur.

Ἐξ, ἀπό, ἀντί, πρὸ cum patrio solum sociabis.
Ἐν, σὺν cum dandi casu: dabis εἰς, ἀνὰ quarto:
Cum patrio, & quarto καθ', ὑπέρ, διά, ᾧ μετὰ jungas,
Cum patrio, terno, & quarto παρά, πρὸς, περὶ, ἀμφὶ,
Καὶ ἐπὶ, ᾧ ὑπό. Sed vatum exemplaria versans,
Repperies ἀνὰ cum terno, κατὰ, ᾧ μετὰ juncta.

Præpositiones quædam inseparabiles, quæ fere extra Compositionem nihil significant.

Augent ut
- ἀρι: ἀρίδηλος, valde manifestus.
- ἐρι: ἐρίβρομος, graviter fremens.
- δα: δάσκιος pro δασύσκιος, spissam umbram faciens.
- ζα: ζαβάλλω, pro διαβάλλω, calumnior.
- λαι: λαικάζω, decipio, quod a λαὶ, & κάζω, orno.
- λι: λιπόνηρος, valde improbus, quasi λίαν πονηρός.
- βυ: βυλιμία, magna fames, quasi μέγας λιμός.
- ἱππος: ἱππογνώμων, idest, ὁ μεγαλογνώμων, magnanimus.

Privant $\begin{cases} α: \\ υη: \end{cases}$ ut $ἀθάνατ\Theta$, immortalis.
$νήκερ\Theta$, sine cornibus.

Interdum tamen α significat πολύ, multum; ut ἄξυ-λΘ, lignosus: sic & νη: ut νήδυμΘ ὕπνΘ, admodum suaviter membra pervadens somnus. Interdum ἅμα, simul; ut ἄλοχΘ, idest ὁμόλοχΘ, uxor. Interdum ἴσον, æquale: ut ἰσοπάλαντΘ, æquiparandus. Interdum ἐναντίον, contrarium; ut Φοίβῳ ἀγνώμονες, Phœbo adversariæ. Interdum φαυλόσπαι, vitium; ut ἄπυς pro κακόπυς, qui infirmis est pedibus. Interdum δυς, non facile: ut ἀόρατον, quod non facile conspicitur. Interdum nihil facit; ut ςάχυς, ἄςαχυς spica: βλυχρὸς, ἀβληχρὸς, debilis.

Δυς, cui adversatur ἐ, difficultatem, aut vitium significat; δυςυχία, adversa fortuna: ἐυτυχία, prospera fortuna.

De Accentibus.

Græci in suis vocabulis legendis, & efferendis non quantitatis, quod faciunt Latini, sed Accentus rationem habent. Quare de Accentibus regulæ aliquæ tenendæ: quanquam etiam Accentuum magister optimus est usus.

Accentus triplex est, ut obiter in principio diximus, quantum ad rationem legendi requirebatur: Acutus, Gravis, Circumflexus.

Acutus afficit ultimam syllabam, penultimam, & antepenultimam: Gravis in ultima tantum ponitur: quamvis in omni syllaba intelligatur, quæ Acuto, aut Circumflexo careat: quam ob causam syllabicus dici solet: Circumflexus ultimam, aut penultimam occupat, & quidem nonnisi natura, vel natura simul, & positione longam. Excipe tamen composita ex Articulo subjunctivo, & infinitivo ὡς; nam ὕπνος, ἥσινος, ᾦσυι, ἥπυι Circumflexum habent in antepenultima: quibus adde Dativos Poeticos ποῖσδεσι, ταῖσδεσι pro τοῖς, & ταῖς.

Vocabulum, quod Acutum habet in ultima, vocatur Oxytonum: quod in Penultima, Paroxytonum: quod in antepenultima, Proparoxytonum. Quod gravi

Grammatices. 181

vi notatur in ultima, Barytonum vulgo dicitur: quamvis omnia illa, quæ neque circumflexum, neque acutum in ultima habent, Gravitona dici soleant.

Vocabulum, quod in ultima Circumflexum habet, Perispomenon est: quod in Penultima, Properispomenon.

Oxytona mutant in ipso orationis contextu Acutum suum in Gravem; & tunc dicuntur ἐγκλινόμενα, idest *inclinata:* ut θεὸς ἡμῶν, *Deus noster*, pro θεός.

Non inclinatur tamen Acutus in ipsa orationis serie, si sequatur dictio enclitica: ut θεός συ, *Deus tuus*: θεὸς ἐςι, *Deus est*. Idem fit in fine periodi: ut πάντα βλέπει ὁ θεός, *omnia videt Deus*.

Interrogativum τίς retinet ubique suum accentum Acutum: ut τίς ἦλθε; *quis venit?*

Accentus Gravis, & Acutus abjectus per Apostrophum ex vocali, migrat in priorem syllabam, si pars orationis sit declinabilis; ut πολλά, καλά, χαλεπά, πόλλ', κάλ', χαλέπ'; & mutatur in circumflexum, cum prior syllaba natura est longa, ut εἰμί, εἶμ': si non sit declinabilis, perit cum ipsa vocali: ut παρ' ἐμοί, pro παρὰ ἐμοί, *apud me*.

Compositio plerumque retrahit Accentum: ut καλός, *pulcher*, φιλόκαλος, *studiosus munditiæ*: σοφός, *sapiens*, φιλόσοφος. Hoc fere perpetuum est in particulis, α, δ, δυς: ut κινητός, *mobilis*; ἀκίνητος, *immobilis*, ἀκίνητος; *facile mobilis*; δυσκίνητος, *difficile mobilis*: tum etiam in monosyllabis, quando componuntur: ut παῖς, *puer*; εὔπαις, *bonos habens liberos*: πῦς, *pes*; τρίπυς, *tripes*.

Aucta per Paragogen, & per Apocopen imminuta non mutant Accentum: ut καλοῖς, καλοῖσι, *pulchris*: τυπτέμεν, Jonice pro τυπτέμεναι Dorice, pro τύπτειν, *verberare*.

Excipiuntur Pronomina, quæ in fine adsciscunt ι: ut ἐμοῖ pro ἐμός, *hic*: ἐκεινοσί, pro ἐκεῖνος, *ille*: Item ἔγωγε, *ego quidem*: ἔμοιγε, *mihi quidem*: & cum ο præcedit syllabam adjectam per Paragogen: semper enim in his est Accentus in penultima: ut πόντος, τυπτόφι, *e ponto*: ἐμεῦ, ἐμεῖσθεν, *mei*.

Monosyllaba longa relicta post Apocopen aliquando acuuntur: ut χρῆμι, χρῦ, *opus sum* : aliquando circumflectuntur : κεῖ pro κειδὴ, *hordeum*.

Monosyllaba longa post Aphæresin relicta circumflectuntur: ut ἔρhw, φhῶ, *dixi;* ἔφww, φwῶ, *natus sum*.

De Accentu Acuto.

Si ultima syllaba sit brevis, Accentus erit in antepenultima, ut φιλάνθρωπ῀, *humanus*; ἄγγελ῀, *nuntius*.

Si ultima fuerit longa, Acutus erit in penultima, ut φιλανθρώπu, ἀγγέλu.

Excipiuntur.

1. Quædam substantiva, & adjectiva, ut παρθένος, *virgo*, ὀργίλ῀, *iracundus*, ὀλίγ῀, *paucus*, πλησί῀, *propinquus*.

2. Genitivi Attici omnium numerorum secundæ Declinationis contractæ: ut πόλεως, πόλεων, πόλεων: δυνάμεως, δυνάμεων, δυνάμεων.

3. Participia Præteriti Passivi, ut πετυμμέν῀, *verberatus*; λελεγμέν῀, *dictus*.

4. Verbalia in ί῀, ut ἰτέον, *eundum;* σπυδαςέον, *curandum*.

5. Composita a Nomine, & Præterito Medio, ut Θεολόγ῀, *Theologus*. Sed composita a κτείνω, *occido*, τρέφω, *nutrio*, φθείρω, *corrumpo*, cum active capiuntur, sunt Paroxytona, ut μητροκτόν῀, *matricida*; θηριτρόφ῀, *qui feras nutrit ;* λαοφθόρ῀, *qui populum corrumpit :* cum passive usurpantur, Proparoxytona sunt, ut μητρόκτον῀, *a matre occisus*; θηρίτροφ῀, *a feris nutritus ;* λαόφθορ῀, *a populo corruptus*.

6. Omnes casus Quartæ Declinationis Simplicium, ut μενέλεως, μενέλεῳ, μενέλεων, &c.

7. Vocabula desinentia in αι, & οι, quæ in ratione accentuum pro brevibus habentur, ut διδάσκαλοι, *Magistri ;* σύνοδοι, *conventus*. Si tamen in eadem dictione sequatur aliqua consonans, longæ censebuntur, ut διδασκάλοις, συνόδοις.

Grammatices. 187

Composita a χέω, *fundo*; βάλω, *jacio*; πολῶ, *verto*; λέγω, *vel* λόγ⊕, *cum habent Præpositionem, Proparoxytona sunt, ut* πρόχο⊕, *aqualis;* σύμβολ⊕, *omen;* περίπολ⊕, *qui circumit;* κατάλογ⊕, *catalogus: cum vero aliam Orationis partem præpositam gerunt, sunt Paroxytona, ut* οἰνοχό⊕, *pincerna;* ἐκηβόλ⊕, *eminus jaculans;* ὑμνοπόλ⊕, *qui hymnos tractat;* θεολόγ⊕, *Theologus.*
In contractione ex gravi, & acuto fit acutus, ut ποιέετω, ποιείτω.

De Accentu Circumflexo.

Longa natura ante finalem brevem, si tonum habuerit, circumflectitur, ut σῶμα, *corpus;* μῦσα, *musa.* At τύπτε, τύψον Paroxytona sunt, quia sola positione producuntur.

Excipiuntur.

1. Adverbium οἴκοι, *domi*, ad distinctionem οἶκοι Nominativi Pluralis ab οἶκ⊕, *domus.*
2. Tertia persona Aoristi primi Activi Optativi Modi, ut ποιήσαιμι, ποιήσαις, ποιήσαι, ad distinctionem infinitivi ποιῆσαι. At ποίησαι, *fac*, est Aoristus primus Imperativi Verbi Medii.
3. Item tertiæ personæ Optativi Activi desinentes in οι: in his enim censetur hæc diphthongus longa, ut τετύφοις, τετύφοι; φάγοις, φάγοι.

Interdum penultima circumflectitur, licet ultima sola positione sit longa, ut χοῖνιξ, *chænix:* αὖλαξ, *sulcus.* Id tamen non observatur ab omnibus.
In Contractione ex Acuto, & Gravi fit circumflexus, ut βοάετε, βοᾶτε, *clamate.* Hic α, & ε coalescunt, quorum alterum acutum, alterum gravem accentum habebat. sic ποιέετε, ποιεῖτε, *facite.* Sed tamen λητόα, λητώ, non λητῶ, *Latonam:* αἰδόα, αἰδώ, *verecundiam*, quamvis hoc posterius aliqui circumflectant. Adde τὸ νόω, νῶ, *a* νό⊕, *mens.*

De Accentibus Declinationum.

Qualis Accentus est in Recto, talis fere est in obliquis, nisi obstet aliqua ex infrascriptis Regulis: ut λόγ۞, λόγυ, λόγῳ: αἰνέας, αἰνέυ, αἰνέᾳ: ἱππότας, ὁ ἱππότα: γεωμέτρης, ὁ γεωμέτρα: παιδοτρείβης, ὁ παιδοτρείβα: πηξότης, ὁ πηξότα, quamvis α sit breve. Tamen ὁ δέσποτης, dominus: ὁ μυαίτης, consiliarius: ὁ ἀρυότης, late videns, vel sonans: ὁ ἀκακήτης, non nocens, in Vocativo accentum retrahunt, ὦ δέσποτα, ὦ μυαίτα, ὦ ἀρυότα, ὦ ἀκάκητα.

In tribus prioribus Declinationibus Simplicium, si Rectus sit Oxytonus, tunc Genitivus, & Dativus circumflectitur in omnibus numeris, ut Θεός Deus, Θεῦ, Θεῷ, Θεῶν, Θεοῖν, Θεοῖς. In reliquis autem casibus acutus manet, ut Θεόν, Θεέ, Θεώ, Θεοί, Θεούς.

Si Acutus fuerit in penultima, ubique manebit, ut ξύλον, lignum, ξύλυ, ξύλῳ.

Si Circumflexus fuerit in penultima, mutatur in Acutum, quoties ultima sit longa, ut οἶκ۞, οἶκυ, οἶκῳ, οἴκοιν, οἴκων, οἴκοις, οἶκυς.

Si Acutus fuerit in Antepenultima, in penultimam transfertur, si ultima longa sit, ut ἄνθρωπ۞, homo, ἀνθρώπυ, ἀνθρώπῳ, ἀνθρώποιν, ἀνθρώπων, ἀνθρώποις, ἀνθρώπυς.

Genitivus pluralis primæ, & secundæ Declinationis in ultima circumflectitur, nisi in Genitivis fœmininis Adjectivorum, quæ descendunt a masculinis tertiæ Declinationis: hi enim Genitivi eundem habent accentum, quem Masculini: ut ὁ ἅγι۞, sanctus, τῶν ἁγίων; ἡ ἁγία, sancta, τῶν ἁγίων.

In Quinta Declinatione Simplicium.

Acutus in ultima Recti erit in penultima Obliquorum, ut λαμπάς, λαμπάδ۞, λαμπάδι, lampas: Si vero penultima fuerit longa natura; circumflectitur, quoties ultima sit brevis, aut anceps, ut

Grammatices. 185

ut σωτήρ, σωτῆρ<i>ος</i>, σωτῆρι, Salvator: ἀγὼν, ἀγῶ-
νος, ἀγῶνι, certamen.
Acutus in penultima Recti transfertur in antepenultimam obliquorum, quoties ultima sit brevis, ut
μάρτυρ, μάρτυρος, μάρτυρι. Idem fit de circumflexo; qui tamen vertitur in acutum: ut βῆμα,
βήματος, βήματι.
Acutus in antepenultima Recti permanet, quoties ultima sit brevis, vel anceps, ut ἐπίγραμμα, ἐπι-
γράμματος, ἐπιγράμματι: cum vero ultima longa
erit, accentus occupabit penultimam, ut ἐπιγράμ-
μα, ἐπιγραμμάτων.
Monosyllaba Quintæ Declinationis acuuntur in Genitivo, & Dativo Singulari, ac Plurali in ultima,
ut ἡ χείρ, manus, τῆς χειρός, τῇ χειρί, ταῖς χερ-
σί. In Genitivo Plurali, & Genitivo, ac Dativo Duali circumflectuntur in ultima, ut χειροῖν,
χειρῶν. In Accusativo singulari, in Nominativo,
Accusativo, Vocativo Duali, & Plurali circumflectuntur in penultima, si sit natura longa, ut
χεῖρα, χεῖρε, χεῖρας, χεῖρας.
Excipiuntur.
1. Participia θείς, θεῖσα, qui posuit: στάς, στᾶσα, qui
stetit: δούς, δοῦσα, qui dedit: ὤν, οὖσα, qui est.
2. Τίς, τί interrogativum, quod tonum habet in
priore per omnes casus: sed τὶς Indefinitum tonum habet semper in posteriori syllaba, præterquam ubi amittit eum ratione inclinationis.
3. Genitivi παίδων puerorum, a παῖς: Τρώων Troja-
norum, a Τρώς: δᾴδων a δᾴς, fax: δμώων a
δμώς, famulus: φωτῶν a φώς, vir: θώων a θώς,
lupus cervarius: ῥᾴδων a ῥᾴς, ῥᾳδοί, ustio: κρα-
τῶν a κράς, caput: πάντων a πᾶς, omnis, cujus
dativus pluralis est πᾶσι.
Diphthongi υ, & ν finales circumflectuntur, ut ὁ
βασιλεῦ, o Rex: πανταχῦ, ubique. Adverbium
tamen ἰδέ ecce, excipitur, ut ab Imperativo ἰδοῦ,
vide, distinguatur.
Vocativus in ες Nominibus Propriis in ης est Pro-
paro-

paroxytonum, ut ὁ Δημοσθένης, ὦ Δημόσθενες: Σωκράτης, ὦ Σώκρατες.

Irregularia sunt ἡ μία, una, τῆς μιᾶς, τῇ μιᾷ, τὴν μίαν: μηδεμία, μηδεμιᾶς: ἄμφω, ambo, ἀμφοῖν: δύο, duo, δυοῖν: μήτηρ, mater, Δημήτηρ, Ceres, θυγάτηρ, filia, quæ in obliquis Paroxytona sunt, τῆς μητέρος, τῆς θυγατέρος. Item Vocativi ὦ σῶτερ, ἄνερ, δᾶερ, πάτερ a Nominativis σωτήρ, ἀνήρ, δαήρ, πατήρ.

Nullo accentu notantur ὁ, ἡ, οἱ, αἱ, εἰς, ἐς, ἐν, ἐκ, ἐξ, ὁ, ὀκ, ὀχ, ἐ, ὡς. Possunt tamen habere accentum dictionum encliticarum, si illas in Oratione præcedant.

De Encliticis.

Encliticæ dictiones sunt, quæ proprium accentum in contextu orationis vel omnino amittunt, vel ad ultimam syllabam præcedentis dictionis remittunt; ut, ἤκουσά τινος, *audivi quemdam*: λόγος μου, *sermo meus*.

Reperiuntur Encliticæ in sequentibus partibus Orationis.

1. In articulo τῶ, & Poetice τῷ pro indefinito τινός, *alicujus*, & τῷ pro τινί, *alicui*.
2. In nomine τὶς, *quidam*, per omnes casus: At τίς, τί, *quis*, *quid*, Interrogativum non est Encliticum; nusquam enim suum accentum amittit:
3. In Pronomine μοῦ, μοί, μέ, cum suis Dialectis, μῶ, &c. non autem in ἐμοῦ, ἐμοί, ἐμέ, ut nec in Dialectis inde natis: σοῦ, σοί, σέ: οὗ, οἷ, ἕ, pariter cum suis Dialectis. In Duali Pronominis tertiæ personæ Encliticum est σφέ, & σφώ; seu σφωέ, quando accipitur pro σφέ tertiæ personæ: nam σφώ secundæ personæ non est Encliticum. In Plurali autem ejusdem Personæ Encliticum est σφίσι, & σφιν, seu σφί, pro σφίσι, ut & σφίας, pro σφᾶς; sed non semper omnes. Post Præpositionem ἕνεκα, & disjunctivam conjunctionem ἤ non inclinant.

4. In

4. In Verbis εἰμ', *sum*, & φημὶ, *dico*, in omnibus personis, & numeris Præsentis Temporis Indicativi Modi, exceptis secundis singularibus.
5. In Adverbiis ποτὲ, *aliquando*: ποθέν, ποθὶ, *aliunde*: ποθὶ, *alicubi*: πῶς, *quodammodo*: πώ, *adhuc*, *dum*; πή, *alicubi*: πώ, *uspiam*, cum infinite accipiuntur: si enim interrogative capiantur, Enclitica non sunt.
6. In conjunctionibus γὲ, κὲ, τὲ, κὶν, τὶρ, ῥὰ, νὺ, δὼ, & similibus.

Synencliticæ vocantur, quando plures Encliticæ conjunguntur, ut κύριός μύ ἐςι, *Dominus meus est*, τύπτω σί τινές μυ, *verberant me aliqui*; & in hoc casu prior Enclitica recipit accentum posterioris, ut videre est in exemplis allatis.

Inclinant, hoc est transferunt Encliticæ accentum suum in dictionis præcedentis finalem syllabam

Vel quando præcedens dictio habet Acutum in antepenultima, ut ἄνθρωπός τις, *homo quidam*.

Vel Acutum in penultima, quæ cum ultima est Trochæus: ut ἔστί τι: ἔστί ποτε: ἄλλό τι: ἐστί με. Sed εἰμὶ, & φημὶ post voces hujusmodi Paroxytonas non inclinant.

Vel Circumflexum in penultima, modo ultima sit brevis, ut σῶμά τι, *corpus quoddam*. Si tamen ultima sit longa positione, Enclitica suum tonum retinet: ut κῆρυξ ἐςὶ, *præco est*.

Amittunt vero Accentum.

Si Encliticam dictionem præcedat vox Paroxytona: tunc enim enclitica, si sit monosyllaba, suum accentum omnino perdit, ut ξύλον μυ, *lignum meum*. Secus si Dissyllaba sit enclitica: nam tunc servat accentum, ut Πέτρος φησὶ, *Petrus loquitur*.

Si dictio præcedens encliticam sit Oxytona, ut πατήρ μυ, *Pater meus*.

Si præcedens dictio sit Perispomena, ut ὁρῶ τινας, *video quosdam*.

Ex-

Exceptio.

Persona ἐςὶ habet acutum in prima, quando est initium orationis, vel subdita post ἐκ, ᾐ, ὡς, εἰ, ἀλλά, & νῦν: ut ἔςι πόλις, est civitas: εἰ ἔςι, si est. Alias vel amittit, vel in præcedentem dictionem rejicit; vel in ultima sua retinet, juxta regulas ante præscriptas.

Quando Encliticam præcedit vox gravem habens accentum in ultima, gravis vertitur in acutum: ut καρπὸς σȣ, non καρπὸς σȣ.

Plerique docti volunt, Pronomina Enclitica retinere accentum, quando ponuntur cum Præpositionibus, aut cum disjunctivis conjunctionibus: ut διὰ σὶ, propter te: περὶ σȣ̃, de te: κατὰ μὶ, ἢ σὶ, secundum me, aut te.

Dictiones monosyllabæ retinent accentum suum, cum ponuntur ἐμφατικῶς, ut ἤκȣσα σȣ̃, audivi te, non alium.

De Figuris dictionis.

Prothesis.

Prothesis est litera, vel syllaba principio dictionis addita: ut πταγών pro παγών, a πάζω, apprehendo, σμικρὸς, parvus, pro μικρός.

Aphæresis.

Aphæresis est, cum litera, vel syllaba principio dictionis subtrahitur: ut ὀρταὶ pro ἑορταὶ, festum: ἱρὸς pro ἱερὸς, sanctus.

Syncope.

Syncope literam, vel syllabam e medio dictionis subtrahit: ut ἁρᾶμȣν pro ἁρησάμȣν, inveni: ἐγίνατο pro ἐγενήσατο, natus est.

Epenthesis.

Epenthesis est, cum medio dictionis litera, aut syllaba interseritur: ut ἴλαβι pro ἔλαβε: ὁππότερ⒪, pro ὁπότερ⒪, uter.

Apocope.

Apocope fini dictionis aliquid detrahit: ut δῶ pro δῶμα, domus: ποσειδῶ pro ποσειδῶνα, Neptunus: βει pro βειαρό.

Grammatices.
Paragoge.

Paragoge est, cum extremæ syllabæ aliquid adjungitur: ut ἦσθα pro ἦς, *eras*; τύπτεσκι pro ἔτυπτε, *verberabat*.

Metaplasmus.

Metaplasmus est mutatio ultimæ syllabæ in eodem casu, ut κλάδι, pro κλάδῳ, *ramus*. Metaplasmus vero generis est quævis mutatio in dictione per Poeticam licentiam.

Antithesis.

Antithesis (nonnulli ἀντίστοιχον vocant) est literæ commutatio, ut πόρσω pro πόρρω, *procul*; θάλαττα pro θάλασσα, *mare*.

Metathesis.

Metathesis est literarum ordo immutatus; ἔρξω, *faciam*, pro ῥέξω; ἔτραθον pro ἔπαρθον a πέρθω, *vasto*; ἔδραχον pro ἔδαρχον a δέρχω *video*; καρτερός pro κρατερός, *fortis*, κάρτος pro κράτος, *robur*.

Synalœpha.

Synalœpha est elisio quædam vocalis ante alteram in diversis dictionibus, ut τὰ μά pro τὰ ἐμά, *mea*; τοὔνομα pro τὸ ὄνομα; θοἰμάτιον pro τὸ ἱμάτιον, *vestimentum*, ὦ 'ταῖρ pro ὦ ἕταιρ, ab ἕταις, *O amice*, vel *amici*.

Anadiplosis.

Anadiplosis, idest reduplicatio, est primarum, vel secundarum syllabarum repetitio, ut κικάμωσι pro κάμωσι; ἀπαρτηρός pro ἀπηρός; ἐπήτυμον pro ἔτυμον.

Syntaxis De Concordantiis.

Concordantiæ apud Græcos eædem ferme, quæ apud Latinos, sed observanda sunt hæc, quæ sequuntur.

1. Adjectivum cum substantivo non semper concordat casu. Sæpe enim substantivum transit in Genitivum, assumpto Articulo: ut τὰ καλὰ ζῶα, *pulchra animalia*, τὰ καλὰ τῶν ζώων.

Hoc cum fit, tunc ipsa adjectiva dicuntur poni partitive, ut apud Latinos, Ovorum oblonga, Lanarum nigræ.

græ. *Basilius* etiam *sine partitione dixit,* τὰ σύμπαντα τῶν τῆδε καλῶν, universa hujus mundi bona.

2. Quando inter adjectivum, & substantivum intercedit Verbum substantivum, aut simile, tunc sæpe substantivo masculino, aut fœminino subjungitur adjectivum neutrum: ut ἡ ἀρετὴ λυσιτελές ἐστι, *virtus est utile,* idest, *utilis,* vel *res utilis :* ut apud Latinos, *Triste lupus stabulis.*

3. Adjectivum aliquando ponitur solum, subaudito substantivo: ut τῇ προτεραίᾳ, τῇ ὑστεραίᾳ, &c. scilicet ἡμέρᾳ, *pridie, postridie,* &c. εἰς τὴν αὔριον, *in crastinum :* καθ' ἑκάστην, *quotidie.*

1. Relativum poni potest in eodem casu cum antecedente: ut ἐκ τούτων, ὧν ἔχω, *ex iis, quæ habeo.* Et ipsum antecedens haud raro omittitur : ut ἐξ ὧν ἔχω. Sic ἐξ ὧν ἐπέστειλας, *ex iis, quæ scripsisti,* idest, *ex tuis literis.*

2. Quædam dictiones relativæ interdum vacant: ut μηδένα ὄντινα, *nullum,* apud Hermogenem : οἷος ἁβρότατος, *delicatissimus:* πάντες ὅσοι, *omnes:* μυρία ὅσα, *sexcenta.*

3. Relativum οἷος aliquando ponitur cum infinito: ut τοιοῦτός ἐστιν, οἷος μὴ ψεύδεσθαι, *is est, qui non mentiatur,* vel *talis, ut,* &c.

4. Pro relativo *qui,* sequente Verbo finito, adhiberi potest articulus præpositivus sequente participio: ut, *qui dicit,* vel, *is qui dicit,* ὁ λέγων, &c.

5. Dictiones relativæ multæ eleganter ponuntur, præcedente Verbo substantivo, ἐστί. Vide infra.

1. Nominativus, & verbum frequentissime numero discrepant. Partitiva enim singularia nonnulla admittunt verbum plurale: ut ἕκαστος λέγει, vel λέγουσι, *unusquisque dicit.* Sic & collectiva : ut ἡ πόλις θαυμάζει, vel θαυμάζουσι, *civitas admiratur.* Neutra pluralia gaudent verbo singulari: ut ταῦτα ἐπαινεῖται, *hæc laudantur.* Non raro tamen & cum plurali juncta reperias, ut ἃ τοῖς ἀκούσασιν ὀργὴν ἀξίαν ἐμποιήσουσι, *quæ justam in auditoribus iram excitant,* Isocr. προνοίᾳ πλεῖστα κατορθοῦνται, *prudentia plurima bene geruntur,* Thucyd.

Grammatices.

Nomina dualia postulant verbum ejusdem numeri: sæpe tamen cum plurali conjuncta inveniuntur, ut ἄμφω ἐξέπνευσαν ἄθλιον βίον, *ambo efflarunt miseram animam*, Eurip. Et vicissim pluralia aliquando adhærent verbo duali, saltem apud Poetas, ut.

Ὡς ὅτε χείμαρροι ποταμοὶ κατ' ὄρεσφι ῥέοντες
Ἐς μισγάγκειαν συμβάλλετον ὄβριμον ὕδωρ.
*Sicut quando torrentes fluvii de montibus fluentes
In convallem conferunt magno impetu ruentem aquam.*
Homer. Iliad. δ.

2. Verbo substantivo ἐστί, sequente relativo, eleganter interdum deest Nominativus; ut ἔστιν ὅς, ἔστιν ἅ, &c. *est qui* &c. vel *aliquis*, *alicujus*. &c. Item pluraliter, ἔστιν οἵ, ἔστιν ὧν, &c. Sic addito τις: ut ἔστιν ὅστις, &c. pluraliter, ἔστιν οἵτινες, quod & εἰσίν οἵτινες, vel εἰσί τινες οἵ; &c. vel sic: ἔσθ' ὅς, ἔσθ' ἅ, &c. *est qui, est cujus,* &c.

Item in adverbiis: ἔστιν ἅ, vel ὅπη, *est ubi,* i. e. *alicubi*: ἔστιν ὅτι, vel, ὁπότε, *est quando,* i. e. *aliquando*; ἔστιν ὡς, vel ὅπως, vel ἔστιν ὃν τρόπον, *est quomodo*; i. e. *aliquo modo*.

De Regimine.

In regimine eundem servabimus ordinem partium, quem supra secuti sumus. Primum igitur de Articulo.

De Articulo.

Articulus præpositivus hæc ferme habet, quæ observanda sunt.

1. Præponitur omnibus orationis partibus, ut ὁ λόγος, ὁ αὐτός, τὸ λέγειν, ὁ λέγων, ὁ χθές, ὁ μέν, &c. ὁ δέ, &c. ὁ ἐν οὐρανῷ.

2. Nominibus propriis nunc additur, sed rarius, nunc non additur: ut Πλάτων, & ὁ Πλάτων, *Plato*. Proprii vim habet Θεός, quando de uno, ac vero Deo loquimur. Dicimus igitur Θεός, vel ὁ Θεός.

3. Cum appellativis nominibus fere significat vel rem certam, & jam cognitam, ubi adhibent Itali *il, la, lo*; ut ἀπόδος μοι τὸ βιβλίον, *redde mihi librum*: vel excellentiam: ut ὁ ποιητής, *Poeta*, pro Homero.

4. Quo-

4. Quoties nomen substantivum conjunctum habet adjectivum, libenter recipit articulum; ita tamen, ut si adjectivum præponatur, unicus articulus modo adjectivo, modo substantivo præfixus sufficiat, ut ὧν ἄνευ πολίται, cordatum civem, ἐξ ὅλης τῆς καρδίας, ex toto corde; quod si adjectivum postponatur, utrumque donandum est articulo, ut ἐν τῷ πνεύματι τῷ ἁγίῳ, in Spiritu Sancto: εἰς τὰς οἰκίας ἦλθον τὰς ἡμετέρας, in ædes venerunt nostras.

Idem servari solet, quoties loco adjectivi sequitur aliquid, quod adjectivi vim habeat, ut τῆς ὁδοῦ τῆς πρὸς τὴν σωτηρίαν, viæ, quæ ducit ad salutem, subauditur autem participium φερούσης, vel ἀγούσης; τῆς ἀναλγησίας, ᾗ τῆς βαρύτητος ἀπαλλαγῆναι τῆς τῶν Θηβαίων, a molestia & stupiditate liberari Thebanorum, Demosth. de Coron.

Atque hæc repetitio articuli vim habet distinguendi, ut ὁ λαγὼς ὁ θαλάσσιος, lepus marinus.

5. Dictioni suæ postpositus explicat, ac definit, ut ἡμᾶς οἱ Θρᾷκες, nos Thraces; ἡνίκα ἥκαμεν οἱ πρέσβεις, cum rediissemus nos legati, Demosth. de pace.

6. Dictioni suæ postpositus ita, ut sequatur genitivus, idem valet, quod Latine filius: ut Πτολεμαῖος ὁ Λάγου, Ptolemæus Lagi filius. Sic & simpliciter ante Genitivum: ὁ Κλεινίου, Cliniæ filius.

7. Neutrum τὸ, vel τὰ cum genitivo substantivi, ponitur pro ipso substantivo, ut τὸ τῆς τύχης, vel τὰ τῆς τύχης, fortuna. Sic apud Latinos ratio officii, idest, officium: ratio itinerum, idest itinera. Interdum alio sensu: ut τὰ τοῦ Πλάτωνος, Plato, idest, opera Platonis, & similia.

Neutrum τὸ cum adjectivo neutro, ac fere superlativi gradus, ponitur eleganter pro subjunctivo ὅ, maxime cum recensitis levioribus, ad id, quod gravissimum sit, devenitur, ut ᾗ τὸ πάντων αἴχιστον, ᾗ τοῖς ἐγγόνοις τῶν αὑτῶν εἰρήνην εἶναι ταύτην προσειληφίσασθε, quodque omnium turpissimum est, ut vel ipsos posteros hæc eadem involveret pax, insuper decrevistis, Demost. Philip. 2.

Poe-

Grammatices.

Poetæ etiam in aliis generibus articulo præpositivo pro subjunctivo utuntur, ut τἠν pro ἣν Iliad. α., τὰ pro ἃ, & τῶν pro ὧν Iliad. 1. &c.

8. Ponitur interdum pro demonstrativo ὗτος vel ἐκεῖ-νος per omnia genera, & casus, ut οἱ δὲ ἤνεγκαν, *illi autem tulerunt*, Marc. c. 12. εἰ τὸ, ᾧ τὸ ἐποίησεν ἄν-θρωπος ὗτος, *si hoc*, & *hoc fecisset homo ille*. Demosth. de Corona.

9. Adhibetur nonnunquam pro interrogativis τίς & τίνι in Genitivo, & Dativo singulari, ut ἀγνοῶ, τῷ χρὴ πιστεῦσαι, *nescio, cui credere debeam*, Lucian. Et pro indefinitis τινός, & τινὶ, ut εἴ τῳ ποτε ἀνθρώπων γέγονε, *sicui hominum factum est*, Demosth. Olynth. 3. κἂν ὑπ᾽ ἐχθροῦ τῷ τοῦτο συμβαίνῃ, *etsi hoc alicui ab inimico contigat*, idem de Coron.

10. Inter Articulum, & dictionem regentem eleganter aliquid interponitur, quod ab iis pendeat : ut οἱ τῶν φίλων παῖδες, *amicorum liberi*.

11. De Articulo cum pronomine, cæterisque partibus vide suo loco.

12. Articulus præpositivus servit divisioni : ut ὁ μὲν, ὁ δὲ, *hic, ille*. Interdum & subjunctivus; sed rarius. 1. ad Cor. 11. ὃς μὲν πεινᾷ, ὃς δὲ μεθύει, *alius quidem esurit, alius autem ebrius est*.

1. Articulus subjunctivus idem valet, quod relativum aqud Latinos : ut ὅς, ὅσις, ὅσπερ, *qui*.

2. Poni potest in eodem casu cum antecedente. Vide supra de concordantiis.

3. Eleganter adhæret Verbo substantivo ἐσ᾽. Vide supra de concordantiis.

4. Servit interdum divisioni. Vide supra n. 12.

De Nomine.

1. Substantivis adduntur substantiva ferme in Genitivo : ut θέλημα Θεοῦ, *voluntas Dei*.

2. Cum quippiam alicui tribuimus, id eleganter effertur per Genitivum ad hunc modum : Ἀνὴρ δ᾽ ἔχων τῆς παιδείας, *vir magna eruditione*. Sic παιδείας ἀποχρώντως ἔχειν, *bene vel satis instructum esse literis*.

Δεξιῶς ἔχων τῆς φύσεως, *bona indole*, vel *felici ingenio*. Εὖ ἥκων σοφίας, *eximia sapientia*. Πόρρω ἐλαύνων, vel ἠλλαχὼς τῆς ἡλικίας, *magno natu*: aut simili aliquo modo. Item per Accusativum interveniente nomine adjectivo: ut νεανίας δεξιὸς τὴν φύσιν, *adolescens bonæ indolis*. Vide Adjectiva.

3. Substantivum sequitur Dativus: ut κριθὴ τῷ ὄνῳ, Lucian. *hordeum asino*: item εἰς τὸν ὄνον.

4. Interdum additur Accusativus, ubi Latine est ablativus, nullo accedente adjectivo, ut ῥήτωρ τὴν τέχνην, *professione Rhetor*.

5. Substantivum etiam sequitur præpositio cum suo casu: ut ὁ ἐπὶ σοὶ πόθος, *cui desiderium*: ἔχθρα εἰς Θεόν, *infensus Deo animus*: ἡ ἐμὴ εἰς πάντας ἄνοια, *mea in omnes benevolentia*. Sic ἡ πρὸς αὐτὸν φιλία, κοινωνία, ὁμοιότης, &c.

6. Substantiva interdum fiunt adverbia: ut σπουδῇ, *celeriter*, &c. Interdum ponuntur adjective, ut τὴν ἑλλάδα φωνὴν ἐξέμαθον, pro τὴν ἑλληνικὴν, *didici græcam linguam*.

Adjectiva ante se habent quædam adverbia: ut λίαν, ἄγαν, πολύ, &c. *nimis, ita, multum,* &c.

Comparativa etiam, & superlativa quasdam habent particulas. Xen. παιδ. α. ὅτι πλείω, *plura*. Sic ὡς πλεῖστα, ὅτι πλεῖστα, ὡς ὅτι πλεῖστα, *quam plurima*. Post se quid habeant, vide in sequentibus.

Adjectiva hæc sequentia ponuntur cum Genitivo.

1. Copiæ, & inopiæ, ut μεστός, πλήρης, ἔμπλεως, ἀνάπλεως, *plenus*: κενός, *vacuus*: γυμνός, *nudus*: ἔρημος, *destitutus, nudus*, &c.

2. Communionis: κοινωνός, *consors*: μέτοχος, *particeps*: ἀμέτοχος, *expers*. Item κοινωνὸς αὐτῷ τῶν πόνων, *socius ipsi in laboribus*. Sed hæc inter substantiva poni videntur posse.

3. Scientiæ, ac memoriæ: ut ἔμπειρος, *peritus*, ἄπειρος, *rudis, imperitus*: ἰδάς, *assuetus*.

4. Partitiva: ut ἕκαστος ἡμῶν *unusquisque nostrum*: & partitive posita: ut οἱ ἀγαθοὶ τῶν φίλων, *boni amicorum*, idest *boni amici*.

5. Ver-

Grammatices.

5. Verbalia in κὸς: ut ποριςικὸς τῶν ἐπιτηδείων, *qui facile comparat, aut suppeditat vitæ necessaria.* Item verbalia in τος privantia, active sumpta: ut ἄγδςος, *qui non gustavit;* ἀθέατος, *qui nunquam vidit*, &c.

6. Multa ἐλλητικῶς, deficiente ἕνεκα: ut μακάριος εἶ τῆς θέας, *beatus es propter visionem*, idest, *qui videris*.

7. Quædam significantia diversitatem, & alienationem: ut ἄλλοι τῶν σοφῶν, *alii a sapientibus;* διάφορος τούτων, *ab his discrepans;* ἕτερον τοῦ ἀγαθοῦ, *diversum a summo bono.*

8. Ἄξιος, *dignus*: ἀνάξιος, *indignus*: ἐγκρατὴς, *compos, qui coercere scit, ac regere;* ἀκρατὴς idest, ἥττων, *qui vincitur, qui succumbit.* Sic multa alia.

9. Comparativa, & superlativa: ut Κροίσου πλουσιώτερος, *Cræso ditior:* Σοφώτατος ἁπάντων, *omnium sapientissimus.*

Huc pertinent ea, quæ superlativorum vim habent: ut ἐξαίρετος, *eximius*: ἔξοχος, idem: κορυφαῖος, *princeps,* & similia.

Cum Dativo junguntur hæc

1. Æqualitatis, ac similitudinis, & contraria: ut ἴσος, *æqualis*: ἄνισος, *inæqualis*: ὅμοιος, *similis*: παρόμοιος, *assimilis*: ἀνόμοιος, *dissimilis*.

2. Ἐπιτήδειος, *idoneus*: ἀναγκαῖος, *necessarius*: πιςὸς, *fidelis*: & similia. Item quæ affectionem aliquam significant: ut εὔνους, *benevolus*: κακόνους, *malevolus*, &c.

3. Commodi, & incommodi: ut λυσιτελὴς, σύμφορος, ὠφέλιμος, ἐπωφελὴς, χρήσιμος, *utilis*: ἀλυσιτελὴς, ἀσύμφορος, ἀνωφελὴς, ἄχρηςος, *inutilis*.

4. Composita a σὺν, & ὁμοῦ: ut σύσκλινος τῷ πατρὶ, *contubernalis patri:* ὁμόφρων ἐμοὶ, *mecum sentiens.* Item cum genitivo, ὁμοτράπεζος τοῦ βασιλέως, *eadem cum rege mensa utens.*

5. Verbalia passive sumpta: ut ἄγνωςος τοῖς πολλοῖς, *vulgo ignotum*: ζηλωτὸς τοῖς ἄλλοις, & apud Isocr. ὑπὸ τῶν ἄλλων, *aliorum opinione beatus.*

6. Variantia quædam: γείτων αὐτῷ, vel αὐτοῦ, *vicinus huic, vel hujus.* Sic φίλος, *amicus*: ἐχθρὸς, *inimicus*: ἴδιος, *proprius*: κοινὸς, *communis*: ἐναντίος, *contrarius*, & similia.

1. Cum

1. Cum Accusativo ponuntur multa per synecdochen, subaudito κατά: ut λάκος τας οδόντας, *albus dentes*, idest, *albis dentibus*; ὅμοιΘ τᾶλα, *cetera similis*, i. e. *quoad cetera*. Interdum Accusativus transit in dativum: ut ἁπλῦς τῷ τρόπῳ, *simplex moribus*. Accusativus hujusmodi etiam substantivis additur: ut ΣύρΘ τῇ πίνομα, κỳ τλὼ πατρίδα, *Syrus & nomine, & patria*. Vide substantiva. Aliquando Accusativo additur præpositio εἰς, ut ὅμοιΘ εἰς φύσιν, *moribus*, sive *natura similis*.

2. Accusativus interdum redundat: ut δέκα τὸν ἀριθμόν, *decem numero*. ὡσῦτοι τὸ πλῆθΘ, *tam multi*: τηλικῦτοι τὸ μέγεθΘ, *tam magni*.

3. Quædam Accusativo gaudent interveniente præpositione, ut πρόθυμΘ εἰς ταῦτα, *promptus ad hæc*: ὀκνηρὸς εἰς, vel περὶ ἅπαντα, *piger ad omnia, timide accedens ad omnia*.

1. Adjectivis junguntur etiam Verba infinita, participia, præpositiones, particulæ.

Verba infinita sæpissime. Vide Infinit.

Participia minus sæpe, sed junguntur tamen his, & similibus: δῆλΘ, καταφανὴς, &c. ut δῆλός ἐςι παίζων, quod & φαίνεται παίζων, *manifestus est jocans*, i. e. *manifestum est*, vel *apparet, eum jocari*.

Præpositiones etiam cum suis casibus adhærent adjectivis: ut ἀνήμερΘ ἐπὶ τῶν ἄλλων, vel εἰς ἄλλες, *inhumanus in alios*: φρόνιμΘ περὶ τέτων, idest, σοφὸς τῶδε, *peritus harum rerum*.

Particulæ adhærent comparativis: πλυσιώτερΘ, ἢ Κροῖσος, *ditior, quam Crœsus*. Reperiuntur & cum positivis: ut ἰδὲν ἄλλο, ἢ τῶτο, *nihil aliud, quam hoc*.

2. Adjectiva neutro genere fiunt substantiva: ut τὸ διάφορον, idest, ἡ διαφορά, *differentia*, &c.

Item in aliis generibus, & quidem in ἀλλήλων *semper*: ut ἐφίλυν ἀλλήλυς, *amabant inter se*; *in quibusdam non semper*: ut πάντες, πολλοὶ, ὀλίγοι, ὁ γείτων, οἱ προσήκοντες, ὅμοιος, &c. Ex hoc genere est ἕκαςος, *quod* & αὐτὸς ἕκαςος, & ἕκαςός τις, &c.

3. Adjectiva neutra in singulari, & plurali fiunt
ad-

adverbia: ut πότερον, & πότερα, utrum.

Item in aliis generibus: ut δρομαῖος ἦλθεν, currens venit, i. e. curriculo, vel cursim: sic ταχύς, &c. Eleganter hoc fit in iis, quæ significant tempus: ut τερταῖος, tertianus, idest, tertio die, &c.

De Pronomine.

1. Possessivorum loco sæpius utimur genitivis primitivorum: ut ὁ ἐμὸς, ὁ ἐμῦ, vel ὁ ἐμωτῦ, meus, &c.
Possessivum σφέτερος cum genitivo relativi: ut τὰ σφέτερα αὐτῶν, sua: sic & τὰ ἴδια αὐτῶν.

2. Demonstrativa ὅπος, & ἐκεῖνος nominibus præposita, vel postposita iis fere semper largiuntur articulum, ut κατ᾽ ἐκείνας τὰς χρόνας, illis temporibus, οὗτος ὁ λόγος, hic sermo, αὕτη ἡ ἀρχή, vel αὕτη ἡ ἀρχὴ τῶν κακῶν, τὸ μὴ θέλειν, &c. hoc est principium malorum, nolle, &c. ὁ ἀγὼν ὑποσὶ, hoc certamen.

3. Relativum αὐτὸς, ipse: sed præposito Articulo ὁ αὐτὸς, idem. Atque hoc dativo jungitur: ut γινώσκει τὸ αὐτὸ ἡμῖν, Idem sentit, quod nos.
Pro Dativo interdum aliæ dictiones: ut Chrysost. ταὐτὸν ποιήσεις, ὥσπερ ἂν εἰ τὸν ἰχθὺν ἐκ τοῦ ὕδατος ἐξήγεις, idem feceris, ac si piscem ex aqua extraxeris.

4. Dativus relativi αὐτὸς interdum ita ponitur, ut subaudiatur σὺν: ut εἷλε τὴν ναῦν αὐτοῖς τοῖς ἐπιβάταις, navem cepit una cum ipsis vectoribus.

De Verbo.

Verborum genera constituemus tria, Activum, Passivum, Neutrum. In activis ponentur ea, quæ quacunque terminatione Accusativum habent patientem: in Passivis, quæ Genitivum agentem: in Neutris, quæ neutrum.

De Activis.

Activa, ut apud Latinos, sic & apud Græcos, nunc cum solo ponuntur Accusativo: ut ἀσκεῖν τὴν ἀρετὴν, virtutem colere; nunc præter Accusativum habent & alium casum, Genitivum videlicet in Possessivis, Dativum

tivum in Acquisitivis, Accusativum in Transitivis.

1. Possessiva sunt primum verba commonefaciendi: ut ἀναμιμνήσκω, vel ὑπομιμνήσκω σε τῦ ὅρκȣ, *admoneo te jurisjurandi*.

Hic Genitivus aliquando transit in Accusativum: ut ταῦϑ' ὑμᾶς νῦν ὑπέμνησα, *hæc vobis nunc in memoriam redegi*.

2. Accusandi, damnandi, absolvendi. Cum his enim, & similibus crimen ferme ponitur in Genitivo: ut αἰτιῶμαι, ἐπαιτιῶμαι, διώκω, διωκάϑω, κατηγορῶ, γράφομαι (reperitur & γράφω) τὸν ἀδελφὸν προδοσίας, *accuso fratrem proditionis*.

Hic Genitivus criminis & manet in passivis: ut διώκομαι, κατηγορȣμαι προδοσίας, *accusor proditionis*; & reperitur in neutris, ut ἐπεξέρχομαί σοι φόνȣ, *arcesso te cædis*.

Crimen sæpe in Accusativo, maxime si persona in alio ponatur casu: ut κατηγορῶ σε κλοπὴν: atque hoc rectius, quam κατηγορῶ σε κλοπῆς, *accuso te furti*, καταψηφίζομαί σȣ κλοπὴν, *condemno te furti*.

Pœna eodem modo frequentissime in Accusativo: ut καταγινώσκω, κατακρίνω, καταψηφίζομαί σȣ ϑάνατον, τιμῶμαί σοι ϑάνατον: *damno te capite:* raro in Genitivo, tum videlicet, cum persona ponitur in Accusativo; ut καταγινώσκω σε ϑανάτȣ.

Verbum ζημιῶ valde variat. Dicimus enim ζημιῶ σε χρημάτων, χρήμασι, χρήματα, & εἰς χρήματα, *multo te pecunia*. Usitatissimus autem hic est Dativus, uti & in passivo: ut ζημιῶμαι ϑανάτῳ, φυγῇ, &c. *multor morte, exilio*, &c.

Ad hanc regulam pertinent Verba laudandi, probandi, admirandi, & contraria: ut μακαρίζω σε τῆς ἀρετῆς, *beatum te prædico ob virtutem:* ζηλῶ, idem: ἐπαινῶ, *laudo:* ἀποδέχομαι, *probo:* ϑαυμάζω, *admiror*, &c. Item permutatis inter se casibus, μακαρίζω σȣ τὴν ἀρετὴν, &c.

Item pro casu rei aliud quippiam; ut ϑαυμάζω σȣ, ὅπως ȣ λέγεις, &c. *Isocr.* miror te non dicere, *vel*, qui non dicas, &c.

Æstimandi. Hic pretium ponitur in Genitivo: ut
πολ-

Grammatices. 199

πολῦ ἡμῶμαι ταῦτα, *magni hæc æstimo:* πλέον⊙, vel μέζον⊙, *pluris:* πλέςυ, *plurimi,* vel *maximi.*

Item addita præpositione πρὸ, vel ἀνὰ: ut πρὸ παντὸς, vel ἀνὰ παντὸς ἡμῶμαι, *maximi æstimo,* vel, *nihil est, quod malim, nihil est, quod æque cupiam, nihil est omnium rerum, quod non minoris putem.*

Ποιῦμαι ferme cum περὶ: ut περὶ πολῦ ποιῦμαι τὴν εἰρήνην, *pacem magnifacio:* περὶ πλείονος, *pluris,* &c. ut supra: περὶ ὀλίγυ, *parvi:* περὶ ἐλάττονος, *minoris:* περὶ ἐδενὸς, *nihili.* Sic ἐδὲν τίθεμαι, vel παρ᾽ ἐδὲν τίθεμαι τὰ ἐπὶ γῆς, *ea, quæ in terris sunt, nihili facio.* Sic μηδὲν τίθεσθαι apud Basilium reperitur, & hoc modo ἐν μεγάλῳ τίθεμαι, vel ποιῦμαι, *magnifico.*

Huc referri potest ἀξιῶ, *æstimo:* ut πόσυ ἀξιοῖς ταῦτα; *quanti hæc æstimas?* Item *dignum puto:* ut κοινῆς τραπέζης ἀξιώσας αὐτὸν, *communi cum dignatus mensa.*

Quædam Genitivum habent pro Latinorum Ablativo. Ea sunt hæc sequentia.

1. Verba implendi, onerandi, & contraria: ut γεμίζω τὴν φιάλην οἴνυ, *impleo phialam vino:* πίμπλημι, *impleo:* πληρόω, idem: κενόω, *evacuo.*

Apud Diodorum pro Genitivo reperitur & Dativus cum Verbo πληρόω.

Ad implendi Verba referri potest γέω σε τῶν θείων, *gustum do tibi rerum divinarum.*

2. Liberandi: ut ἀπαλλάττω σε τῶν κακῶν, *libero te malis:* λύσω σε τῶν δεσμῶν, *solvam te vinculis:* ἔπαυσέ με τῆς ἀνίας, *finem mærori meo attulit.*

Item cum præpositione: ut ῥῦσαι ἡμᾶς ἀπὸ τῦ πονηρῦ, *libera nos a malo.* Sic ῥύεσθαι, vel σώζειν τινὰ ἐκ τῶν κινδύνων, ἐκ τῦ θανάτυ, &c. *liberare, eripere aliquem e periculis, morte,* &c.

3. Privandi: ut γυμνῶ σε πάντων τῶν ἀγαθῶν, *spolio te omnibus bonis.*

4. Pellendi, prohibendi, removendi, ac separandi: ut διώκω, ἐλαύνω, ἐκβάλλω σε τῆς οἰκίας, *ejicio te domo:* εἴργω, κωλύω τὸν πατέρα φόνυ, *prohibeo patrem cæde,* idest, *impedio, quominus cædem faciat:* ἐχώρισέ με τῶν ἄλλων, *segregavit me ab aliis.*

Item addita præpositione, quando Accusativus est rei: ut Chrysost. τὸν τοῦ Θεοῦ φόβον ἐκ τῆς ψυχῆς ἐξελάσαι, *Dei timorem ex animo expellere*.

5. Multis additur Genitivus significans partem: ut λύκον τῶν ὤτων κρατῶ, *lupum auribus teneo*.

Quæ apud Latinos cum separativis in Ablativo interveniente A, ab, abs, de, e, ex, ea apud Græcos haud raro ponuntur in Genitivo interveniente ἀπὸ, παρά, ἐκ, aut simili.

Cum hujusmodi igitur Verbis in Genitivo pones primum id, a quo aliquid accipitur, emitur, &c. Secundo, a quo aliquid auditur, discitur, intelligitur. Tertio, a quo aliquid petitur: ut αἰτοῦμαι τοῦτο παρὰ Θεοῦ, *hoc a Deo peto*.

Sic & neutrum δέομαι *cum hujusmodi Genitivo: ut* τί δέῃ παρ' ἐμοῦ; *quid est, quod a me petis? Item sine præpositione, sed cum Accusativo rei, ut jam sit activum*. Xenoph. ὅ τι δέοιτο αὐτοῦ Κῦρος, quod ab eo peteret Cyrus.

Acquisitiva ferme eadem, quæ apud Latinos: δέδωκεν ἑαυτὸν τῷ Θεῷ, *dedit se Deo*, ὁμολογῶ σοι χάριν, vel χάρις ἱερά τῆς φυλαχθείσης πίστεως, *ago tibi gratias de servata fide*, vel *quod manseris in fide*: ἔγνων, ἔχω, μέμνημαι, οἶδα, ὀφείλω σοι χάριν, *habeo tibi gratiam*: πολλὴν ἔχω σοι χάριν, *magnam habeo tibi gratiam, multum te amo*: χάριν οἶδά σοι ταύτην, *hujus rei habeo tibi gratiam*: χάριν ἴσθι, *beneficii loco pone*: χάριν σοι προσθήσουσι. Thucyd. *id gratiæ apponent tibi*.

Ἀποδίδωμι, ἀπονέμω, ἀπομνημονεύω, ἱκάνω σοι χάριν, *refero tibi gratiam*: ἀτιμήσαιμι χάριν, *gratiam retuli*. Sic χάριν, vel χάριτας ἀνταποδιδόναι, Bud. in epist. χάριτας ὁμοίας ἀνταποδιδόναι, Esch. *parem gratiam referre*. Is, cui gratia refertur, dicitur χάριν ἀπολαμβάνειν.

Multa apud Græcos sunt Acquisitiva, quæ apud Latinos Effectiva, vel potius Affectiva. In Dativo enim ponitur Primo id, quo aliquem armamus, munimus, vestimus. Secundo, quo alimus, ac nutrimus. Tertio, quo implicamus, impedimus, &

Grammatices.

contra. Quarto, quo ornamus, corroboramus, & contra: ut ἐτείχισεν ἑαυτὸν ὀυχ ὅπλοις, ἀλλ᾽ δίχαις, *non armis, sed orationibus se munivit.*

Multa sunt Acquisitiva virtute præpositionis, cum qua componuntur: ut περιβάλλειν τινὰ μεγάλαις συμφοραῖς, *conjicere aliquem in magnas calamitates,* &c.

Transitiva sunt, quæ sequuntur.

1. Ἀ᾽παιτῶ, *flagito, peto:* ἀπαιτῶ, *posco, reposco, exigo:* ἐκλέγω, πράττομαι, εἰσπράττομαι, & εἰσπράττω, *exigo:* ut πράττομαί σε μνᾶν, *minam abs te exigo.*

2. Διδάσκω, *doceo,* ἀναμιμνήσκω, & ὑπομιμνήσκω, *admoneo, commonefacio.* Duo ultima etiam inter Possessiva posuimus.

3. Quædam Acquisitiva apud Latinos Transitiva sunt apud Græcos: ut ἐ πείθω σε ταῦτα, *non possum tibi hæc persuadere;* ἐπιτρέπω σε τοῦτο, *concedo tibi hoc;* quod tamen & cum Dativo usurpatur.

4. Quædam beneficii Verba, & contraria: ut εὖ δρῶ, εὖ ποιῶ, ἐυργετῶ σε μεγάλα, *magnis te afficio beneficiis.* Κακὸν ἐμὲ ἐργάσεται, *dabit mihi malum.* Τί ἂν ἐργάσαιο τοῦτον, *vel* δρῴης, *vel* ποιοίης; *quid hoc homine facias?* Βλάπτω σε μεγάλα, *magna tibi affero detrimenta.* Ἀ᾽δικεῖ με πολλά, *multis me onerat injuriis.*

De Ἀ᾽δικῶ σε ἀδικίαν vide casus communes.

Si Accusativus rei detrahatur, erunt Activa simplicia: ut Εὐλογῶ σε, *benedico tibi,* &c.

Quædam Attice sunt Transitiva, quæ alioqui Possessiva: ut Ἀ᾽φαιροῦμαί σε τὰ χρήματα, *Spolio te pecunia:* pro Ἀ᾽φαιροῦμαί σου τῶν χρημάτων, vel σου τὰ χρήματα: sic καὶ τὰ ἡμέτερα ἡμᾶς ἀποστερεῖ, *etiam ea, quæ nostra sunt, nobis eripit.*

Geminus Accusativus additur etiam verbis vocandi; ut Τοῦτο καλοῦσί με, *ita me appellant.*

Item aliis multis: ut Ποιῶ, ἀποδείκνυμι, ἀποφαίνω, καθίστημι, ἀπεργάζομαι αὐτὸν εὐδαίμονα, *reddo eum felicem:* χειροτονοῦσιν αὐτὸν ὕπατον, *creant eum Consulem.* In his, & similibus uterque Accusativus ferme ad eandem rem pertinet.

Quædam Activa etiam ad alia pertinent genera.

Vide

Vide infra in fine Neutrorum.

Ab Activis in ω & μι descendunt Passiva, de quibus infra: sed non ab omnibus: πάχω enim non facit πάχομαι, &c.

Ab Activis in μαι non formantur Passiva. Quædam tamen ex hujusmodi Activis aliquando etiam Passive usurpantur: ut Πολλά εἴργασαι κακά, *multa perpetrata sunt mala*, &c.

De Passivis.

Passivis additur Genitivus agentis accedente præpositione ὑπὸ, παρά, πρός, & interdum ἐκ: ut Τύπτομαι ὑπὸ τῦ διδασκάλε, *vapulo a præceptore*. Interdum Dativus abique præpositione, ut apud Latinos.

Nominativus, qui Verbo præponitur, in simplicibus fit ex Accusativo: ut Τύπτω τὸν μαθητὼ, Ὁ μαθητὴς τύπτεται, *verbero discipulum, discipulus verberatur*.

Ante Possessiva hic Nominativus nunc est personæ, sequente vel crimine in Genitivo: ut Κατηγορῦμαι κλοπῆς: vel pœna in Genitivo, Dativo, Accusativo: ut κατελήφισθω φυγῆς, *exilio damnatus sum*: ἐζημιώθω χρήμασι, *mulctatus sum pecunia*: κατεκρίθω θάνατον, *damnatus sum capite*: nunc vero rei: ut κατεψήφισαι, καταχέχεισαι, κατέγνωσαί μυ θάνατος, *damnatus sum capite*.

Pro Genitivo pœnæ reperitur & verbum infinitivum, in Lucian. in Asino. Κατεκέκριτο θηρίοις ἀποθανεῖν, *damnatus erat ad bestias*.

In Acquisitivis non semper Accusativus transit in Nominativum, manente Dativo: ut Προστάττω τοῖς ἐμοῖς πολλά: πολλὰ τοῖς ἐμοῖς προστάττεται, *impero meis multa*, &c. sed interdum Dativus, manente Accusativo: ut Ἐπιτρέπω αὐτοῖς τὴν δίαιταν, αὐτοὶ ἐπιτρέπονται τὴν δίαιταν, *permitto ipsis arbitrium*, &c. Ἐπίσδων ἐμοὶ τὴν βασιλείαν: ἐγὼ ἐπισδόμην τὴν βασιλείαν: *committebat mihi, vel credebat mihi regnum*, &c.

In Transitivis persona ferme transit in Nominativum, manente casu rei: ut ἀπαιτῦμαι ἰχὺν, *postulantur a me vires*; διδάσκομαι ὕμνυς, *doceor, vel potius disco hymnos*, &c.

Si uterque Accufativus ad eandem rem pertineat, ambo tranfeunt in Nominativum, ἀναγορεύω Κικέρωνα ὕπατον, Κικέρων ἀναγορεύεται ὕπατος, renuncio Ciceronem Confulem, Cicero renunciatur Conful.

Quædam Paffiva etiam ad alia pertinent genera. Vide infra in fine Neutrorum.

Paffiva formantur ferme ex Activis. Vide fupra in fine Activorum, raro ex Neutris. Vide infra in fine Neutrorum.

Paffiva nonnunquam fupplentur per Activa: ut εὖ δρῶ, & εὖ ποιῶ, non formant Paffivum, fed ejus loco dicimus εὖ πάχω ὑπὸ Φιλίππου, beneficium accipio, beneficiis afficior a Philippo: μεγάλα ὑπὸ τούτου εὖ ἔπαθον, magna ab hoc beneficia accepi: fic κακῶς πάχειν, male accipi. Atque hic præpofitio ferme eft ὑπό. Quando vero pro adverbio eft nomen, ut ἀγαθὸν πάχειν, κακὸν πάχειν, δίκαια πάχειν, tunc præpofitio eft vel πρός, vel ὑπό: ut ἀγαθὸν πάχειν πρὸς τῶν φίλων, & κακὸν πάχειν ὑπὸ τῶν πολεμίων.

Ab Activis ἀνταδρῶ, ἀντιποιῶ, beneficium repono, beneficium reddo, Paffivum erit ἀνταπάχω, beneficium mihi redditur: fed fine cafu agentis.

Paffiva fupplentur & per neutra, ut Ἀπέθανον ὑπὸ τοῦ Ἕκτορος, interii, ideft, occifus fum ab Hectore. Πίπτει ὑπό τινος, cadere ab aliquo, ideft, proflerni. Μεγάλαις συμφοραῖς ὑπὸ τούτου περιπέπτωκα, in magnas ab hoc conjectus eft calamitates; Τῷ ὑμῶν ἀπολέσθαι, a vobis interire, interfici.

De Neutris.

Neutra Similium copulativa funt ferme hæc.

1. Verba fubftantiva, & eorum vim habentia: ut εἰμὶ, τυγχάνω, ὑπάρχω, fum: γίνομαι, fum, vel fio: πέφυκα, natura fum: ἀποβαίνω, evado: πάντες ὑπῆρχον ἕτοιμοι, omnes erant parati.

Pofterior Nominativus interdum eft participium: ut τυγχάνω γράφων, *ideft,* γράφω, fum fcribens, *ideft,* fcribo: dicunt Itali: mi ritrovo a fcrivere: già io fcrivo.

Pro εἰμὶ, *vel* τυγχάνω *eleganter dicimus* τυγχάνω ὤν.

2. Ver-

Inflitutio Græca

2. Verba vocandi Paſſive accepta, & eorum vim habentia: ut ὀνομάζομαι, καλοῦμαι, προσαγορεύομαι, &c. Ἐκεῖνος ἀκούει ποιητής, *ille audit poeta*, ideſt *vocatur*.

Obſervationes.

1. Ex duobus caſibus, qui copulantur, poſterior interdum tranſit in Genitivum aſſumpto articulo: ut Σωκράτης ἐςὶ σοφός, vel τῶν σοφῶν, *Socrates eſt ſapiens*, vel *ex numero ſapientum*.

2. Verbum ſubſtantivum ſæpe omittitur, maxime ſi ex Nominativis, qui copulantur, alter eſt nomen adjectivum neutrum: ut Αἰχρὸν σιωπᾶν, *turpe eſt tacere*.

3. Infinitum hujuſmodi neutrorum non ſolum copulat Nominativos, & Accuſativos, ut apud Latinos, ſed etiam Genitivos, ac Dativos: ut τῶν δοκούντων εἶναι ἀγαθῶν, *eorum, qui videntur boni*. Ἔξεςιν ὑμῖν γενέσθαι μακαρίοις, *licet vobis eſſe beatis*.

Quæ genitivum regunt hæc ſunt.

1. Verba Subſtantiva: ut εἰμὶ τῶν φίλων, *ſum amicorum*, ideſt, *ſum in ære*, vel *numero amicorum*.

2. Ἔχομαι, *amplector, adhæreo*: ἀνέχομαι, *ſuſtineo* (ſed hoc ſæpius habet Accuſativum) ἀπέχομαι, *abſtineo*. Item σπλαγχνίζομαί σου, vel ἐπὶ σοί, vel ἐπὶ σοί, *miſereor tui*.

3. Ἀπολαύω, *fruor*: καθικνοῦμαι, *cedo*: λαμβάνομαι, *prehendo, arripio, nanciſcor*: ἐπιλαμβάνομαι, *idem*: εἰ τῶν οἴκοι ἐδράξατο, *ſi ad ſuos rediiſſet*: πειρῶμαι, *periculum facio, tento* (reperitur & πειρῶμαι τ᾽ ἀγαθά) συνίημι, *intelligo*: φείδομαι, *parco*.

4. Appetendi verba: ut ἐπιθυμῶ, *concupiſco*: γλίχομαι, ἐφίεμαι, ὀρέγομαι, *appeto*, ἐράω, ῶ, *amore tentor*: ἀντιποιοῦμαι, *mihi vindico, appeto*: ςοχάζομαι, *tanquam propoſitum ſcopum peto*. Sed ποθῶ, *deſidero, cupio, amo*, cum Accuſativo.

5. Aſſequendi, impetrandi, & contraria: ut ἐφικέσθαι ἀρετῆς, *virtutem aſſequi*: συγγνώμης τυγχάνειν, *veniam impetrare*: ἁμαρτάνειν, διαμαρτάνειν, ἀποτυγχάνειν, *non aſſequi*. Sic ἀτυχεῖν, ἐπαίειν, σφάλεσθαι, ψεύδεσθαι, pro eodem. Κιχέω tamen, ſeu κιχάνω, *conſequor, comprendo*, cum accuſativo.

6. Co-

Grammatices.

6. Copiæ, & inopiæ: ut ἀπορῶ, abundo: γέμω, plenus sum: πλυτῶ, dives sum, abundo: ἀπορῶ, χρῄζω, δέομαι, egeo. Sic καθαρεύω, purus sum, vaco.

Item Genitivus manet, cum Verborum vis explicatur periphrasi: ut ὧν χρείαν ἔχω: quibus egeo. ὧν αὐτοὶ ἐνδεεῖς εἰσι: quarum rerum ipsi inopia laborant.

Sed λείπομαι cum Dativo apud Aristotelem 3. Ethic. cap. 8. Ὁπόταν λείπονται τοῖς πλήθεσι, ᾗ ταῖς παρασκευαῖς, *cum destituuntur multitudine, & apparatu.* Item βρύω, *scateo, abundo,* cum Dativo, & cum Accusativo.

7. Communionis: ut μετέχω, μεταλαμβάνω, κοινωνέω, *particeps sum, socius sum*: κληρονομῶ, *heres sum.* Additur præterea interdum etiam Dativus personæ: vide infra.

8. Curæ, & negligentiæ: ut φροντίζω, μέλομαι, ἐπιμέλομαι, ἐπιμελέομαι, κήδομαι, *curo*: ἀμελῶ, παραμελῶ, ἀφυλακτῶ, *negligo*: ὀλιγωρῶ, *parum curo.*

Sic εὖ φροντίζω, οὐδὲν φροντίζω, ποσῶν φροντίζω τῶν φίλων. Item cum *Accusativo*: τοὺς φροντίζοντας τὰ τοιαῦτα.

Item cum *præpositione*: φροντίζω ὑπὲρ συμφέρουσίας: φροντίζω περὶ τῶν ἐνθάδε, vel περὶ τὰ ἐνθάδε: item cum *adverbio*: φρόντιζε, ὅπως ποιήσῃς: εὖ φροντίζω, εἴτε χεῖρον, εἴτε βέλτιον βιωσόμεθα.

9. Differentiæ, ac distantiæ: ut διαφέρω, vel διενήνοχα, διΐσταμαι, vel διέστηκα, *differo*: ἀπέχω, *absum*: πολὺ διαμαρτάνεις τῆς ἀληθείας, *longe a veritate aberras.*

Item cum *Infinito*: ὀλίγον ἐδέησαν ἀποκτεῖναι, *parum aberat, quin interficerent.*

10. Dominationis: ut ἄρχω, *impero*: δεσπόζω, κρατέω: κυριεύω, τυραννέω, *dominor*: βασιλεύω, *regnum obtineo*: δυναστεύω, *principatum gero*: sic ἐπίσταμαι, προσταῶ, προστατέω, *præsum, tueor.* Item ἡγοῦμαι, sed vel cum Genitivo, vel cum Dativo: ut ἡγοῦμαί σου, *præsum tibi,* vel *duco te*: ἡγοῦμαί σοι, *dux sum tibi, præco*: sic & ἀνάσσω, *impero.*

11. Excellentiæ, ac præstantiæ: ut προφέρω, προέχω, ὑπερέχω, *præsto*: διαφέρω, *excello.* Item contraria, ἀπολήπτομαι, ἡττῶμαι, νικῶμαι, *cedo, vincor,* &c. Reperitur cum duobus ultimis etiam Dativus.

Ha-

Habent & conftructionem paffivam.

Interdum hujus ordinis Verba habent Accufativum virtute præpofitionis, cum qua componuntur: ut ὑπερβάλλω σε, &c.

12. Incipiendi, ac definendi: ut ἄρχομαι, *incipio*: παύομαι, λήγω, ἀφίσταμαι, *defino*, *defifto*. Huc pertinet, ὑπάρχειν ἀδικίας, *injuria laceffere; priorem effe in inferenda injuria*.

13. Memoriæ, & oblivionis: ut μίμνημαι, *memini*: λανθάνομαι, & fæpius ἐπιλανθάνομαι, *oblivifcor*, ἀμνημονῶ, *non recordor*. Reperitur & Accufativus. Demofth. οὐδ᾽ ἀμνημονῶ τοὺς λόγους, *neque oblivifcitur fermones*. Xenophon, ἐπελάθου ᾧ, ὧν ἐβούλυ εἰπεῖν, *oblitus es aliquid eorum, quæ dicere volebas*.

Genitivus interdum habet præpofitionem. Lucian. περὶ τοῦ ποδὸς ἀναμνησθείς, *pedis mentionem faciens*.

14. Verba fenfuum, ut ἀκούω, *audio; ὀσφραίνομαι, olfacio; γεύομαι, gufto; ἅπτομαι, ᾄδω, ψαύω, tango; αἰσθάνομαι, fentio*. At videndi verba Accufativum habent, interdum & alia.

15. Verba quædam abfoluta fiunt poffeffiva virtute præpofitionis, cum qua componuntur: ut ἐκπίπτειν τῶν φρενῶν, *a mente difcedere*.

Quæ regunt dativum, hæc funt.

1. Verba Subftantiva. ὑπάρχει μοι χρήματα, *funt mihi nummi*.

2. Auxilii nonnulla: ut βοηθῶ, *opitulor*: ἀμύνω, *idem*, συνηγορῶ, & συναγορεύω, *patrocinor*.

3. Colloquii, & confuetudinis: ut διαλέγεσθαι, ἐντυγχάνειν, λαλεῖν, ὁμιλεῖν τῷ Θεῷ, *cum Deo colloqui*. Sic ἐγγίζειν, *accedere*: θαμίζειν, *frequenter accedere*, vel *audire*. Huc refer εὔχομαι, & προσεύχομαι, *precor*.

4. Commodi & contr. λυσιτελέω, συμφέρω, *profum*: λυμαίνομαι, *noceo*: Sed βλάπτω, *lædo*, *noceo*: κακυργέω, *infefto*: ἀδικέω, *injuria afficio*: ὠφελέω, *juvo*, *profum*: ὄνημι, *idem*, Activa funt.

5. Convenientiæ: ut ἁρμόζειν, vel ἁρμόττειν, πρέπειν, προσήκειν, *convenire*. Ex his primum etiam fequente præpofitione: ut ἁρμόττει πρὸς ταῦτα, vel εἰς ταῦτα.

6. Even-

Grammatices.

6. Eventus: ut πολλά μοι ἐγένετο, συνέβη, &c. *multa mihi acciderunt.*

7. Favoris, aut studii, & contraria, ut ἐυνοέω, *bene volo:* χαρίζομαι, *gratificor:* φθονέω, *invideo,* ἐχθραίω, *odi;* sed μισέω, *idem,* cum accusativo, cui aliquando additur præpositio ἐπί.

8. Fidei: ut πιστεύω, *credo, confido:* πείθομαι, *idem:* πέποιθα, *confido, nitor:* θαρρῶ, *idem.* Item θαρρῶ ποιεῖν, *audeo facere.*

9. Jubendi, ut παρήγγειλεν αὐτοῖς, ἀπὸ Ἱεροσολύμων μὴ χωρίζεσθαι, *præcepit iis, ab Hierosolymis ne discederent:* παραινῶ σοι γράφειν. Sic παρακελεύω, ὑποτίθεμαι. Sed κελεύω σε ποιεῖν, cum Accusativo.

10. Iræ: ut ὀργίζομαι, χαλεπαίνω, *irascor.* Huc referri possunt ἐπιτιμῶ, ἐπιπλήττω, *increpo, objurgo:* μέμφομαι, *reprehendo* (quod & cum Accusativo) λοιδοροῦμαι, *convicior.*

11. Obsequii: δουλεύω, λατρεύω, *servio:* ὑπηρετέω, *ministro, famulor:* πείθομαι, πειθαρχέω, *obtempero:* ὑπακούω, *obedio* (quod & cum Genitivo, ut ὑπακούω τοῦ λόγου, *pareo rationi*) εἴκω, *cedo:* συμφέρομαι, *consentio:* ὁμογνωμονέω, *idem,* sed θεραπεύω, *colo, observo* cum Accusativo.

12. Repugnantiæ: ut ἐρίζω, φιλονεικέω, *contendo:* διαφέρομαι, *dissideo:* μάχομαι, *pugno,* ἀνθίσταμαι, *obsisto:* ἀντιλέγω, *contradico:* παλαίω, *luctor:* ἀμφισβητέω, *dissentio,*

13. Sequendi: ἀκολουθέω, ἕπομαι, παρομαρτέω, *sequor.* At διώκω, *persequor, consector,* &c. cum Accusativo; & ἐπιουσέω, idem, cum Dativo, vel Accusativo.

14. Vicinitatis, & consuetudinis: ut γειτνιάζω, *vicinus sum:* ἐγγίζω, πλησιάζω, *appropinquo.*

15. Utendi: ut χρῶμαι, *utor;* καταχρῶμαι, *abutor;* παραχρῶμαι, *idem:* Ἀσθενεστέρῳ ἂν ἐχρώμεθα Φιλίππῳ, *infirmiore uteremur Philippo.*

16. Mixta quædam: ut ἀρέσκειν, *placere,* ἀπαρέσκειν, *displicere:* ἀπεχθάνεσθαι, *in odium incurrere:* ἀρκεῖν, *satis esse:* ἐοικέναι, ὁμοιοῦσθαι, *similem esse:* ἥδεσθαι,

de-

delectari: κολᾶσθαι, *affixum esse*, *adhærere*: περιπίπτειν, *incidere*, χαίρειν, *gaudere*, ἄχθεσθαι, *dolere*. Huc pertinent ἀγαπῶ, ἀρέσκομαι, ἀρκῶ, στέργω, *Boni consulo*, *contentus sum*: fed vel cum Dativo, vel cum Accufativo. Item ἀγαπῶ ἔχων, *ideſt*, ἀγαπητὸν ἐςί μοι ἔχειν, fatis eſt mihi habere.

Quædam Dativum habent perſonæ, & Genitivum rei: ut συγγινώσκω, *ignoſco*: μέμφομαι, *reprehendo*: βασκαίνω, *invideo*: μετέχω, μεταλαμβάνω, κοινωνέω, *ſocius*, vel *particeps ſum*: μεταδίδωμι, *communico*: ἀμφισβητῶ σοι τούτων, *in his abs te diſſentio: hæc tibi non concedo*.

Neutra interdum habent conſtructionem Paſſivorum.

Ex Neutris interdum formantur Paſſiva, ſed raro: ut ἀμελῶ σε, *negligo te:* ἀμελοῦμαί σε, *negligor abs te*: πολεμῶ, *bellum gero*: πολεμοῦμαι, *bello petor*.

Nonnulla Verba ad plura pertinent genera: ut φεύγω τὰς κακὰς, *ſugio improbos*: φεύγω τῶν κακῶν, *accuſor* (& *in exilium agor*) *ab improbis*: & φεύγω abſolute, *ſugio, reus ſum, exulo:* ἐγκαλῶ σοι ἀδικίαν, ἐγκαλῶ σοι ἀδικίας, *accuſo te injuriæ*: κατηγορῶ σε, κατηγορῶ σε, vel κατὰ σῦ, *accuſo te*, κατηγορῶ σε φόνε, vel περὶ φόνε, *accuſo te cædis*, κατηγορῶ σε κλοπῆς & κατηγορῶ σε κλοπὴν, *accuſo te furti*, ut ſupra in activis: ἔχομαι ὑπὸ τῆς Λαΐδος, *habeor a Laide*: ἔχομαι τῆς ἐλευθερίας, *amplector*, vel *tueor libertatem*.

De Imperſonalibus.

Imperſonalia conſtruuntur his fermè modis.

1. Abſolute: ut συνίφει, *cælum obductum eſt nubibus*: ὕει, *pluit*: ἀστράπτει, *fulgurat*: βροντᾷ, *tonat*.

2. Cum ſolo Genitivo: ut εἰ χρὴ φίλων; *quid opus eſt amicis?*

3. Cum Dativo, & Genitivo: ut δεῖ, ἐνδεῖ, προσδεῖ, *opus eſt*: μέλη, *curæ eſt*; μεταμέλει, *pænitet*: διαφέρει, *intereſt*: μέτεσί μοι κινδύνων, ideſt, μετέχω. Sic δεῖ μοι, ideſt δέομαι, &c. Item cum particula, ut Ariſt. 5. Ethic. cap. 3. ὅτι γὰρ, ἵνα ἐπαινῶσαι, μέλη αὐτῷ ἤδ'

ἰδ' ὅπως οἱ ἄλλοι λέγωνται, neque enim ut laudetur, ipsi curæ est, neque ut alii reprehendantur.

4. Cum Accusativo, & Genitivo, ut οὐδέ τί σε χρὴ ταύτης ἀφροσύνης, nihil opus est tibi hac dementia. Homer. Iliad. ν., & alibi.

5. Cum solo Infinito: ἐνδέχεται, ἔςι, copia est, licet: χρὴ, δεῖ, oportet: ἁρμόζει, πρέπει, προσήκει, decet, convenit: συμβαίνει, contingit, accidit: ut ἔςι νῦν ἐντυχεῖν τῷ διδασκάλῳ; licet ne nunc convenire præceptorem?

6. Cum Dativo, & Infinito; ἀρίσκει, placet: ἀπαρίσκει, displicet: δοκεῖ, videtur: ἔξεςι, licet: πάρεςι, datur, contingit: συμφέρει, conducit: πρέπει, προσήκει, συμβαίνει, ut supra: ἐπέρχεται, in mentem venit: ἐπῄει μοι γελᾷν, risus mihi oriebatur. Sic ἀρκεῖ, ἐξαρκεῖ, ἀπόχρη. Reperitur & ἀποχρᾷ apud Herodotum, & ἐκχρᾷ, & καταχρᾷ, satis est, sufficit. Item ἀποχρῆται apud eundem Herodotum, pro eodem.

7. Cum Accusativo, & Infinito: χρὴ, δεῖ, ἔςι: ut χρὴ ἐμὲ σιγᾷν, oportet me tacere, &c.

8. Cum Dativo, vel Accusativo, & Infinito: ut διαφέρει, συμφέρει, πρέπει ἡμῖν, vel ἡμᾶς ἀσεβεῖν, colenda nobis est pietas: sic προσήκει, sic συμβαίνει.

Quædam ex his variis modis construuntur, quæ paulatim poterunt observari.

Impersonalia Passivæ vocis apud Græcos reperiuntur pauca, ex quorum numero sunt hæc: ἱκανῶς εἴρηται, satis dictum est: ἱκανῶς ἤδη τεθρύληται, satis jam lamenti: νενόμισται, lege cautum, vel in more positum est: πέπρακται, dictum est, conclamatum est.

Additur interdum casus: ἀπείρηταί σοι μὴ ποιεῖν, interdictum est tibi, ne facias: εἵμαρταί σοι νικᾷν, in satis est tibi, ut vincas; κινδυνεύεταί μοι διαφθαρῆναι, idest, κινδυνεύω: sic ἧκταί μοι, ἠγώνισθή μοι, &c. Item Accusativus: γυμνοὺς εἰσιέναι νομίζεται, nudos ingredi mos est.

De Casibus Communibus.

In Genitivo ponuntur ferme hæc.

O   1. Ma-

1. Materia: ut πεποίηται χρυσῦ, *ex auro factum est.* Addi potest & præpositio ἐκ, vel ἐξ.

2. Ea res, quæ non patitur: ut πίνειν ὕδατ‹Θ›, quod & πίνειν ὕδωρ, *aquam bibere.* Item pars illa, quæ maxime patitur: ut κρέμαμαι τῶν ὠτῶν, *auribus suspensus sum,* vel *pendeo:* τῆς ῥινὸς ἕλκειν τινά, *naso aliquem trahere.*

Sic κατέχγχ τῦ κρανίυ, vel τῆς κεφαλῆς, per *synecdochen, comminutum est mihi caput.* Nonnunquam additur præpositio: ut τῦτον ἐκτέμωμεν ἐκ τῆς γαςρός, *huic secemus ventrem:* & κρεμάται ἑαυτὸν ἐκ τῦ τραχήλυ, *suspendere seipsum collo.* Sic & post nomen adjectivum: ut ἄχρητον ἐκ τῆς ὁπλῆς, *incommodum ex ungula.*

3. Pretium: ut ἐκ ὠνῦμαι ποσῦν μετάινοιαι, *non emo tanti pœnitentiam:* πέντε δραχμῶν ἐπριάμω, *quinque drachmis emi.* Genitivo additur nonnunquam præpositio, sed raro. Joel. τὰ κοράσια ἐπώλυν ἀπὸ τῦ οἴνυ, *puellas vendebant pro vino.* Sic Epictetus Enchir. cap. 30. μὴ προϊέμεν‹Θ› ταῦτα, ἀνθ' ὧν ἐκᾶνα πιπράσκεται: *Non relictis,* vel *non neglectis iis, quibus illa venduntur.*

Reperitur pretium & in Dativo, &c. ἰδίῳ αἵματι, *privato sanguine.* Etiam hic addi potest præpositio ἐπί: ut ἐπὶ μισθῷ μεγάλῳ ἀπαλλάττω σε τῶν δεινῶν, *magna mercede libero te periculis.*

4. Species temporis: ut νυκτὸς ἦλθε, *nocte venit.* Vide infra.

5. Participia absolute sumpta. Vide Participia.

In Dativo ponuntur hæc sequentia.

1. Instrumentum: ut χειρὶ αὐτὸν ἐπάταξε, *manu eum cecidit.*

2. Causa: ut φθόνῳ τῦτο ποιεῖ, *ex invidia hoc facit.* Explicatur causa etiam per præpositionem cum suo casu: ut ὑπὸ φθόνυ, vel διὰ φθόνον. Sic ὀγκῦσθαι ἐπὶ γένει, ἐπαίρεσθαι ἐπὶ πλύτῳ, φυσᾶσθαι ἐπὶ δυνάμει, ἐδενὶ θέμις ἐςι, *tumere genere, superbire divitiis, inflari potentia, nulli jus est.* Xenoph.

Item per Participium: ut πάντα ὑπομένει δόξης ὀρεγόμεν‹Θ›, *omnia sustinet gloriæ cupiditate.*

3. Modus: ut τίνι τρόπῳ γράφεις; *quomodo scribis?*

Grammatices.

πορδίν ἀγαθῇ τύχῃ, *proficiscere bonis avibus.*

Modus effertur etiam per διά cum Genitivo. Demosth. διὰ καρτερίας ὐδὲν ἀνάλωτον πέφυκε, *per patientiam nihil non expugnabile est.* Item per Accusativum sine præpositione: ut αὐτὸν τὸν τρόπον, *hoc modo.*; ὃν τρόπον, *quomodo*, &c.

4. Excessus, idest illud, quo excessus, differentia, ac similia significantur: ut ἁπάντων διαφέρεις τῇ σοφίᾳ, *omnes antecellis sapientia.*

Excessus effertur etiam per κατά cum Accusativo: ut κατά σωτῆρα, ἢ ἄλλό τι προέχειν.

5. Quantitas, seu modus excessus: ut τοσούτῳ προέχει τῶν ἄλλων, *tanto præstat cæteris.* Hoc & in Accusativo: ut τοσοῦτο, πολύ, &c.

6. In Dativo ponitur etiam ea persona, in cujus gratiam, commodum, aut incommodum aliquid fit: ut παιδίῳ σοι τὸν ὑὸν, *instituo tibi filium.*

Iu Accusativo ponitur spatium loci, & temporis, de quo infra.

Eleganter apud Græcos multa Verba admittunt Accusativum nominis significantis eundem actum: ut ἀδικῶ σε ἀδικίαν: γράφομαί σε γραφήν. Sic διώκω σε γραφήν: κρατῶ μάχην: βαδίζω ὁδόν, & similia.

Multis Verbis additur Accusativus per Enallagen: ut μανικὸν βλέπειν, *torvum intueri*, &c.

Item per Synecdochen in Passivis: ut κείρομαι τὸ ἧπαρ, *tondeor jecur*, idest, *tondetur mihi jecur*: & in Neutris: ut ἀλγῶ τὴν κεφαλήν, *doleo caput*, idest, *dolet mihi caput, laboro ex capite.*

Verbis compositis frequenter additur casus virtute præpositionis: ut ὑπερίσαμαι ἐκεῖνο, *pro illo sto*; ἐμμένειν τοῖς εἰρημένοις, *stare promissis, servare pacta*: παρέπλωσαν ταῦτα τὰ χωρία, *præternavigarunt hæc loca.*

Locus.

Status in loco: πῦ, *ubi?* ἐπὶ βαβυλῶνος, *Babylone*: ἐπ' ἀργῦ, *ruri*: ἐν ᾅδου, *apud inferos.*

Ἐν Ῥώμῃ, *Romæ*: ἐν ἀγορᾷ, *in foro*: πρὸς τῇ πόλει, *ad urbem*: παρ' Ἡσιόδῳ, *apud Hesiodum.*

Ἐς

Εἰς Ὕπατα οἰκεῖν, *habitare Hypatis*: κατ' ἐρημίαν, *in solitudine*.

Motus de loco: πόθεν; *unde?* ἐκ Ῥώμης, *pro quo* & ἀπὸ Ῥώμης, *Roma*: ἐξ ἀργῦ, *rure*: παρὰ Σωκράτους, *a Socrate*.

Motus ad locum: ποῖ; *quo?* ἐπ' οἴκου: *domum*: γενέσθαι πρὸς τῇ γῇ, *ad terram appellere*: ἐπὶ τὴν πόλιν, *ad urbem*: εἰς, vel ἐς πόλεμον, *in bellum*: πρὸς τοὺς φίλους, quod & ὡς, vel παρὰ τοὺς φίλους, *ad amicos*.

Motus per locum: τῇ; *qua?* διὰ τῶν ὀρῶν, *per montes*: τῇ κλίμακι, *per scalas*: παρὰ τὰ τείχη, *præter mœnia*.

Spatium loci ponitur in Accufativo: ut ἀπέχει τῆς πόλεως ἱκανὸν ϛάδιον, vel ϛαδίους, *abest ab urbe centum ftadia*.

Tempus.

Species temporis: πότε; *quando?* νυκτός, *noƈle*. Sic πολῦ, ἐκ πολῦ, *dudum*: τρίτον ἔτ@ τουτί, vel τρίτον ἤδη ἔτ@, *ab hinc triennium*, vel *triennio*: quæ refponderi poffunt ad interrogationem faƈtam per *quam dudum?* vel *quam pridem?*

Ἀφίξομαι δ'ἄρα μεταξὺ τριῶν, ἢ πετράρων ἡμερῶν: *revertar huc triduo, aut quatriduo, vel intra tres, aut quatuor dies*.

Spatium temporis; πόσον χρόνον; *quamdiu?* πολύν, vel συχνὸν χρόνον, *diu*: τρία ἔτη, *tres annos*. Item τριῶν ἐτῶν, *tribus annis*.

De Verbo Infinito.

1. Infinitum ante fe habet Accufativum, ut apud Latinos; ut οἶδα πολλοὺς ἐλπίζειν, *fcio multos fperare*, ideft, οἶδα πολλοὺς, ὅτι ἐλπίζουσι: fæpius, οἶδα, ὅτι πολλοὶ ἐλπίζουσι.

2. Accufativus ante Infinitum poteft omitti, fi Verbum finitum, & infinitum referantur ad eandem perfonam; ut ἐπαγγέλλομαι ἥξειν, *polliceor me venturum*.

3. Pro Accufativo fæpiffime eft Nominativus; ut φησὶν αὐτὸς ἀπ@ γεγενῆσθαι; *dicit fe auƈlorem fuiffe*.

1. Infinitum haud raro adhæret Verbo Neutro finito

Grammatices.

nito sine ullo casu, ut αἰχμάλομαι γράφειν, *pudet me scribere.*

Eleganter ponitur cum μέλλω: ut μέλλω ποιεῖν, vel ποιήσειν, *sum facturus.* Reperitur & cum Aoristo.

2. Interdum adhæret Nomini substantivo; ut καιρὸς οὐκέτι μέλλειν, *tempus est jam non amplius cunctandi.*

Sæpissime Adjectivo; ut δεινὸς λέγειν, *eloquens:* δεινὸς πράττειν, *efficax, acer rebus gerendis:* ἄξιος, ἐπιτήδειος τυχεῖν, *dignus, idoneus, qui impetret:* δίκαιος ἀπολωλέναι, *dignus qui pereat,* &c.

3. Redundat aliquando; ut τὸ νῦν εἶναι, *nunc;* ἑκὼν εἶναι, *lubens.*

4. Ponitur absolute; ut συνελόντι φάναι, *ut summatim dicam:* & præposito ὡς, ut ὡς εἰπεῖν, *ut ita dicam, pene dixerim:* ὡς ἔπος εἰπεῖν, *ut ita dicam, ut verbo dicam, ut paucis dicam:* ὡς ἁπλῶς εἰπεῖν, *ut simpliciter, ut uno verbo dicam:* ὡς τύπῳ εἰπεῖν, *ut in universum dicam:* ὥς γέ μοι δοκεῖν, *ut mihi quidem videtur:* ὡς εἰκάσαι, vel ἀπεικάσαι, *ut conjicere licet:* ὡς ὑπομνῆσαι, *ut monendi gratia,* &c. item præposito ὥστε, *ut,* vide supra de Conjunctionibus; item ἐπειδή, *postquam:* ut ἐπειδὴ γενέσθαι ἐπὶ τῇ οἰκίᾳ, *postquam venit ad ædes;* item πρὶν, *antequam,* ut πρὶν εἰπεῖν, vel πρὶν ἢ εἰπεῖν, *priusquam dicam,* πρὶν ἢ δὶς ἀλέκτορα φωνῆσαι, *priusquam gallus cantet,* Marc. 14.

5. Dependet a Verbo subaudito, maxime in salutationibus epistolarum; ut Βασίλειος Λιβανίῳ εὖ πράττειν, *Basilius Libanio S.* Sic χαίρειν, & ὑγιαίνειν, sed hoc posterius rarissimum. Subauditur autem Verbum προστάττει.

6. Præposito Articulo fit nomen; ut τὸ μετανοεῖν, vel μετανοῆσαι, idest, ἡ μετάνοια, *pœnitentia.*

7. Reperitur positum pro finito post dictionem relativam; ut ὅσον κἀμὲ εἰδέναι, *quod quidem ego sciam.*

8. Supplet Gerundia, ac Supina. Vide paulo infra.

9. Infiniti loco sæpe utimur Participio. Vide infra de Participio.

De

De Gerundiis, ac Supinis.

Gerundiis Græci carent: sed commode ea supplent per infinita præposito Articulo οῦ, τῷ, τὸ: ut ἕνεκα τȣ̃ γράφειν, *causa scribendi*: ἐν τῷ γράφειν, *in scribendo*: πρὸς τὸ γράφειν, *ad scribendum*.

Gerundia in *dum* cum Verbo Substantivo *est* exprimuntur per Verbalia in ἰον: ut γραπτέον ἐμοὶ (vel ἐμὲ) ἐπιςολὼ, *scribendum est mihi epistolam*, idest, *scribenda est mihi epistola*; quod & hoc modo, γραπτέον ἐμοὶ ἐπιςολὴ: ut γραπτέ⸺ ἰα ἰον, respondeat Latinorum Gerundivo in *dus*, *da*, *dum*.

Item Gerundiva per Græcorum Infinita. Luc. εἶχε κῆπον λαβὼν γεωργεῖν, *erat illi hortus, quem acceperat colendum*.

Supina item exprimuntur per Infinita: ut ἐκ ἦλθον διαλύσαι, *non veni solvere*, idest, *solutum: καλὸς ἰδεῖν, pulcher visu*.

De Participio.

1. Participium cujuscunque casus vestitum Articulo præpositivo exponi potest per Verbum finitum vestitum Articulo Subjunctivo: ut οἱς λέγοντας, idest, οἱ, vel ὅσοι λέγȣσιν: ἐκείνȣς, οἳ λέπȣσι, *qui dicunt*, vel *eos, qui dicunt*.

2. Adhæret quibusdam Adverbiis, & Conjunctionibus: ut μεταξὺ καθεύδων, *inter dormiendum*, vel *dum dormio, is, it*, &c. *dum dormiebam*, vel *dormirem*, &c. καίπερ εἰδώς, *quamvis sciam*, &c. sic interdum & καίτοι.

3. Interdum pro Adverbio ponitur: ut τελδ(?)ῶν, ὥσα, ὦν, *tandem*: πελδ(?)ῶντες ἀπῆλθον, *tandem abierunt*. Non ita dissimiliter & ἀρχόμεν⸺, *incipiens*: ut ἔλεγε ταῦτα ἀρχόμεν⸺ τȣ̃ λόγȣ, *in initio orationis hoc dicebat*. Sic λέγε ἀνύσας, *dic cito*.

4. Nonnunquam vacat: ut ληρεῖς ἔχων, *nugaris*.

5. Reperitur pro Verbo finito: ut Isocr. ὡ ς ἄνθρωπος ὢν ὑπομιμνήσκης, *si te hominem esse memineris*.

ntris. Luc. ἐκ ᾔδης, ὡς κομίζην δίον ; *nesciebas afferendum esse?* Hujus vim habet χρεών, *oportet* (quod & χρεών ἐςι) pro χρή.

6. Sæpe adhibetur pro Infinito, maxime cum Verbis perseverandi, intelligendi, & contrariis, ut διατελῶ ποιῶν, *persevero faciens*, idest, *perpetuo facio*: παύομαι ἐργιζόμενος, *desino irasci*: συνίημι προκόπτων, *intelligo me proficere*: αἰσθάνομαι ἁμαρτὼν: *sentio me errasse*: φαίνομαι σιγήσας, *apparet, me tacuisse*: μέμνημαι ἀκύσας, &c. *memini me audisse*: σύνοιδα ἐμαυτῷ ἀσεβήσας, vel ἀσεβήσαντα, *conscius mihi sum impie me fecisse*, idest, ἀσεβῆσαι, vel ὅτι ἠσέβησα.

7. Participia aliquando significant causam efficientem, causam finalem, conditionem, conjunctionem adversativam, modum, tempus.

Quædam Participium cum ceteris Verbis eleganter junguntur, etiamsi propemodum vacare videantur: ut ἀπιὼν, ἀποπλέων, *proficiscens*, ἀποπλεύσας, *profectus*, & similia cum οἴχομαι, *abeo*: ut ᾤχετο ἀπιὼν, *abiit*. Sic ὢν cum τυγχάνω: ut τυγχάνομεν ὄντες, *sumus*, &c.

Interdum Participium ita jungitur cum Verbo Substantivo, ut non vacet, sed utrunque simul sumptum unius verbi habeat vim: ut ὡ ὁ θεράπων λέξας τύχῃ, idest, λέξῃ, *si servus dixerit*, vel *si forte dixerit*.

Genitivi Participiorum ponuntur absolute: ut ἐμοῦ καθεύδοντος, *me dormiente*.

Raro Nominativi, raro etiam Accusativi, nisi cum ὡς, vel ὥσπερ.

Peculiare est illud: ταῦτα δόξαν, *cum hæc ita placuissent*.

In Impersonalibus absolute ponitur potius Nominativus, vel Accusativus: ut δέον, *cum oporteat*, vel *cum oporteret*: ἐξὸν, *cum liceat*, vel *liceret*, &c.

Reperitur tamen & Genitivus: ut πολὺ ὕσαντος, & πολλῷ ὕοντος, *magnis imbribus*. Nisi forte hic subaudiatur Genitivus Διός.

Cæterum valde frequens est apud Græcos Figura Enallage, qua una Orationis pars pro alia ponitur, aut accidentia permutantur. Itaque & nomina pro adverbiis,

& *adverbia cum articulo pro nominibus*, & *præpositiones pariter cum articulo pro iisdem*, & *sine articulo pro adverbiis*, & *rursus pro nominibus participia; itemque activum pro passivo*, & *vicissim*, & *modum pro modo*, *tempus pro tempore*, *genus pro genere*, *casum pro casu*, *numerum pro numero usurpant. Quæ quamvis vera à Gretsero tradantur, tamen magis ad amicitiam*, & *Scriptorum intellectum, quam ad usum valere debent.*

Conjunctionis ἄν, apud Poetas, κε, & κεν, usus frequens, & observandus.

1. Δυνητικῶς, *Potentialiter* significat, seu modum Potentialem supplet, adjungiturque fere omnibus Modis, & Temporibus; sive præponatur, sive postponatur.

Indicativ.

Præs. δέμας ὐκ ἂν ὀρθῶς καπνύται: *corpus non recte fumet, vel fumaret.*

Imperf. ὐκ ἔλεγον ἂν τῦτο, vel ὐκ ἂν ἔλεγον τῦτο: *non dicerem hoc.*

Plusq. Perf. ἐξήρπατο ἂν τοιῦτος: *ereptus fuisset homo ejusmodi.*

Aor. 1. ὐδὲν ἂν ἔπραξε: *nihil fecisset.*

Aor. 2. ἐκεῖνον ἂν ἐξέβαλον: *illum ejecissent.*

Optativ.

Præs. εὐχοίμην ἂν: *optem.*

Præt. πετύφοιμι ἂν: *verberaverim*, vel *verberavissem.*

Aor. 1. γράψαιμι ἂν: *scriberem*, vel *scripsissem.*

Aor. 2. ὄλοιτο ἂν: *periret*, vel *periisset.*

Aor. Æol. σὺ γάρ ἂν τῦτο ποιήσειας? *tu enim ut id feceris?*

Fut. 1. ὐ τις ἄσοιμι ἂν τῦτο: *non crediderim hoc.*

Subjunctiv.

Præs. καλὸν ἂν ᾖ: *pulchrum sit.*

Præt. μάτην ἂν κεκτώμεθα: *frustra possideremus.*

Infin.

Præs. οἶμαί σε γράφειν ἄν: *puto, te scripturum.*

Aor. 1. ἐλπίζω χρήσασθαι ἄν: *spero, me usurum.*

Aor.

Grammatices.

Aor. 2. ἡγοῦμαι πάντας ἂν εἰπεῖν : *puto, omnes dicturos fuisse.*
Fut. ὑπολαμβάνω ὑμᾶς καταφρονήσειν ἂν : *suspicor, vos contempturos.*

Particip.

Præf. σιωπῶ, ἔχων εἰπεῖν : *taceo habens, quæ possem dicere,* vel *cum possim dicere.*
Aor. 1. τῶν ἂν ἐλεγχθέντων : *eorum, qui redarguantur.*
Aor. 2. ὡς ἤποτ᾽ ἂν ἐλθών : *ut qui nunquam venire possit,* vel *potuisset.*

2. Ἀοριστολογικῶς, *Indefinite*; cum indefinitam loci, temporis, ac cæterorum id genus significationem habet : quo modo fere cum Optativo, vel Subjunctivo conjungitur. Tunc autem Verbo tantum præponitur : ut ὅ τι ἂν λέγοις, *quidquid dicas :* ἐρώτα, ὁπόσα ἂν ἐθέλῃς, *interroga quæcunque voles.*

3. Παραπληρωματικῶς, *Abundanter,* cum nimirum particula ἂν abundat : ut οὐδ᾽ ἂν ὀρνίθων γάλα ἀνὰ τῶ βίω λάβοιμι ἂν, *ne lac quidem avium huic vitæ prætulerim.*

4. Ἐλλιπτικῶς, *Defective,* cum ἂν subintelligitur : ut πῶς τις πείθησαι; *quomodo aliquis obtemperaret?*

Si Propositioni, cui inserviat εἰ, respondeat Redditio, cui inserviat ἂν, utraque effertur per hos Modos.

Per Indicativum.

εἰς ἐσωφρονεῖτε, οὐδ᾽ ἂν ὠνομάζετε : *si saperetis, neque nominaretis.*
εἰ μὲν Ἀλέξανδρος ἤμην, ἔλαβον ἂν ταῦτα : *si essem Alexander, ista accepissem.*
εἰ κατηγόρησε, κἀγὼ ἂν ἀπελογούμην : *si accusaret, & ego defenderem.*
εἰ τις φίλων εἶδεν, οὐκ ἂν ἀνέγνω : *si quis amicorum vidisset, non cognovisset.*

Per Optativ.

εἰ τοὺς θεοὺς ἔχοι φίλους, ἀρίστην μαντικὴν ἂν ἔχοι : *si Deos quis habeat amicos, optimam divinationem habet.*
εἰ ἀναγκαῖον εἴη ἀδικεῖν, ἢ ἀδικεῖσθαι, ἑλοίμην ἂν μᾶλλον ἀδικεῖσθαι, ἢ ἀδικεῖν : *si alterutrum necesse esset, facere, aut pati injuriam, mallem accipere, quam facere.*

ἔτ' ἂν ἀμυναίμην, εἰ μοι δύναμίς γε παρείη: *profecto ulciscerer, si possem.*

Per Optativum εἰ: *per Indicativum* ἂν.

εἰ δόξειε ταληθὲς αὐτῷ, εὐθὺς ἂν ἐπείσθη; *si verum illi visum esset, statim fuisset persuasus.*

εἰ λυπουμένω γ' ἄσθαι, Νικήριον ἂν ὑπεκορίζετο: *si tristem esse sensisset, Nicarium per blanditias appellabat.*

εἴ τινα λάβοιεν, ἀπέκτεινον: *si quem nacti essent, interficiebant.* Hic ἂν *subticetur.*

Per indicativum εἰ: *per Optativum* ἂν.

ἀνόητ@- ἂν εἴη, εἰ καταφρονήσοι: *stultus esset, si contempsisset.*

εἰ δή σοι ὑπείξομαι, δειλὸς ἂν καλοίμην: *si tibi cederem, ignavus vocarer.*

μακάριόν μέ τις θεῶν ἔμελλε θήσειν, εἰ τύχοιμι τῶν γάμων: *beatum me aliquis Deorum redditurus fuerat, si te uxorem duxissem:* pro εἰ ἔτυχον, ἔμελλεν ἂν.

De ἂν plura alia dabit longa animadversio.

De Prosodia, sive carminum ratione.

Quid sit pes, quid tempus, quid syllaba, quid scansio, praeterimus tanquam nota ex Prosodia Latina. Hic tantum meminerint pueri, ε, ο, breves esse; η, ω, cum diphthongis omnibus longas esse natura, & α, ι, υ, aliquando breves, aliquando longas.

Scansioni accidunt apud Graecos Apostrophus, Synecphonesis, Diaeresis, & Caesura.

Apostrophus est cum eliduntur α, ε, ι, ο, αι, οι, sequente dictione a vocali vel diphthongo incipiente. Sed hoc pro carminis ratione vel observant, vel omittunt Graeci, ut Homerus.

Ὦ γύναι ἦ μάλα τοῦτο ἔπος νημερτὲς ἔειπες.

O mulier maxime hoc verbum dixisti verum.

Saepe etiam ante consonantes abjiciuntur vocales, & diphthongi, ut

Πὰρ μέν οἱ ὥρια κεῖται ὅσα δρυὸς ἄκρα φέροντι.

Adsunt ei fructus quotquot tempestive ferunt arbores.

Aliquando eliditur prima vocalis sequentis dictionis:

Grammatices.

his: ὦ 'γαθὲ, *O bone*, ὦ 'ναξ, *O rex*, ὦ 'νθρωπε, *O homo*, pro ὦ ἄνθρωπε.

Συνίζησις (Synecphonesis est duarum syllabarum in
Σύξασις (unam contractio, ut Homer. Iliad. α.

Χρυσέῳ ἀνὰ σκήπτρῳ, ἢ ἐλίσσετο πάντας Ἀχαιούς.

Cum aureo sceptro, & supplicavit omnibus Achivis.
Et Iliad. β.

Τιμήσῃ, ὀλίσῃ δὲ πολέας ἐπὶ νηυσὶν Ἀχαιῶν.

Honoraret, perderet autem multos apud naves Achivos.
Ita apud Latinos Lucretius l. 4. v. 731.

Quippe etenim multo magis hæc sunt tenuia textu.

Diæresis est, ubi ex una syllaba dissecta fiunt duæ, ut παῖς, pro παῖς, *puer*, εὔφρων pro εὔφρων, *hilaris*.

Cæsura est cum post pedem absolutum syllaba brevis in fine dictionis extenditur: eaque fit apud Græcos post primum, secundum, tertium, quartum, & etiam quintum pedem.

Ancipitum vocalium quantitas decem modis cognoscitur.

Positione.   ⎫ ⎧ Derivatione.
Vocali ante vocalem. ⎪ ⎪ Compositione.
Accentu.   ⎬ ⎨ Incremento.
Contractione.   ⎪ ⎪ Regula.
Dialecto.   ⎭ ⎩ Exemplo, seu auctoritate.

Positio.

Vocalis brevis ante duas consonantes, aut duplicem in eadem dictione, aut in diversis, positione longa est. Excipe si sequens dictio incipiat a ζ, vel a σκ; tunc enim communis est. Hom. Iliad. 2. & 21. Hesiodus etiam primam corripit in πζάνῳ, quamvis in eadem dictione, in Scuto Hercul. v. 141.

σ tamen aliquando eliditur nulla positione facta. Aratus.

Ὥρῃ ἑσπερίῃ κρώζει πολύφωνος κορώνη.

Hora vespertina crocitat clamosa cornix.

Ut nonnunquam apud Latinos: Cicero in Aratum.

Delphinus jacet haud nimio lustratu' nitore.

Vocalis brevis ante mutam sequente liquida sive ejusdem, sive diversæ dictionis, communis redditur,

ut

ut etiam ante πτ, κτ, μν, & nonnunqum ante solam liquidam, ut apud Homerum Iliad. α.

αὐτοὺς δ' ἑλώρια τεῦχε κύνεσσι.
fecit ipsos escas canibus.
Et Iliad. 22.
Πολλὰ λισσόμενοι, ὑδ' Ἕκτορι θυμὸν ἔπειθον.
Multa precantes, neque Hectori animum flectebant.
Ceterum vocalis longa, aut anceps producta nunquam in his positionibus communis est.

Vocalis ante vocalem.

Vocales longæ, & diphthongi breves esse possunt, si Vocalem, aut diphthongum præcedant; quod frequens est in diversis dictionibus, at in eadem rarius.

Accentus.

Ultima brevis est, quando penultima circumflectitur, ut μοῦσα. Cum penultima natura longa accentum acutum habet, anceps, quæ est in ultima, producitur, ut ἡ ὥρα, *hora*. Quando masculinum habet accentum in antepenultima, in ρος, & ος, purum, fœmininum ejus longum est in ultima, ut ἅγιος, ἁγία.

Si anceps habeat acutum in penultima, ultima brevis erit, ut ἡ φύσις, *natura*.

Omnis syllaba circumflexa longa est natura, ut πῦρ, *ignis*.

Contractio.

Omnis syllaba ex contractione facta longa est, ut ἐβόαι, ἐβόα.

Dialectus.

(Doricum natum ex υ longum est, et φάμα pro
(φήμη, *fama*.
Α (Æolicum breve est, ut νύμφα pro νύμφη, *nympha*.
  (Jonicum breve est in penultimis præteritorum,
ut γέγαα, pro γέγηκα a γάω, *nascor*, μέμαα pro μέμνηκα a μάω, *cupio* (de obliquis tamen Præteriti Participii μεμαώς modo brevibus, modo longis, vide infra in Catalogo) βίβαα pro βίβηκα a βαίνω, *eo*; & in tertiis personis pluralibus passivis, & mediis, ut τετύφαται, pro τετυμμένοι εἰσὶ, τυψαίατο pro τύψαιντο, &c. ἕαται, pro ὧνται, *sedent*, κέαται pro κεῖνται, *jacent*.

A Jo-

Grammatices. 221

A Jonice interpositum verbis in αω, longa syllaba antecedente, producitur, ut μαιμάα pro μαιμᾷ, a μαιμάω, vehementer desidero; præcedente brevi, corripitur, ut βοάα pro βοᾷ, a βοάω clamo, ἀνπάαν pro ἀνπῇς, ab ἀνπάω, occurro. Producitur etiam in tertiis personis Jonicis verborum in μι, ut ϖθίασι.

A natum ex η per diæresin Atticam breve est, ut ἤγα, ἴαγα, fractus sum; ἥλων, ἱάλων, captus sum.

Ancipites quoque post resolutionem diphthongi propriæ, vel impropriæ plerumque corripiuntur, ut παίς, pro πᾶις, puer, ἀίδης pro ᾄδης, Orcus.

Derivatio.

Derivativa eandem cum primitivis quantitatem plerumque sortiuntur ut νικάω, vinco, νίκη, victoria, ὁ νικητής, victor, prima ubique longa : ἔφυγον, fugi, φυγή, fuga, penultima utrobique brevi. Sed producuntur ὁ καὶ ἡ ἀίδιο⊕, æternus, & ὁ καὶ ἡ ἀΐνα⊕, perennis, ab ἀεί semper, prima brevi ; & corripiuntur λύσις, dissolutio, φύσις, natura, a λέλυσαι, πέφυσαι, penultima longa, & alia quædam.

Compositio.

Composita simplicium quantitatem fere sequuntur, ut ἡ τιμή, honor, ὁ καὶ ἡ ἄτιμο⊕, inhonorus, penultima longa, ἡ φράσις, locutio, ἡ μετάφρασις, interpretatio, penultima brevi.

A privativa particula in compositione corripitur, ut ἄτιμο⊕, inhonorus, ἀκλεής, inglorius. Particulæ etiam ζα, αρι, ερι, βρι, δυς, in compositione repertæ corripiuntur.

Incrementum Nominum.

A Incrementum Æolicum genitivorum longum est, ut Ἀινέαο, Μουσάων.

A in-

Institutio Græca

A incrementum quintæ declinationis breve est in
- Neutris α, ας, αρ, ut σῶμα, *corpus*, κρίας, *caro*, νέκταρ, *nectar*. Sed tamen κέρατα producit Anacreon Od. 2.
- Fœmininis, & masculinis in ας, ut ἡ Παλλάς, *Pallas*; ὁ μέλας, *niger*; in nominibus in ↓, ut Ἄρα↓, β⊕; & plurimis in ξ, ut κόλαξ, κος, *adulator*.
- Masculinis & fœmininis in αρ, & λς, ut ὁ μάκαρ, *beatus*, ἡ ἅλς, *mare*.
- Excipe ↓άρ, ↓αρός, *sturnus*, cujus incrementum longum, & Κάρ, Καρός, ex Caria, cujus commune.

Genitivus in αρ⊕ longus est, quod patet aliquando ex accentu; ut Τιτάν, ιτᾶν⊕, Πάν, Πανός, *Pan*, præter τάλαν⊕, & μέλαν⊕.

Genitivus in α⊕, a nominibus in αυς, brevis est, ut ναῦς, *navis*, ναός; & in nominibus, quæ Syncopen patiuntur, πατράσι, ἀνδράσι, μητράσι, &c. brevia sunt: at πᾶσι longum, ut patet ex accentu, & inde composita ἅπασι, & σύμπασι; quibus adde Dativum γίγασι.

Incrementum.

Incrementum
- breve est in
  - Nominibus neutrius generis, ut τὸ μέλι, μέλιτ⊕.
  - Fœmininis & masculinis Barytonis, in ι⊕, ιδ⊕, & ιτ⊕, ut ἔρις, ἐριδ⊕.
  - Fœmininis acutitonis in ιδ⊕, ut ἡ πατρίς, πατρίδ⊕.
  - Fœmininis, & masculinis, quæ duas habent terminationes in recto, ut δελφίς, & δελφίν, δελφῖν⊕, ἀκτίς, & ἀκτίν, ἀκτῖν⊕.
- longum est in
  - Monosyllabis, ut ὁ vel ἡ θίν, *θινός littus*; ἡ ῥίν, *nasus*; ἡ ἴν, vel ἴς, *fibra*; ὁ λῖς, vel λῖν, Gen. λιός, *leo*; λίς, λιπός, *pannus*; sed Δίς, Διός, *Jupiter* corripitur, ut & ἅς, τινός infinitum, & τίς, τίνος interrogativum cum suis compositis. Item ὄρνις, ὄρνιθος, *avis*, penultima longa, & ἐϋκνήμιδες, *bene ocreati*, passim apud Homerum, & nonnulla alia in ιδος, quæ notantur infra in Catalogo.

I in-

Grammatices. 223

I incrementum nominum in ξ, & ψ, in quamplurimis breve est, ut θρὶξ, τριχὸς, *capillus*; ὁ χέρνιψ, χέρνιβος, *pollubrum*.

Υ *Incrementum.*

Υ incrementum breve est a
{
Nominibus monosyllabis in υς, ὁ μῦς, *mus*, μυὸς; cujus tamen Genitivus pluralis producitur ab Homer. in Batrachomyomach.
Neutris in υ, τὸ γόνυ, γόνυος, *genu*. At commune habet τὸ δάκρυ, δάκρυος, *lacryma*, apud Nazianz. Anecd. Epigr. 82.
Paroxytonis, oxytonis, & circumflexis in υς, & υρ, ὁ νέκυς, νέκυος, *mortuus*, ὁ μάρτυρ, μάρτυρος, *testis*. Producuntur pauca quædam, de quibus consule Catalogum.
}

Nomina in ω, quæ etiam in υς desinunt, producuntur, ut φόρκυς, & φόρκιω, φόρκιως, *Phorcys*.

Nomina in ξ, ψ, fere habent breve incrementum, ut ὁ ὄνυξ, ὄνυχος, *unguis*, ὁ χάλυψ, χάλυβος, *chalybs*.

Excipiuntur γρύψ, γρυπὸς, *gryps*; γύψ, γυπὸς, *vultur*; κῆρυξ, κήρυκος, *præco*, & alia quædam notata in Catalogo.

Quantitas verborum.

Immutabilis vocalis eandem quantitatem habebit in imperfecto tam activo, quam passivo omnium modorum, etiam in participiis, quam habet in præsenti, ut κρίνω, *judico*, ἔκρινον, κρίνομαι, ἐκρινόμην, κρινόμενος, syllaba κρι ubique longa.

Verba in ώω, producunt penultimam in præsenti, & imperfecto: ut μολώω, *contamino*.

Verba in άνω penultimam corripiunt: præterea quæ formantur a futuro, ut αὐξάνω, ab αὐξήσω, & pauca quædam notata in Catalogo.

Verba in ύω, & ίω quodammodo in penultima sunt communia.

Quantitas in Futuris, & Aoristis.

Quantitas Futurorum, & Aoristorum ex Verborum for-

formatione satis constat. Nonnulli tamen observant, Futuri primi, & Aoristi primi in quarta conjugatione penultimam esse brevem in verbis, quæ sequuntur tertiam. Idem volunt in verbis sextæ in άω nisi ρ, vel vocalis præcedit α, tunc enim α longum erit, ut in δράω, facio, θιάω, spetto.

Quantitas in Præteritis.

Si anceps sit brevis in Futuro, vel Aoristo primo, brevis quoque est in præterito perfecto activo, & passivo, & in Aoristo, & in Futuro primo passivo omnium modorum, ut γελάω, γελάσω, γεγέλακα, rideo. Multo autem magis in his temporibus anceps brevis erit, si penultima Futuri activi sit brevis natura, quamvis penultima Aoristi sit longa, ut τείνω, tendo, τενώ, τέτακα.

Quoties ex Præterito vel κ, vel simul etiam vocalis abjicitur, anceps, quæ remanet, brevis est, licet antea fuerit longa, ut πέφυκα, πέφυκ, δέδοικα, δέδια.

In Verborum repetitionibus sive Atticis, sive non, ancipites breves sunt, ut ἀκήκοα ab ἀκύω, audio, πιτρώσκω, vulnero, ὠπαίνω, intendo, vel punio, ἀκάχημι pro ἄχημι, doleo, &c.

A crescens verborum corripitur, ut πετύφασιν, πετύφαμεν, ἐτύψατε, ἐτυψάμεθον, ἐτυψάμεθα: ante σι producitur, ut πετύφασι. Mimnermus:

Οὐκ ἀγαθὸν· κῆρες δὲ παρεστήκασι μέλαιναι.

Non bonum. Parcæ autem nigræ nobis astant.

Corripitur tamen λελόγχασι ab Homer. Odys. 11.

Breve quoque est α in aor. 1. Imper. act. ut τύψάτω, τύψατον, τύψατε, & in singulari aor. 1. Indic. med., ut ἐτυψάμων, ἐτύψατο, & in Participio, ut τυψάμενος.

At Participium fœmininum aor. 1. act. in ασα longum est, ut τύψασα.

Corripitur quoque α Infinitivi in Paragoge Attica, & Dorica, ut κατακτάμεναι pro κατακτῆναι, occidere.

Quantitas Verborum in μι.

Propria reduplicatio verborum in μι, nisi obstet positio, brevis est: impropria fere longa.

A se-

A secundæ conjugationis corripitur ubique; sed producuntur personæ in ασι.

T quartæ conjugationis in singulari activæ vocis producitur; at in duali, & plurali (præterquam Aoristi 2. ut ἰδύτω, ἰδυτε, a δῦμι) & in toto passivo, & medio corripitur. De verbo ὄμνυμι vide in Catalogo.

In imperativo singulari corripitur υ in polysyllabis, in dissyllabis producitur, ut κλῦδί μευ ἀργυρότοξε, *Audi me Apollo*.

Regulæ de primis, & mediis syllabis nominum.

Anceps vocalis ante aliam, sive brevem, sive longam, non corripitur necessario, ut apud Latinos.

A in superlativo semper corripitur, ut σοφώτατος.

Nomina in ια acutitona, quæ habent ultimam longam, penultimam corripiunt, ut Μαρία, φιλία.

Excipe αἰκία, *plaga*; ἀνία, *tristitia*; κονία, *pulvis*; καλιά, *nidus*, ὁρμιά, *linea piscatoris*; quorum hoc i habet longum, cetera vero commune. Penultimam quoque in σοφία producit Theocritus, seu quis alius auctor in Syringe, & in κακοεργία Homer. Odys. 22.

I breve est in {
Diminutivis in ιον, ut κοράσιον, *puellulus*.
Comparativis neutris, ut ἥδιον, *suavius*.
Multis adjectivis in ις: ut ἄξιος, *dignus*.
Multis substantivis, ut βίος, *vita*.
Nominibus possessivis, & materialibus in ιος, ut ἀνθρώπινος, *humanus*; λίθινος, *lapideus*.
Illis item, quæ tempus significant, ut ἐαρινός, *vernus*, θερινός, *æstivus*.
Patronymica quoque in αδης, & ιδης, brevia sunt, præter Οἰλιάδης, *Oilei filius*.
}

Υ in pronominibus producitur: ὑμᾶς, ὑμῶν, ὑμῖν, ὑμᾶς.

In nominibus polysyllabis in υνη, & υτης, υ corripitur, ut γηθοσύνη, *gaudium*; βραδύτης, *tarditas*; γλυκύτης, *dulcedo*.

Præpositionum penultimæ ancipites breves sunt, ut ἀπό, διά, ὑπό.

Exemplum seu authoritas.

Ultima ratio cognoscendæ quantitatis syllabæ est exememplum, feu authoritas, eademque optima, certiſſima, & facillima, quam Poetarum lectio multo facilius, & ex Poetarum exemplis concinnatus Catalogus, quam regularum multitudo, fuppeditabit.

De ultimis ſyllabis.

A finita corripiuntur, ut ἡ τράπεζα, *menſa*, item μαῖα, μοῖρα, τύψασα, τέτυφα, ἵνα.

Producuntur
- Nomina in ια, ut θέα, *ſpectaculum*, in δα, & θα, in εα, a verbis in άω, ut προφητεία, & in ια, præter δῖα, μία, πότνια.
- Polyſyllaba in αια, ut σιλωαία, cum Adjectivis in οια, ut ὅμοιος, οία.
- Nomina in ρα non præcedente diphthongo, ut χαρά, *gaudium*. Corripitur tamen Σάρρα, Sα-ra, a Nazianz. Anecd. Epigr. 84.
- Nomina oxytona fecundæ ſimplicium, ut ἀνδρα.
- Articuli fœminini numeri dualis, ut ταί.
- Vocativis nominum inας primæ declinationis, ut ὦ Αἰνεία. Sed nominum in ης corripitur.
- Dualis primæ, & fecundæ declinationis.
- Vocativi Poetici, ut ὦ πολυδαῖμα.
- A Doricum in Genitivo, ut τᾶ Αἰνεία pro Αἰνείου,

Excipiuntur
- Αν finita corripiuntur, ut τράπεζαν, ἔτυψαν, μέλαν.
  - Πᾶν; niſi in compoſitis: nomina maſculina in αν, ut Τιτὰν, & Adverbia, ut πέραν, *ultra*, λίαν, *valde*. Sed ὅταν, *quando*, corripitur.
  - Αν primæ, ut Αἰνείαν, & fecundæ declinationis, ſi habet α longum in Nominativo, ut φιλίαν, &c.

Αρ finita corripiuntur, ut νέκταρ, ὄναρ, αὐτὰρ, ἄφαρ.
Monoſyllaba κάρ, ψάρ, producuntur.
Ας finita producuntur: ut Αἰνείας, ταὶς μύσας, ὁ Αἴας, τύψας.
Æoles tamen corripiunt ας in accuſat. plur. primæ & fecundæ declinationis, & in nominativo ſingulari participiorum.

Cor-

Grammatices.

Corripiuntur
{ Fæminina in ας, ut λαμπας; masculina, ut ὁ μέλας, μέγας; neutra; ut τὸ σέλας, *lumen*.
Item Adverbia, ut ἑκας, ἀτρέμας.
Item accusativi plurales quintæ declinationis simplicium, ut Τισαύρας, & ἡμέας, ὑμέας, σφέας.
Item secundæ Verborum personæ singulares in *as*, ut ἔτυψας, πέτυφας, πέτυπας; exceptis iis, quæ contrahuntur, ut βοᾶς. }

I finita brevia sunt, ut μέλι, ὅτι, βίηφι.

Producuntur
{ Adverbia, & pronomina aucta per paragogen; ut νυνὶ, ὑτωσί.
Item ι ab Atticis ex ε, vel ο, vel α factum, ut ὁδὶ pro ὅδε, ταυτὶ pro ταῦτα, τηνὶ pro τὴν.
Item κοὶ, & nomina litterarum, ut ξῖ, πῖ. }

Iν finita corripiuntur; ut τρὶν, πάλιν, ἐριν, μὶν, νὶν, ἀν, τὶν, & syllaba, quibus ν additur: ut τύπτουσιν, ἐςὶν.

Nomina duarum terminationum, ut ῥὶν, λῖν, δελφὶν, ἀκτὶν, producuntur. Item Dativi ἡμῖν, & ὑμῖν, ut patet ex accentu; corripiuntur tamen, si ex perispomenis fiant properispomeni, aut oxytoni, aut paroxytoni, ἄμμιν, ἥμιν, ὕμιν, ἄμμιν, ὕμμιν.

Iς finita corripiuntur, ut πόλις, ἐρις, ἐριδος, τυραννὶς, τυραννίδος, δὶς, τρὶς, cum ejusmodi adverbiis.

Producuntur
{ Quorum augmentum est longum, qualia sunt, ῥὶς, δελφὶς, ὄρνις, κνημὶς, σφραγὶς, & κλῆις.
Item monosyllaba, præter τὶς indefinitum. }

Υ finita corripiuntur, σὺ, τὺ, δάκρυ, γλυκὺ, ἰῦ pro ει cum suis similibus.

Grammatices.

Mars, Mars, *homicida, fanguinaris, mœnium fub-verfor.*

Et monofyllaba brevia eo ipfo, quod monofyllaba funt, fæpe producunt, ut τὲ, μὲν, ὡς, &c.

CATALOGUS DICTIONUM,
in quibus Ancipites Vocales producuntur.

A *In Antepenultimis Syllabis productum.*

1. A ante Vocalem, ἀάατος medium α producit, ἀέναος, ἀέριος, ἀίδιος: ἀηδαλής, ἄαες, ἀϊκή, ἀίοσω (compofitum tamen ὑπαίοσω modo corripit Iliad. φ. v. 126. modo producit ibid. v. 234.) ἀκράαντος. ἄονες, ἀχαϊκός. βιάομαι, βυγαῖος, ἐκραάνθω, ἐλαΐνος, ἰάομαι, κααίγδω, κεράατα, κράατα. λάασι lapidibus, Orpheus. λαέρτης, λάϊνος, λαΐνεος, λαοδάμεια, & reliqua a λαός. ξυνάορος. τρφύνω, ἄασε nocuit. ῥᾶσα, ταύγετον, τεράατα, τετράορος.

Anceps est ἀείδω, ἀίω, γραΐδιον, & Genitivus ἀίδος. Præteritum quoque Participii μεμαώς longum habet α in obliquis, fi inflectantur per o, ut μεμαότες; breve, fi inflectantur Poetice per ω ut μεμαῶτες.

2. Αγ. ἰθαγενής. ναυαγέω, quia ναυηγέω, ναγενής, quia νεηγενής. ῥαγίζω, σφραγίζομαι, πμαγήπης. φαγίνεος, quia φηγίνεος.

3. Αδ. ἀδηκώς, ὁπός, ῥάδιος.

4. Αθ. γαθυλ᾽ς, ῥάθυμος.

5. Αχ. ἀκύση, διάκος, διακόση, τετακόση, &c. λακέω (corripitur tamen a Theocr. Idyl. β. v. 24.) μακεδανός, συρακόση, φαλακία.

6. Αλ. ἁλία calor, ἄλυκτος, ἀλοσύνη, ἀναλίσκω, ἀνάλωσις, κεφαλῶτις, σαλαγμός, φαλαίνη. ἐναλώσας corripitur in Ariftoph. πλύτῳ, verfu 381.

Anceps μαλακός.

7. Αμ. ἄμητος, ἀμητοί, ἀπαμαία, δαμσίπις, ἄδαμήττος.

Indiff. ἀμάω.

8. Αν. ἀνέφελος, ἀνεψιός, ἀνύμενος, δάνυβις, κατάνεμαι, κρανίον, κράνεον, κρανώσης, μανικός, νεανίας, ταιανίδες.

Commune, ἀγανόφρων.

9. Ατ. ἀπάλαμνος, ἄπηρος, pro ὕπηρος, ἀτεννῖῶ, ἀπευδανός, δραπέτης, δραπετιάδης, νάτηια. Anceps ἀπόλων.

10. Αρ. ἀράομαι, ἀρύω, ἄρητ©, ἀρυτὴρ, ἀρύτειρα, ἄρλων orbs, ἄριστον prandium, ἀμάρακις, κάραβ©, κακίων, καρύομαι.

11. Ασ. ἀσπάδης, ἀσωπὸς, διπλάσιος, quia διπλήσιος: ἐπαράσιμ©, ἀκρασία, ἰάσιμ©, κοράσιον, πασιφάη, τασιφάης. πάσασθαι pro κτήσασθαι primam producit: pro γεύσασθαι corripit.

12. Ατ. ἀπάλω, ἄπρ©, ἀπρὸς, βαπάριον. διδυμαπόκ©, δάτερον, λατομία, λατύπ©.

13. Αφ. ἐπάφι©.

14. Αχ. τράχυρ©.

In Penultimis.

1. A ante vocalem. αἰθραὶς, ἀκραὴς, ἀμφιάρα©, ἀχραὶς, ἄων, δαὴρ, ἄκραὴς, θαὶς, κράας, λάας, λαῖγξ, λαὸς, λαῖς, ναῖς, ναὸς, παμφαὴς, παὸς, πολυαῖξ, πραῆς, πραῶ©, πράως, Πτολεμαῖς, ῥάων, φαῶ©, χάων. Et composita ad ἀν: ἀλιαὴς, βαριαὴς, δυσαὴς, ζαής. Et in αων per ον© declinata: ut ἀλημάων, ἀμυθάων, ἀρεπάων, διδυμάων, ἱεπάων, λυκάων, μαχάων, ὀπάων, προσπάων, σωσπάων, τυράων. Sic ποσειδάων, propter ambientes longas. Verba in αω purum, & ραω, producuntur: ut ἐάω, πειράω. Excipe ἀμφιάω, ἰψιάω, propter ambientes, ἐπίχραον corripitur. Producitur & πεινάω, propter ambientes. Item κάω, & κλάω, pro καίω, & κλαίω.

Indifferentia sunt αὔρ, ἄορ, ἴλα©.

2. Αγ. ἀαγὴς, ἀγὴς, δαγὴς, ἴαγε, ἐαγὼς, πελαγή, πεπραγὼς, σφαγ᾽ς, πάγ©.

3. Αδ. ἄδος, ἰαδε, ἰαδώς, λάδας, λαίδων, ὀϊλάδης. Alias Patronymica in αδης & ιδης corripiuntur. ὀπαδός, σπάδιξ.

4. Αθ. ἄθλον, κράθ©, πειραθείς, πραθείς.

5. Ακ. ἄκις fluvius, ἄκων invitus, δᾶκ©, θράκη, λίλακας strepis. οἴακις, ab οἴαξ.

Commune σάκ©.

6. Αλ. ἅλες, ἀμάλη, δαλός, κάλον lignum. ὀμφάλη,

Grammatices. 231

πυπκοντακίφαλ☉, σαλήμ, σαρδανάπαλ☉, σύμφαλ☉, ἅλις, τριχέφαλ☉.
Commune καλός.
7. Αμ. ἀμός. (corripitur 27. Idyl. Theocriti.) δᾶμις, δάμων, τέπραμαι, συγκέκραμαι, ταμά mea, φρασίδαμ☉: βάλσαμον Nicander Theriac. V. 947. producit.
Verbalia in μα purum longa funt: ut, νᾶμα, θυμίαμα, ὅραμα, χεῖμα, θῦμα. Excipe a μι: ut, δόμα.
8. Αν. ἀγαθάνωρ, ἀγάναξ, ἀγάνωρ, βιάνωρ, ἴραν☉, ἴανος, ἱκάνω: ἴκανε commune invenitur. καπάνεται confumitur. κιχάνω, μαρπανιανός, νεάνις, νικάνωρ, τεθνᾶναι, τρίκραν☉, φθάνω. Item diffyllaba in αν☉ acuta, ut δανός, τρανός. Et Gentilia in αν☉, & ανις, ut βρεπανός, βρεπανίς.
Indifferentia, ἄνω pro ἀνύω, ἀνήρ, ἰανός, ἰυλιανός.
9. Απ. ἄνατος fluvius, ἄπις, ἰάπυξ, νάπυ, πρίαπος, σάραπις.
10. Αρ. ἄρα numquid, αὔσαρος fluvius, ἁμάρας, θυμαρής, κτρεὶς pifcis, καπάρα, λαρός, νάρων fluvius, πάραρος, παρός, ταάρα, φάρις, φάρος. Communia funt ἀρά, ἄρης, μυσαρός.
11. Ασ. ἄπασι Dativus, ἄσις, ἀσον, γίγασι Dativus, ἴασοι, ἴασον, κράσις, μάσις urbs, πρᾶσις, φασί, φᾶσις.
Verba in αω purum & ραω penultimam Futuri, & Aorifti producunt: ut ἰάσω, ἰάσα: ὁράσω, γηράσω, πειράσω, φυράσω. γελάσαω Epenthefis producit ut alia multa. Iliad. 10. V. 299. ἰάσεν ἦπωρ, corripitur.
Verba in αζω dant ας breve: ut, ἀπάσω, θαύμασι, κολάσας, quia anceps ante ζ natura brevis eſt. Sic πλάτω, πλάσω. τελάσας Epentheſi producitur.
12. Ατ. ἀθέατος, ἀόρατος, ἀπύρατος, ἀπροσόρατος, ἄρατος, ἄτος, ἄτω, ad ἄατος, & ἀάτη: (ἄτη tamen corripit Sappho) γεγάατη Præteritum. δμάτωρ, ἀφράτης, θέατρον, θεατός, ἰατρός τρήρατος fluvius, κραπήρ: λύσατε, aor. 1. imperat. Iliad. 1. fed varie legitur: ὀλίσατε Aoriftus: κέρασα, 2. ode Anacreontis: φράπωρ.
Sic Lapidum nomina, & Gentilia: ut ἀχάτης, γαγάτης

P 4

Institutio Græcæ

γάπης, ῥιφάπης, ἁρπάπης, ἁρπάπης. excipe γαλάπης, δαλμάπης, σαρμάπης, ut indicat & quantitas latina.

13. Αχ. τραχὺς cum compositis. ἰαχὴ anceps.

I *in Antepenultimis Syllabis productum.*

1. I ante Vocalem, διογένης, ἰάομαι, ἰαμένος, ἰάσιμος, ἰάσιος, ἴασος, ἰητὴρ, ἰατικὸς, ἴομαι, ἰονίη, ἰίζω, ἰὺγὴ, ἰυγμὸς, ἰυκτὶς, ὀχμός. Et ad ἰὸς composita, ἰοβόλος, ἰοχίαιρα, κιάδω, κυλιόμενος, μνιώδης, ὀφιονίδης, παλίηξις, παρδιονίδης, πιαίνω, πιότατος, πίερος, πίελος, τίομαι, προΐεξις, φθιώτης, χίαπος, χιονόεις.

Communia, ἀνιάζω, ἀνιάω, ἀνιαρὸς, ἀνιηρὸς, ἰαίνω, ἰάχω, ἰατρὸς, ἱερὸς; ἵημι & ἵεμαι eo: ἵημι mitto, ἵεμαι cupio, μεθίεσι, ἴομεν eamus.

2. Ιβ. ἀλίβαπος, ηβίελος, ἵβυερις: κειβανώπης: Aristoph. πλύτῳ. 765.

3. Ιγ. ὀρίγανον pro ὀρέγανον: ῥιγέω, ῥιγόω, ῥίγιον, σιγάω, σιγαλέως, σιγαλόεις.

4. Ιδ. ἀκιδάλιος, ἰδαῖος, ἰδάλιμος, ἰδάλιον, ἰδομενεὺς, πιδύης, πιδύω, σιδόνιος, χελιδόνιον.

5. Ιθ. ἰθύω, ἰθύντωρ, ἰθύτερος, σιθωνία, πιθωτός.

6. Ικ. ἀικίνη, ἴκαρος, ἰκάριος, ἱκεσία, ἱκέσιον, ἱκέσιος, κίκαμα, νικάω, νικίας, νίκανδρος, σικανίη, σικιλίη, φοινίκιος, φιλκαλέος, φιλκάδης.

Indifferentia, ἱκάνω, ἵκελος.

7. Ιλ. ἰπιλαδὸν, ἰλαδὸν, ἰλασμὸς, ἰλατρῷ, ἰλεὸς, ἴλιγγος, ἴλιος, ἰλιοσὸς; ἰλυόεις, μελίλωτον, μίλητος, ὁμιλαδὸν, ὁμιλέω, ὁμιλητὴς, πιλέω, φιλιτάω, φιλήτως, φίλομαι, χίλια, χιλιὰς, χίλιοι, χιλιάω, ψίλωθρον.

Indifferentia, ἴλαμαι, ἵλαος, σιλωός.

8. Ιμ. βειμάω, βειμηδὸν, δειμύλος, ἱμέρα urbs & fl. ἵμερος, ἱμέρω, ἱμερόεις, κεκονιμένος, μίμημαι, μίμημα, μιμηλὸς, σμαῖθα, πιμπιις, ἵμιος, φιμώδης.

9. Ιν. ἀκροδίνια, γίνομαι, γινώσκεις, δελφίνιος, δινήεις, δίνησις, δινωπὸς, ἐρινεὸς, ἰνίον, θεινακίη, ἴναχος, ἰνωπὸς, κίνυμι, κινύφιος fluvius, λακίνιος, λακινιὰς, μινώϊος, πινόσκω, πέμινος, σίνομαι, σπιδίνηθεν, τεινακεία, χαλινόω. Et Verba in ινέω, ut βινέω, κινέω.

Communia, ἀγινέω, δινέω, δινέω, πινάσω apud Nazianz. Anecd. Epigr. 141,

10.

Grammatices. 233

10. Ιτ. διιπισὼς, ἐριπίδης, ὠίπατι, λιπαρῶ, τυριβόλ@ apud Orphea, ρίπαινον mons, ριπίζω.
11. Ιρ. σεμίραμις, τυρινθι@.
12. Ισ. ἀφροδίσιος, βισάλως, βισαλπία, βελσηῆς, ἰσάζω, ἰσαι@, ἰσανδρ@, ἰσήρης, ἰσοταλὴς, ἰσοφαρίζω, κατίσαλ@, μισέω, νισυρὸς, ὀχλίσπαν, πισήως, πισηδὴς, πισιδικὸς, σίσυμβρα, σίσυφ@, σισυφίδης, ἁσκεσθαι, ἀσιφόνι, φθισιῶωρ, χαρίσι@, χρίσομαι.
Indifferens ἴσασι 3. plur. apud Hesiod. & μισαρὸς vel μυσαρὸς apud Theocr. Idyl. 2.
13. Ιτ. ἰπα salix, ἱππονάις, πιίζω, ἄτυρ@, τρισογενὴς, τρισογίνηα, τρισπρὶς, φιτύω.
14. Ιφ. διφάω, διφήσωρ, ἰφιγένηα, ἰφιδάμας, ἰφίνοος, & alia ab ἴφι, ἰφι@, ἴφιπος, τριφυλὶς.
Indifferens πιφαύσκω.
15. Ιχ. κιχάνω, κίχορα, ϕιχάρταξ.

I *in Penultimis.*

1. I ante Vocalem, αἰδείω apud Solonem, propter ambientes: Genitivus Διὸς apud Orph. in Hymn. Perseph. v. 5. δῖος, δῖα, ἔνδιος meridianus. θεῖον, ἰὸς venenum, rubigo, sagitta. ἶγξ, κληϊδών, κονίω, pulverem excito. κρῖὸς, μνίον, ὀρμιὰ, παναγρίης apud Phocyl. & ἀγρία apud Homer. Iliad. χ. πῖαρ, πίηρ, vel πίηρ, pinguis. προθυμίη, σπυθέον. Orph. & ϕύλιον.
Et Gentilia: φθίν, φθίος, χῖος.
Et propria. θεῖος, χῖος, κρῖος, τῖος, ὦος, φλίας.
Item in ιων per ο declinata: ut, ἀμφίων, βραχίων, δολίων, ἰχίων, κίων, ταρδίων, τίων, ρρίων, ὑπηρίων. Excipe τρικάων. Communia, αἰκία, ἀνία, ἀΐδιος, ἦια, ἰς, ἰη, ἰεῖς, ἴον, καλιὰ, κονία, κρονίων, λίαν, (μίαν. Dionys. Alexand. producit) κακοιργία propter ambientes, πιεῖν, σοφία, ὑπάϊδιος, ὠρίων.
Comparativa quoque in ιων producta inveniuntur: ut κάκιον, τάχιον.
Verba in ιω saepe communia. κυμίω, μλώιεν irascebatur, οἴω, ἄω.
Producuntur τρίω, φθίω, χρίω.
2. Ιβ. ἀκριβὴς, ἐρυσίβη, θλίβω, ἴβις, ϛίβυ, ἄβυρ, πι-
βι-

βιερίας apud Nonnum. τειβω commune apud Nicandrum.

3. Ιγ. μάςιξ, μάςιγος, μίγω, πνῖγος, ῥῖγος, σῖγα, στγή. Commune πνίγω. Orpheus in Argonaut. semel γίγας producit.

4. Ιδ. γλυκυσίδη, διδώ, ειλιδὸν, ἴδη, κνίδη, πίδαξ, πολυΐδος, χελιδών, χλιδή, σίδη indifferens in Nicandro.

Producunt hæc obliquos: ἀψὶς, ἀψῖδος: βαλβὶς, βαλβῖδος: κηλὶς, κηλῖδος: κληῒς, κληῗδος, πολυκληῒς, ιδος: κνημὶς, κνημῖδος, ἀκνημις, ῖδος: ῥηςὶς, ῥηςῖδος: βατραχὶς, βατραχῖδος: πλοκαμὶς, πλοκαμῖδος: ῥαφανὶς, ῥαφανῖδος. Aristoph. πλύω, V. 544.

5. Ιθ. βεῖθες, βαθὺς, βεῖθω, ἰεῖδος, ἰεῖδες, ἰθὺς, κελθὴ, λίθος proprium, σιδῶν, χθονοβερθὴς.

Producunt obliquos ὄρνις, ὄρνιθος: μέρμις, μέρμιθος: ὄρνισι Phocyl. corripit.

6. Ικ. ἄκικυς, γελώικος, fl. Θρήϊκι Thraci. κάϊκος, κινύς, νίκη, φοινίκη, φείκη. Producunt hæc obliquos: βέμβιξ, ικος: σπάδιξ, ικος: φοῖνιξ, ικος: φεῖξ, κός.

μυρίκη indifferens Homero. ἀδικῶ quoque ab ἀδικῶ producit Sappho, cum alioquin corripiatur.

7. Ιλ. ἄργιλος, δεκάχιλοι, ἐννεάχιλοι, ἰλὺς, ἶλος, κορίλη, νεόγιλος, Ὀϊλεύς, ὅμιλος, πέδιλον, πῖλος, σμίλαξ, σμίλη, σμῖλος, σπῖλος, χιλὸς, χίλων, ψιλός.

Indifferens αἴγιλος & φίλος.

8. Ιμ. βεῖμν, βειμώ Proserpina. δειμύς. κάμιρος urbs, κλῖμαξ, λιμὸς, μῖμος, σιμὸς, σίμων, φιμός. Et composita, ἀπμος, βύλιμος, ἰρθιμος: Et Verbalia a Verbis penult. producentibus: μώιμα, χεῖμα.

Indifferens ἱμὰς. τιμή quoque corripit Bion in Fragment. eum alioquin producatur.

9. Ιν. αἰχίνης, ἐπαερίνη, ἰερνὰς, ἰερνὸς, θαμινὸς, θερίαξ, θερδακίνις, ἰνώ, κλίνη, μίμνως, ῥινὸς clypeus: φινῶς, χαλινός. Et hæc Barytona in ινος & ινον: δῖνος, γυεῖνος, κάμινος, κυκλάμινον, λαπανος, σαφυλῖνος, σίλινος, σμῖνος, πυλαύερινος. Item in ινη ultra tres Syllabas: ἀδρατίνη, ἐρυκίνη, ἡρωίνη, μολυβδίνη: præter εἰλαπίνη. Producuntur & trisyllaba: ἀξίνη, δωάνη, ἐλξίνη, ῥηνάνη, ὑρμένη, ὑσμί-

Grammatices. 235

ὑσμίνη. Et diſſyllaba duo, δίνη, ῥίνη. Præterea Propria: αἴγινα, καμάρινα, κόρκινα. Et Verba in ινω: κλίνω, κρίνω, πίνω, ὠδίνω. ἄνυσι Solon corripit, & ἀνπαίνειν Theognis.

Producunt obliquos ῥὶς, ῥινὸς, ὠδῖν, ινος, ταιρὶν, ἶνος. σίνος, indifferens Nicandro. Ὁπωρινὸς Iliad. 5. v. 5. & φ. v. 346. & ὀρθρινὸς apud Aratum, & μεσημβρινὸς apud Callim. producuntur : alias corripiuntur, ſicut & alia Temporis ac Materiæ : ut, ἀερινὸς, κίδρινος, ἰακώθινος.

10. Ιπ. γρίπᾶς, ἐνιπᾶς, ὀνίπω, ἄριπος, Ἶπος, κνιπὸς, παρθενοπίπης, ῥίπη urbs, ῥιπὴ, ῥιπᾶς, εἶπερ, σιπὸς, σκίπων.

Indifferent. ἐνιπὴ, ἱρίπω.

11. Ιρ. ἱρὶς, ἱρὸς, ἶρηξ, νιρᾶς, ὄσιρις, ἄρωις.

12. Ισ. ἀγχίσης, ἀμνισὸς, ἀμφισὸς, βερᾶς, θεμίσω, ἶσις, ἴσως, æque, μῖσος, νίσος, πίσα urbs, πίσος ubertas, παλμισός.

Indifferent. ἶσος, & pleraque compoſita, μίσος piaculum. Dativus ὄρνισι corripitur a Phocyl. cum alioquin produci debeat.

Verba in ισω penultimam Futuri, & Aoriſti ſæpe producunt : notentur tamen, ut κυλίσω, μλωίσω, ἄσω, βρίσας.

In ιζω dant ις breve : ut κομίζω, κόμισαν.

13. Ιτ. ἀκόνιτον, ἀδήριτος, ἄπιτος, ἵπων urbs, ἴριτος, κλιτὺς, λῆτις prædatrix, λῖτον, λιτὸς, ὀΐτας, παλίνητος, πυρῆτις, σῖτος, ἠπύν, πόρυς, τρίπων, φίτυς. Et nomina iu ιτω, ιτης, ιτης : ἀφροδίτω, μιλίτω, ὁπλίτης, πολίτης, πολῖτις.

14. Ιφ. γεῖφος, ξυδίφης Deum quærens, ἴφις, ἴφις, φᾶς, σίφρος, σίφων, τίφος.

πῖφος palus. indiff. νίφω.

15. Ιχ. ἰχὼρ, πάρχος : σίχω a Nonno ſæpe producitur : cum tamen Homerus ſemper corripiat.

Υ *In Antepenultimis Syllabis productum.*

1. Τ ante Vocalem. Ἁισυήτης, ἐνυάλιος, κυάνεος, κυανοχαίτης, μυελὸς, μύκρος, μυρείζω, μυδόκος, τυπάη, τλατυάσδω apud Theocrit.

Com-

Communia, πύλ⊕, ὑπός.
Producuntur & ἀναλύεμεν, διαλυόμενος, παλυέπης, μαρύομαι, ῥύπω, ὑόμεν⊕, ὠρύομαι.
Indifferens ῥύομαι.
2. Τγ. γυγαῖ⊕, μυγαλίη, πυγίζω.
Commune, θυγάτηρ.
3. Τδ. κυδάλιμ⊕, κύδιμ⊕, κυδαίνω, κυδιόων, μυδαλί⊕, πυδάω.
4. Τθ. ἐρυθιόων, μυθῦμαι, παραμύθιον, πυθαγόρας, πυθεδών, πύθι⊕, ψιμμύθιον.
5. Τκ. ἐρυκακίω, ἐρίκαμαι, ἐρυκανέω, μυκάομαι, μυκηθμός, συκοφάντης, φυκίον, φυκιόης.
6. Τλ. θυλακὶς, θύλακ⊕, θυλακόης, κογχύλιον, μυλιόωντες, παμφυλία, σκυλάω, σκύλομαι, σύκιν⊕, συλάω, συλάω, σφονδύλειον, ὑλαῖος, ὑλακίδης, ὑλακόης, ὑλακόμωρος, φυλήδης, φύλοπις.
7. Τμ. ἀμυμώνη, εἰλυμένος, ζύμωμα, θυμῦμαι, ἐνθυμῦμαι, ἐνθύμημα, θυμαίνω, θυμήρης, θυμώδης, καπιθύμεναι, κρυμώδης, κυμαῖος, κυμαίνω, ὑμέες, ὑμέτερος.
8. Τν. ἀρτυόμαι, βιθυνία, γρυώιος, ξυνίημι, ξυνόω, σωτιχές, propter liquidam.
9. Τπ. λυπέομαι, ῥύπαιον, τρυπάω, τρύπανον.
10. Τρ. γυραῖος, γυρόω, κινύρομαι, κυρώη, κύριος, κυεῖρος, μαρτύρομαι, μυρίος, μυρίοπις, μύραινα, μύρομαι, πλημμυρίω, πλιμμυρία, πορφύριος, πύραμος, πυραμὶς, πυραύσα, μύρος, τυρίπης, πυραίχμης, πυρωσίον ὄρος, σύρομαι.
Indifferent. πυραυγὺς, πυρλώη, συρίζω, σφύραινα, τυρόης, φυράω.
11. Τσ. βυλύσιος, θαλύσια, λύσανδρος, λυσίζωιος, λυσίκακος. λυσιμελὴς, λυσιμέριμνος, λυσίπονος, μύσος, ῥύσιον, φυσιάω, φυσίγναθος, φυσίζοος Iliad. 3. χρύσιος.
22. Ττ. ἀτρυπώνη, αὐτέω, πρισβυτικὸς, σκυπωόμος, φυπαλιά, φυπάλμιος.
13. Τφ. βοτρύφορος apud Orph. in Hymn. Dionyſ. v. 1. εἰλυφάζω, κεκρύφαλον, κελύφανον, κωλύφιον, τύφομαι, τρυφέω Phocylides producit.
14. Τχ. βρυχανάω.

In Penultimis.

1. T. ante Vocalem. ἐτυὼ, θυὰς, κῦαξ, μύω, μυών, μύω†,

Grammatices.

μύω⸺, τῦ𝜊, σῦαξ, ὕω.

Verba in υω, habentia aute υ duas consonantes, aut duplicem, aut aliter præcedentem longam, producunt υ: ut ττύω, τριπτύω, ἱδρύω, ξύω, ἐρυτύω, ἠμύω.

Indifferentia sunt, ἀνύω, ἀρύω, βρύω, δακρύω, δύω, ἐρύω, θύω, κλύω, κωκύω, λύω, μνύω, φύω.

Δρυὸς, a δρῦς, Hesiodus producit, cum alioqui corripiatur. κάρυον Homero in Batrachomyomachia anceps est. Ibidem etiam Genitivus μυῶν a μῦς, extenditur; & ἰλύ𝜊 ab ἰλύς Iliad. φ. v. 314. & Dativus πληθυῖ Iliad. χ. v. 458.

2. Υβ. ὑβός.

3. Υγ. ἀμαρυγὴ, ἰϋγή, λαιςρύγων, ὀλολυγὴ, ὀλολυγών, τυγή, τρυγών. Κόκκυξ, κόκκυγος, Nicand. Theriac. v. 854. & in Homer. Batrachomyomach. bis producitur aor. 2. ἀπέφυγον.

Anceps γύγης.

4. Υδ. ἄβυδ𝜊, βοτρυδὸν, ἰερκυδής, κῦδ𝜊, λυδὸς, τυδίδης, φερεκύδης.

Indiff. ὕδωρ.

5. Υθ. ζύθ𝜊, μῦθ𝜊, πύθω Verbum, τυθώ Nomen. βυθὸς commune.

Genitivi producuntur, ἀγλῦθος, κώμυθος.

6. Υκ. βρυκὸς, βρύκω, κέρκυρα, μεμυκώς, πέφυκα, συκῆ, σῦκον, φυκὶς, φῦκος, cum Genetivis βόμβυκ𝜊, κήρυκος, κήϋκος.

Anceps ἐρύκω: βίβρυξ, βίβρυχος, δοίδυξ, δοίδυκος, Nicand. Alex. V. 622. & Aristoph. πλύτ. 711.

7. Υλ. ἄσυλον, ἀτρακτυλίς, ἐρυφύλη, κίνδυλα, μυλίς, σῦλος, τύλη, ὕλαξ, ὕλη, φύλας, φυλίς, φυλή, φυλώ, χυλός. Item σκύλον, φῦλον, ἔμφυλος. In Theriac. V. 422. Nicander σκύλα corripit: & V. 514. ἐπιςρογγύλεται producit.

8. Υμ. Verbalia hæc producta: ἄρτυμα, εἴλυμα, θῦμα, κῦμα, ῥῦμα, χῦμα, & aliquando λῦμα. Deinde ἀκύμων, ἐγκύμων, θυμῶν, κύμη acervus, ςρυμών. Et dissyllaba in υμος: κρυμὸς, ῥυμὸς, χυμὸς, πρόθυμος. Item ὑμῆς, ὑμῶν.

Indiff. νώνυμος. ἔμνυμι corripitur a Nazianz. Anecd. Epigr. 16. & θυμὸς ab Orpheo in Hymno Jovis fulmin.
v. 18.

v. 18. cum alioquin producantur.

9. Υ' ἄμμα, βιθυὸς, χορτυὶς, γρωιᾶς, δίκτυια, μαραν δυιὸς, τυῶν pro σὺ, ὗις, φορκωὶς. Item μυίη, φρύνη, θυῖος, φρωῖος. Item ἀνάθυιος, βόθυιος, κίνδυνος, λάχυιος, ὀρκυῖος, τάχυιος. Item ξυὸς, ἐπίξυιος. Et φόρκυιος, a φόρκυι. Item δυώ, & polysyllaba iû ωίω: ut δηθυώ, μολυώ, ότρυώ. Aratus ἀμβλωίται, corripit: Homerus ἀταμβλωίται, Herodot. βίῳ Ὀμήρῳ: & Odyss. 4. ἀρτυώι, Theognis ἐντυώ: Homerus in Batrach. τρωγλοδυώντα.

Anceps κορυίη.

10. Τπ. γρυπὸς, γυπὸς, λύπη, ἄλυτος, πανύτης in Hymnis Homeri.

11. Τρ. ἄγκυρα, ἀλιμυρὴς, γέφυρα, γυρὴ, γυρὸς, κέρκυρα, κινύρη, κῦρος, λάκυρα, λέπυρον, μελίγυρις, νίσυρος, ὀλύρα, ὀνόγυρος, πάπυρος, πίτυρα, πλημμυρὶς, τυρὸς, σκῦρος insula, σύριγξ, σφύρα malleus, τυρώ. Item oxytona habentia antepenultimam longam, χυρὸς (etsi πλύπω Aristoph. V. 947. corripitur) ὀίζυρος.

Item Verba in υρω: ut σύρω, φύρω.

Homerus & Orpheus corripiunt ἁλμυρὸς: & Nicander Alex. 132. ἄθυρον.

Indifferens τυρός.

12. Τσ. Καμβύσης, Διώυσος, φῦσα, χρυσὸς, πολύχρυσος. Item Dativus δάκρυσι apud Nazianz. Anecd. Epigr. 82. cum alioquin corripi debeat.

Verba in υω penultimam Futuri & Aoristi ancipitem habent, sed tamen notentur. ἀνύσω, θύσω, λύσω producuntur. Item ἔδυσεν, ἔκυσα, ἐπέφυσεν, ἦυσε, δακρύσας, λύσατε. Corripiuntur ἐκπνύσαι, ἥλκυσεν, ἐρύσαντο.

In υζω, dant υς breve: ut κλύσω.

13. Τυ. ἀδάκρυτος, ἀλίτρυτος, ἄτρυτος, αὐτή, βαρυτὸς, βαλυπὸς, γωρυπὸς, κωκυπὸς, λύπωρ, μίωυπωρ, μίωύπωρ, μίωυπὶς, πρεσβύπις, πρεσβύπις, ῥυπὴ, ῥυπὶς, ῥυπὶς, ῥυπὴρ, σκῦπος.

14. Τφ. ἔστυφος, κίλυφος, κυφός, κύφων, σῦφος, σύφω, τῦφος. Et Praeterita, κάκυφα, τέτυφα.

15. Τχ.. Βρυχὴ, ἐριβρύχης, σαμψύχος, τρύχος, ψυχή.

Grammatices.

-χη. Et Composita ab ὀρύττω: τοιχώρυχ@, τυμβωρυ-χ@. Et verba in υχω: ut, βρύχω, τρύχω, ψύχω. De his omnibus diligenter scripserunt Renatus, Guilloneus, Franciscus Vergaras, & Abdias Prætorius.

De Carminibus Observationes quædam.

1. Carmina, Pedes, Scansio eadem fere, quæ apud Latinos. Usitatiora, & faciliora genera Carminum apud Græcos Hexametrum, sive Heroicum, Pentametrum, Jambicum.

2. Apud Græcos nulla fit Synalœphe, nisi Apostropho notetur.

3. Græci versus sæpenumero Cæsuræ carent.

4. Cæsura, vel saltem species Cæsuræ crebro breves syllabas producit.

5. Spondaici versus apud Græcos frequentes sunt.

6. Sæpe fit Synæresis: ut χρυσέῳ ἀνὰ σκήπτρῳ. Iliad. 1. χρυσέῳ ἀ, Dactylus est.

7. Versus ἀκέφαλ@, hoc est, cujus initium est indifferens: ut, ἐπειδὴ νῆάς τε ὶς ἐλήλασσον ἵκοντο. Iliad. 23. ubi initio Jambus pro spondæo.

8. Versus μύωρ@, hoc est postremo pede claudicans, sive circa finem angustus: ut τρῶες δ' ἐρρίγησαν, ὅπως ἴδον αἰόλον ὄφιν: ubi in fine Pyrrhichius pro Spondæo.

9. Interdum brevis Vocalis etiam spiritu aspero longa fit.

10. Versus Hypermeter, hoc est syllaba abundans.

Figuræ Prosodiæ breviter comprehensæ.

Synæresis, sive Synecphonesis vocalem brevem ante aliam, plerumque longam, in carminis dimensione collidit.

Diæresis Diphthongum distrahit in suas vocales, aut longam in suas breves dissolvit.

Tmesis membra vocis compositæ disterminat, interventu unius, vel plurium dictionum.

Systole longam corripit.

Diastole, sive Ectasis brevem producit.

Cæsura extendit syllabam brevem in fine dictionis, & initio pedis.

Institutio Græcæ

Licentia Poetica, quæ nullis legibus constricta est, & longas corripit, & breves producit, & ancipites in eadem dictione, eodem versu & producit, & corripit, sive propter metri necessitatem, sive ad numerorum varietatem & elegantiam.

Quia vero Poetas maxime difficiles facit Dialectus, ideo de Dialectis aliqua.

De Dialectis Præcipuis.
Prima Declinatio.

S. N. ὁ Αἰνείας Com. αἰνείης Jon.
   G. τοῦ αἰνείου Com. αἰνείω Jon. αἰνείαο Æolice, vel Bœotice; αἰνέα Dorice, αἰνείω Poetice.
   D. τῷ αἰνείᾳ Com. αἰνείῃ Jon.
   A. τὸν αἰνείαν Com. αἰνείω, & αἰνείεα Jon.
   V. ὦ αἰνεία Com. αἰνείας Attice.
D. N. & A. τὼ αἰνεία.
   G. & D. τοῖν αἰνείαιν.
   V. ὦ αἰνεία.
P. N. οἱ αἰνέαι.
   G. τῶν αἰνειῶν Com. αἰνειέων Jonice, αἰνειᾶν Æolice, αἰνειᾶν Dorice.
   D. τοῖς αἰνείαις Com. αἰνείῃς, αἰνείαισι, αἰνείῃσι, Jonice & Dorice.
   A. τοὺς αἰνείας Com. αἰνείας Jonice.
   V. ὦ αἰνέαι.

Regulæ plurium partium Orationis communes.

1. A longum frequenter mutatur Jonice in η, sed α breve rarius: ut, ἱστορία, ἱστορίη: δράω, δράσω, δρήσω: πράξας, πρήξας: ἀναίδειαν, ἀναιδείω.

2. η mutatur Dorice in α longum: ut χρύσης, χρύσας: λήψῃ, λάψῃ: σωμένη, σωμένα.

3. Ubi Dores η servant, ibi Bœoti id mutant in ει: ubi illi η in α mutant, ibi hi id retinent: ut ἥρως, εἵρως: ἄδυ, ἡδύ.

Secunda Declinatio.

S. N. ἡ μέλισσα.
   G. τῆς μελίσσης Communiter, μελίσσας Dorice.
   D. τῇ μελίσσῃ Communiter, μελίσσᾳ Dorice.
   A. τὴν

Grammatices. 241

A. τὼ μέλισσαν, ἅπλοίω pro ἅπλοιαν, Iliad. 9.
V. 362.
V. ὦ μέλισσα.
D. N. & A. τὰ μελίοσα.
G. & D. ταῖν μελίοσαιν.
V. ὦ μελίοσα.
N. αἱ μέλισσαι.
G. τῶν μελισσῶν Communiter, μελισσέων Jonice, μελισσάων Æolice, μελισσᾶν, Dorice.
D. ταῖς μελίσσαις Communiter. μελίοσης, μελίσσαισι, μελίοσησι, Jonice, & Dorice.
A. τὰς μελίσσας.
V. ὦ μέλισσαι.

Tertia Declinatio.

S. N. ὁ λόγος.
G. τῦ λόγυ Communiter, λόγοιο Jonice, & Dorice. λόγω Dorice, fine Jota fubfcripto.
D. τῷ λόγῳ.
A. τὸν λόγον.
V. ὦ λόγε Communiter, λόγος Attice.
D. N. A. τὼ λόγω.
G. & D. τοῖν λόγοιν Communiter, λόγοιιν Poetice.
V. ὦ λόγω.
P. N. οἱ λόγοι.
G. τῶν λόγων.
D. τοῖς λόγοις Com., λόγοισι Jonice, & Dorice.
A. τὰς λόγυς Com., λόγως, & λόγος Dorice.
V. ὦ λόγοι.

Quarta Declinatio.

Genitivus fingularis Poetice affumit ο, ut ὁ πεπωώς τῦ πεπωώ, πεπεώο.

Quinta Declinatio.

Poetæ formant Pluralem Dativum a Nominativo Plurali, addendo σι, & α Neutrorum in σι mutando, ut ἀνήρ, ἄνδρες, ἄνδρεσσι: τρώς, τρᾶες, τρώεσσι: ἔπος, ἔπεα, ἐπέεσσι.

Regula plurium Declinationum, & cafuum Communis.

Poetice Caſib. additur ſyllaba φι, aut φιν: ut,

Q ἡ ἰςί-

ἡ ἑτέρα, ἑτέρηφι, vel ἑτέρηφιν.
ταῖς αὐγῆς, αὐγῆφι, ab αὐγή.
τῇ ἰωορίῃ, ἰωορίῃφι, ab ἰωορία.
τῶ αὐγῶ, αὐγῆφι.
ἀ οὐρανία, οὐρανίαφι.
τῷ πόντῳ, ποντόφι, a πόντος.
ταῖς κοτυληδόσι, κοτυληδονόφι, a κοτυληδών.
τοῖς ὄχεσι, ὄχεσφι, ab ὄχος, ἕος.
τὰ στήθεα, στήθεσφι, a στῆθος.
τὰ αὐτῶ, αὐτόφι, ab αὐτός.

Contra in multis fit ἀποκοπή: ut, τὸ κρί, pro κείμενον: τὸ σκέπα pro σκέπασμα; τὸν ποσειδῶ, pro ποσειδῶνα.

Pronomina. ΕΓΩ.

S. N. ἐγώ Communiter, ἔγωγε Att. ἐγών Æolice, & Dorice, ἐγώνη Dorice.

G. ἐμοῦ & μοῦ Communiter, ἐμέο, & ἐμεῖο Jonice, ἐμέθεν & ἐμέθεν Att. ἐμεῦς & μεῦς Æolice, & Dorice.

D. ἐμοί & μοί Com. ἐμίν, & μίν, & ἐμοίνη Dorice.

A. ἐμέ, & μέ.

D. N. & A. νῶϊ, & νώ Communiter, ἄμμε Æolice,
G. & D. νῶϊν, νῶν.

P. N. ἡμεῖς Communiter, ἡμέες Jonice, ἁμές Dorice, ἄμμες Æolice.

G. ἡμῶν Communiter, ἡμέων & ἡμείων Jonice, ἁμῶν Dorice, ἄμμων & ἀμμέων Æolice.

D. ἡμῖν Communiter, ἧμιν Att. ἡμίν, ἁμίν, & ἁμῖν Dorice, ἄμμι, & ἄμμιν Æolice.

A. ἡμᾶς Com. ἡμέας Jonice, ἁμᾶς Dorice, ἄμμε, & ἄμμας Æolice.

Σ Τ.

S. N. σύ Com. τύ & τύνη Dorice.

G. σοῦ Communiter, σέο & σᾶο Jonice, σέοθεν, & σέθεν Attice, σεῦς Æolice, & Dorice, τεῦς Dor.

D. σοί Communiter, τοί & τεΐν Dorice.

A. σέ, Communiter, τύ Dorice.

V. σύ.

D. N. & A. σφῶϊ & σφώ Communiter, ὔμμε Æolice.
G. &

Grammatices.

G. & D. σφῶϊν, σφῶν.
P. N. ὑμᾶς· Communiter, ὑμέες Jonice, ὔμες Dorice, ὔμμες Æolice.
G. ὑμῶν Communiter, ὑμίων & ὑμέων Jonice, ὑμμίων Æolice.
D. ὑμῖν Communiter, ὑμίν Poetice, ὔμμι, & ὔμμιν Æolice.
A. ὑμᾶς Communiter, ὑμέας Jonice, ὔμμας Æolice.

Οὗ.

S. G. ὗ Communiter, ἑο & ἑῖο Jonice, ἕοθεν & ἕθεν Attice, ἕ Dorice.
D. οἷ Apud Soph. σφίν, ei.
A. ἓ Apud Eurip. σφί, eum, eam.
D. N. & A. σφωέ, σφί.
G. & D. σφωΐν, σφίν.
P. N. σφεῖς Communiter, σφέες Jonice, σφὲς Dorice.
G. σφῶν Communiter, σφέων & σφείων Jonice.
D. σφίσι Communiter, σφί & σφίν Poetice.
A. σφᾶς Communiter, σφέας Jonice, σφὲ Æolice.

Μίν, vel νίν, se; ipsum, ipsam, ipsum; ipsos, ipsas, Dorica sunt.

Ἐκεῖνος Communiter, κῆνος poetice, τῆνος Dorice.

Verba. indicat. Praesens.

S. τύπτω, τύπτεις, τύπτει.
Dor. τετύχω, τύπτες, τύπτε.
Æolice τύπτης, τύπτοι.
sine Jota subscripto, & τύπτεσθα.
D. τύπτετον, τύπτετον.
P. τύπτομεν, τύπτετε, τύπτουσι.
Dor. τύπτομες, τύπτοντι.

Jonica sunt ab ὁρῶ ὁράεις, pro ὁρᾷς: ab ἰῶ, ἰάα, pro ἰᾷ, finit: priore α brevi, posteriore longo.

Imperf.

S. ἔτυπτον, ἔτυπτες, ἔτυπτε.
Poet. τύπτεσκον, τύπτεσκες, Jon. τύπτεσκε.
D. ἐτύπτετον, ἐτυπτέτην.
P. ἐτύπτομεν, ἐτύπτετε, ἔτυπτον.
Dor. ἐτύπτομες, Bœot. ἐτύπτοσαν.
Poet. τύπτεσκον.

Q 2 RE-

REGULA GENERALIS.

Jones, & Poetæ quodlibet Augmentum abjiciunt: ut, Τάττε pro ἔταττε: ἄκυσε pro ἤκυσε.

Interdum Aoristos ἀναδιπλασιασμῷ plus æquo augent: ut, ἐχάροντο, κεχάραντο: λαβέσθαι, λελαβέσθαι.

Τάττεσκε a Communi ἔταττες, abjiciendo Augmento, & κε addendo. Sic Aoristi, ἔταξες, τάξασκε: ἔταγες, τάγεσκε. Penultimæ vero Vocales longæ, aut Diphthongi corripiuntur: ut,

Ἐποίεις, ποίεσκε: ἐχρύσες, χρύσοσκε: ἐσίθης, σίθεσκε: ἔσης, ἴσασκε: ἐδίδως, δίδοσκε: ἔδης, δέσκε: ἔσης, σάσκε: ἔδως, δόσκε.

Præt. Perfect.
S. τέταχα, τέταχας, τέταχε.
D.   τετάχατον, τετάχατον.
P. τετάχαμεν, τετάχατε, τετάχασι.
Dor. τετάχαμες,   τετάχαντι.
                          τέταχαν Chalcidice.

Plusq. perf.
S. ἐτετάχειν, ἐτετάχεις, ἐτετάχει.
Jon. ἐτετάχεα,   ἐτετάχεε.
Att. ἐτετάχη,   ἐτετάχη.

REGULA GENERALIS.

Jonum sunt dissolutiones, contractiones Atticorum: ut Ποιέω, ποιῶ, ἐβόαον, ἐβόων: ἐπετύφεα, vel ἐπετύφεε, ἐπετύφη.

D.   ἐτετάχειτον, ἐτετάχείτω.
P. ἐτετάχημεν, ἐτετάχειτε, ἐτετάχεισαν.
Dor. ἐτετάχαμες,   Att. ἐτετάχεισεν.

Abjicitur nonnunquam Attice s a principio tertiarum Personarum Singularis, & Pluralis numeri: ut Συγγεγόνει, τεθρύληπο, πεποιήκεσαν: a συγγένομαι, θρυλλέομαι, ποιέω.

Aorist. 1.
S. 1. ἔταξα,   ἔταξαν,   ἔταξε.
Poet. τάξασκεν, τάξασκες, Jon. τάξασκε.
D.   ἐτάξατον, ἐτάξάτω.
                                    P. ἐτά-

Grammatices.

  P. ἐπάξαμεν, ἐπάξατε, ἔπαξαν.
Dor. ἐπάξαμες.   Bœot. ἐπάξασαν.

      Aoristus 2.

  S. ἔπαγον, ἔπαγες, ἔπαγε.
Poet. πάγεσκον, πάγεσκες, Jon. πάγεσκε.
  D.   ἐπάγετον, ἐπαγέτων.
  P. ἐπάγομεν, ἐπάγετε, ἔπαγον.
Dor. ἐπάγομες.   Bœot. ἐπάγοσαν.

      Futur. 1.

  S. πάξω, πάξεις, πάξει.
Dor. παξῶ,   παξεῖς, παξεῖ.
     Æol. πάξης, πάξη.
  D.   πάξετον, πάξετον.
     Dor. παξᾶτον, παξεᾶτων.
  P. πάξομεν, πάξετε, πάξουσι.
Dor. παξῦμες, παξεῖτε, παξοῦντα.
Æoles pro ψαλῶ, σπιρῶ, faciunt ψάλσω, & σπέρσω.

      Futur. 2.

  S. παγῶ, παγεῖς, παγεῖ.
  D.   παγέτον. παγέτων.
  P. παγοῦμεν, παγᾶτε, παγοῦσι.
Dor. παγῦμες,   παγοῦντα.

     Imperat. Præsens.

  S.   πάττε, παττέτω.
  D.   πάττετον. παττέτων.
  P.   πάττετε, παττέτωσαν.
       Att. παττόντων.

     Præteritum perfectum.

  S.   πέπαχε, πεπαχέτω.
  D.   πεπάχετον, πεπαχέτων.
  P.   πεπάχετε, πεπαχέτωσαν.

      Aoristus 1.

  S.   πάξον, παξάτω.
  D.   πάξατον, παξάτων.
  P.   πάξατε, παξάτωσαν.
       Att. παξάντων.

      Aoristus 2.

  S.   πάγε, παγέτω.
     πάγον, more Syracusanorum.

D. τάγοιτον, ταγίτην.
P. τάγοιτε, ταγοίτωσαν.
    Att. ταγόντων.

Optativ. Præsens.

S. τάττοιμι, τάττοις, τάττοι.
D.   τάττοιτον, ταττοίτην.
P. τάττοιμεν, τάττοιτε, τάττοιεν.
Dor. τάττοιμες,

τρέφοιν pro τρέφοιμι, Eurip. ἄφρων ἂν εἴω, εἰ τρέφοιν τὰ τῶν πέλας. Varius in Lexico, quod ἐν ἀμαλθείας κέρα continetur.

Præt. perf.

S. τετάχοιμι, τετάχοις, τετάχοι.
D.   τετάχοιτον, τεταχοίτην.
P. τετάχοιμεν, τετάχοιτε, τετάχοιεν.
Dor. τετάχοιμες,

Aorist. 1.

S. τάξαιμι, τάξαις, τάξαι.
D.   τάξαιτον, ταξαίτην.
P. τάξαιμεν, τάξαιτε, τάξαιεν.
Dor. τάξαιμες.   Job. 18. θηράσαισαν.

λίσαισαν, ἔλθοισαν: pro θηράσαιεν, ὀλίσαιεν, ἔλθοιεν.

Aoristus 2.

S. τάγοιμι, τάγοις, τάγοι.
D.   τάγοιτον, ταγοίτην.
P. τάγοιμεν, τάγοιτε, τάγοιεν.
Dor. τάγοιμες.

εἴποιεν pro εἴποι. Aristot. 8. Polit. 5. λέγοις, ὡς ἂν τις εἴποιεν.

Fut. 1.

S. τάξοιμι, τάξοις, τάξοι.
D.   τάξοιτον, ταξοίτην.
P. τάξοιμεν, τάξοιτε, τάξοιεν,
Dor. τάξοιμες,

Futur. 2.

S. ταγοῖμι, ταγοῖς, ταγοῖ.
D.   ταγοῖτον, ταγοίτην.
P. ταγοῖμεν, ταγοῖτε, ταγοῖεν.
Dor. ταγοῖμες.

Grammatices. 247

Subjunct. Præsens.

S. ἐὰν τύπτω, τύπτῃς, τύπτῃ.
      Æol. τύπτησθα, τύπτῃσι Jonice.
D.   τύπτητον, τύπτητον.
P. τύπτωμεν, τύπτητε, τύπτωσι.
  Dor. τύπτωμες.

Præterit. perf.

S. ἐὰν πεπάχω, πεπάχῃς, πεπάχῃ.
D.   πεπάχητον, πεπάχητον.
P. πεπάχωμεν, πεπάχητε, πεπάχωσι.
  Dor. πεπάχωμες.

Aorist. 1.

S. ἐὰν τάξω, τάξῃς, τάξῃ,
D.   τάξητον, τάξητον.
P. τάξωμεν, τάξητε, τάξωσι.
  Dor. τάξωμες.

Aorist. 2.

S. ἐὰν τάγω, τάγῃς, τάγῃ.
              Jon. τάγῃσι.
D.   τάγητον, τάγητον.
P. τάγωμεν, τάγητε, τάγωσι.
  Dor. τάγωμες.

Infinit. Præsens.

τύπτειν Communiter,
  τύπτεν Dorice.
  τύπτειν Æolice & Dorice.
  τυπτέμεναι, Atticè, & Dorice.
  τυπτέμεν Jonice.
  βοᾶν Communiter, βοᾶις Æolice, χρυσοῦ
    Communiter, χρυσοῖς Æolice.
Apud Homerum ἀχαλάαν Jonice, ultima
    longa, pro ἀχαλᾶν.

Præterit. perf.

    πεπαχέναι.
    πεπαχέμεναι. Dor. & Att.
    πεπαχέμεν. Jon.

Aorist. 1.

τάξαι. τάξαιμεν Jon. τάξαμεναι Att.

Aorist.

Aorist. 2.

παγῶν.
παγῖν. Dor.
παγέμεναι. Att. Dor.
παγέμεν. Jon.
παγίεν, dissolutione τȣ̃ παγῶν Jonica.

Futur. 1.
πάξων, variatur ut præsens.

Futur. 2.
παγῶν, variatur ut Aorist. 2.

Dissolutio Jonica fit etiam in aliis modis Activæ διαθέσεως, itemque in quibusdam reliquarum διαθέ-σεων: ut

λααῶ, λαανίω. Iliad. 15. V. 261.
μινᾶ, μινέω. Nonnus cap. 14. παραφράσεως διαγ.
ἀγγελῶσι, ἀγγελέωσι. Iliad. 9.
ἀρτωῦσι, ἀρτωέωσι. Odyss. 1.
φάγοις, φαγέοις. Phocylides.
διακρίνωσι, διακρινέωσι. Iliad. 2.
μιγῶσι, μιγέωσι Ibidem.
πλωῦσα, πλωέουσα. Odyss. 6.
ὁρρᾶω, ὁρραείω. Iliad. 7.

Passivum. Indicat. Præsens.

S. πάττομαι,   πάττῃ,   πάττεται.
    Jon. πάττεαι, Attice πάττῃ.
D. ταττόμεθον,   πάττεσθον,   πάττεσθον.
P. ταττόμεθα,   πάττεσθε,   πάττονται.
    Dor. & Jon.   παττόμεσθα.

Imperf.

S. ἐπαττόμην,   ἐπάττου,   ἐπάττετο.
Poet. ταττεσκόμην, πατ´τεσκε, πατ´τεσκετο.
    Jon. ἐπάττεο.
    Dor. ἐπαττᾶ.
D. ἐταττόμεθον, ἐπάττεσθον, ἐπατ´τέσθων.
P. ἐταττόμεθα,   ἐπάττεσθε,   ἐπάττοντο.
Dorice, & Jonice, ἐπαττόμεσθα.

Ου

Grammatices. 249

Ου mutatur Dorice in
{
1. ω, extra Crasin : ut μὖσα, μῶσα, βυκόλ⊙, βυκόλ⊙.
2. ά, in Crasi : ut Δημοσθένε⊙, ες, Δημοσθένάες: ποιέονται, ὖνται, ποιεῦνται, ποιεῦσα, ὖσα, ποιεῦσα. Sic κεῖσομαι, Dorice κησεῦμαι, & κησεῦμαι.
3. οι, in Participiis fœmininis Barytonorum Præsentis Temporis : ut, τύπτοισα, τύπτοισα.
}

Præter. perf.
S. τέταγμαι,   τέταξαι,   τέτακται.
D. τετάγμεθον,   τέταχθον,   τέταχθον.
P. τετάγμεθα,   τέταχθε,   τεταγμένοι εἰσί.
Dor. τεταγμέσθα,   Jon. τετάχαται.

φράζομαι, πέφρασμαι Communiter, πέφραδμαι Attice.
μνάομαι, μέμνημαι, μέμνησαι Communiter, Jonice μέμνηαι, & μέμνεαι, tum Attice μίμνη.

Plusq. perf.
S. ἐτετάγμην,   ἐτετάξο,   ἐτέτακτο.
D. ἐτετάγμεθον,   ἐτέταχθον,   ἐτετάχθην.
P. ἐτετάγμεθα,   ἐτέταχθε,   τεταγμένοι ἦσαν.
Dor. ἐτεταγμέσθα.   Jon. ἐτετάχατο.

Aorist. 1.
S. ἐτάχθην,   ἐτάχθης,   ἐτάχθη.
D.   ,   ἐτάχθητον,   ἐταχθήτην.
P. ἐτάχθημεν,   ἐτάχθητε,   ἐτάχθησαν.
Dor. ἐτάχθημες,   Bœot. ἐτάχθεν.

ἐκρίνθην, & ἐκλίνθην Poetica sunt, pro ἐκρίθην, & ἐκλίθην : a κρίνομαι, & κλίνομαι.

Aorist. 2.
S. ἐτάγην,   ἐτάγης,   ἐτάγη.
D.   ,   ἐτάγητον,   ἐταγήτην.
P. ἐτάγημεν,   ἐτάγητε,   ἐτάγησαν.
Dor. ἐτάγημες,   Bœot. ἐτάγεν.

Futur. 1.
S. ταχθήσομαι,   ταχθήσῃ,   ταχθήσεται.
Jon. ταχθήσεαι.
Att. ταχθήσει.

D. ταχ-

Institutio Græca

D. ταχθησόμεθον, ταχθήσεσθον, ταχθήσεσθον.
P. ταχθησόμεθα, ταχθήσεσθε, ταχθήσονται.
Dor. ταχθησόμεσθα.

Futur. 2.

S. ταγήσομαι, ταγύση, ταγύσεται.
        Jon. ταγύσεαι.
        Att. ταγήσει.
D. ταγησόμεθον, ταγήσεσθον, ταγήσεσθον.
P. ταγησόμεθα, ταγήσεσθε, ταγήσονται.
Dor. ταγησόμεσθα.

Paulo poſt Futur.

S. πεπάξομαι, πετάξη, πετάξεται.
        Jon. πετάξεαι.
        Att. πετάξει.
D. πεταξόμεθον, πετάξεσθον, πετάξεσθον.
P. πεταξόμεθα, πετάξεσθε, πετάξονται.
Dor. πεταξόμεσθα.

Imperat.
Præſens.

S.   τάττου,   ταττέσθω.
        Jon. τάττεο.
        Dor. τάττευ.
D.   τάττεσθον,   ταττέσθων.
P.   τάττεσθε,   ταττέσθωσαν.
                Att. ταττέσθων.
ςεφανέσθων, coronentur: Syneſ. περὶ δώρα.

Præterit. perf.

S.   τέταξο,   πετάχθω.
D.   τέταχθον,   πετάχθων.
P.   τέταχθε,   πετάχθωσαν.

Aoriſt. 1.

S.   τάχθητι,   ταχθήτω.
D.   τάχθητον,   ταχθήτων.
P.   τάχθητε,   ταχθήτωσαν.

Aoriſt. 2.

S.   τάγηθι,   ταγήτω.
D.   τάγητον,   ταγήτων.
P.   τάγητε,   ταγήτωσαν.

Opta-

Optativ.
Præsens.
S. τατποίμlω,   τάτποιο,   τάτποιτο.
D. τατποίμεθον,   τάτποισθον,   τατποίσθlω.
P. τατποίμεθα,   τάτποισθε,   τάτποιντο.
  Dor. τατποίμεσθα, Jon. & Poet. τατποίατο.

Præter. perf.
S. πταγμέν@,   είlω, είης,   είη.
D. πταγμένω,   είητον,   είήτην.
P. πταγμένοι, είημεν, είητε, είησαν.

Aorist. 1.
S. ταχθείlω,   ταχθείης,   ταχθείη.
D.   ταχθείητον,   ταχθειήτην.
P. ταχθείημεν,   ταχθείητε,   ταχθείησαν.
  Dor. ταχθείημες.
Syncope, ταχθείμεν,   ταχθείτε,   ταχθείεν.

Aorist. 2.
S. ταγείlω,   ταγείης,   ταγείη.
D.   ταγείητον,   ταγειήτην.
P. ταγείημεν,   ταγείητε,   ταγείησαν.
  Dor. ταγείημες.
Syncope, ταγείμεν,   ταγείτε,   ταγείεν.

Futur. 1.
S. ταχθησοίμlω,   ταχθήσοιο,   ταχθήσοιτο.
D. ταχθησοίμεθον,   ταχθήσοισθον,   ταχθησοίσθlω.
P. ταχθησοίμεσθα,   ταχθήσοισθε,   ταχθήσοιντο.
  Dor. ταχθησοίμεσθα. Jon. & Poet. ταχθησοίατο.

Futur. 2.
S. ταγησοίμlω,   ταγήσοιο,   ταγήσοιτο.
D. ταγησοίμεθον,   ταγήσοισθον,   ταγησοίσθlω.
P. ταγησοίμεθα,   ταγήσοισθε,   ταγήσοιντο.
  Dor. ταγησοίμεσθα.   Poet. ταγησοίατο.

Paulo post Futur.
S. πεταξοίμlω,   πετάξοιο,   πετάξοιτο.
D. πεταξοίμεθον,   πετάξοισθον,   πεταξοίσθlω.
P. πεταξοίμεθα,   πετάξοισθε,   πετάξοιντο.
  Dor. πεταξοίμεσθα. Jon. & Poet. πεταξοίατο.

Sub-

Subjunct.
Præsens.

S. ἐὰν τάττωμαι, τάττῃ, τάτωνται.
  Jon. τάτωαι.
D. ταττώμεθον, τάττησθον, τάττησθον.
P. ταττώμεθα, τάττησθε, τάττωνται.
Dor. ταττώμεσθα.

Præter. perf.
S. ἐὰν τεταγμένος, ᾠ, ᾖς, ᾖ.
D. τεταγμένω, ἦτον, ἦτον.
P. τεταγμένοι, ὦμεν, ἦτε, ὦσι.

Aorist. 1.
S. ἐὰν ταχθῶ, ταχθῇς, ταχθῇ.
D. ταχθῆτον, ταχθῆτον.
P. ταχθῶμεν, ταχθῆτε, ταχθῶσι.
Dor. ταχθῶμες.

Aorist. 2.
S. ἐὰν ταγῶ, ταγῇς, ταγῇ.
D. ταγῆτον, ταγῆτον.
P. ταγῶμεν, ταγῆτε, ταγῶσι.
Dor. ταγῶμες.

Infinit.
Præsens.

τάττεσθαι.
Præterit. τετάχθαι.
Aor. 1. ταχθῆναι Communiter, ταχθήμεναι Att. &
  Dor. ταχθήμεν Jon.
Aor. 2. ταγῆναι Communiter, ταγέμεναι Att. & Dor.
  ταγῆμεν Jon.
Fut. 1. ταχθήσεσθαι.
Fut. 2. ταγήσεσθαι.
Paul. poſt Fut. τετάξεσθαι.

Medium.
Indicat.
Præter.
S. τέταγα, τέταγας, τέταγε.
D. τετάγατον, τετάγατον.
P. τε-

Grammatices.

P. πεπάγαμεν, πεπάγατε, πεπάγασι.
Dor. πεπάγαμες. πεπάγαντι.

Plusq. perf.
S. ἐπεπάγειν, ἐπεπάγεις, ἐπεπάγει.
Jon. ἐπεπάγεα, ἐπετάγοι.
Att. ἐπεπάγη, ἐπετάγη.
Sic ᾔδειν, ᾔδειν, ᾔδην, ᾔδεα, ᾔδεις, ᾔδη.
D. ἐπεπάγητον, ἐπεπαγέτην.
P. ἐπεπάγημεν, ἐπεπάγετε, ἐπετάγεισαν.
Dor. ἐπεπάγημες.

Aorist. 1.
S. ἐταξάμην, ἔταξω, ἐτάξατο.
μνησάσκετο Jon. ἐτάξαο,
pro ἐμνήσατο, Iliad. 11. V. 565.
D. ἐταξάμεθον, ἐτάξασθον, ἐταξάσθην.
P. ἐταξάμεθα, ἐτάξασθε, ἐτάξαντο.
Dor. ἐταξάμεσθα,

Aorist. 2.
S. ἐταγόμην, ἐτάγου, ἐτάγετο.
Jon. ἐτάγεις.
Dor. ἐτάγω.
D. ἐταγόμεθον, ἐτάγεσθον, ἐταγέσθην.
P. ἐταγόμεθα, ἐτάγεσθε, ἐτάγοντο.
Dor. ἐταγόμεσθα.

Futur. 1.
S. τάξομαι, τάξῃ, τάξεται.
Dor. ταξοῦμαι, &c. Jon. τάξεαι.
Att. τάξει.
D. ταξόμεθον, τάξεσθον, τάξεσθον.
P. ταξόμεθα, τάξεσθε, τάξονται.
Dor. ταξόμεσθα.

Futur. 2.
S. ταγοῦμαι, ταγῇ, ταγεῖται.
Jon. ταγέαι.
Att. ταγεῖ.
D. ταγούμεθον, ταγῆσθον, ταγῆσθον.
P. ταγούμεθα, ταγῆσθε, ταγοῦνται.
Dor. ταγούμεσθα.

Im-

Imperat.
Præterit.
S.	τέταγε,	πεταγέτω.
D.	πετάγετον,	πεταγέτων.
P.	πετάγετε,	πεταγέτωσαν.

Aorift. 1.
S.	τάξαι,	ταξάσθω.
D.	τάξασθον,	ταξάσθων.
P.	τάξασθε,	ταξάσθωσαν.
	Att.	ταξάσθων.

Aorift. 2.
S.	ταγοῦ,	ταγέσθω.
D.	τάγεσθον,	ταγέσθων.
P.	τάγεσθε,	ταγέσθωσαν.
	Att.	ταγέσθων.

Optativ.
Præterit.
S. πετάγοιμι,	πετάγοις,	πετάγοι.
D.	πεταγοίτον,	πεταγοίτην.
P. πεταγοίμεν,	πετάγοιτε,	πετάγοιεν.

Aorift. 1.
S. ταξαίμην,	τάξαιο,	τάξαιτο.
D. ταξαίμεθον,	τάξαισθον,	ταξαίσθην.
P. ταξαίμεθα,	τάξαισθε,	τάξαιντο.
Dor. ταξαίμεσθα, Jon. & Poet.		ταξαίατο.

Aorift. 2.
S. ταγοίμην,	τάγοιο,	τάγοιτο.
D. ταγοίμεθον,	τάγοισθον,	ταγοίσθην.
P. ταγοίμεθα,	τάγοισθε,	τάγοιντο.
Dor. ταγοίμεσθα. Jon. & Poet.		ταγοίατο.

Futur. 1.
S. ταξοίμην,	τάξοιο,	τάξοιτο.
D. ταξοίμεθον,	τάξοισθον,	ταξοίσθην,
P. ταξοίμεθα,	τάξοισθε,	τάξοιντο.
Dor. ταξοίμεσθα,	Poet.	ταξοίατο.

Futur. 2.
S. ταγοίμην,	ταγοῖο,	ταγοῖτο.
D. ταγοίμεθον,	ταγοῖσθον,	ταγοίσθην.

P. τα-

Grammatices. 255

P. ταγοίμεθα,   ταγοῖσθε,   ταγοῖντο.
  Dor. ταγοίμισθα, Jon. & Poet. ταγίατο.

Subjunct.
Præterit.
S. ἐὰν πετάγω,   πετάγης,   πετάγῃ.
D.   πετάγητον,   πετάγητον.
P. πετάγωμεν,   πετάγητε,   πετάγωσι.
  Dor. πετάγωμες.

Aorist. 1.
S. ἐὰν τάξωμαι,   τάξῃ,   τάξηται.
  Jon. τάξηαι.
D. ταξώμεθον, τάξησθον,   τάξησθον.
P. ταξώμεθα, τάξησθε,   τάξωνται.
  Dor. ταξώμεσθα,

Aorist. 2.
S. ἐὰν ταγῶμαι,   ταγῇ,   ταγῆται.
  Jon. ταγῆαι.
D. ταγώμεθον, ταγῆσθον,   ταγῆσθον.
P. ταγώμεθα, ταγῆσθε,   ταγῶνται.
  Dor. ἐὰν ταγώμεσθα.

Infinit.
Præterit.
πετάγιναι Commun. πεταγίμεναι Att. & Dor. πεταγί-
μεν Jonice.

    Aor. 1. τάξασθαι.
    Aor. 2. ταγίσθαι.
    Fut. 1. τάξεσθαι.
    Fut. 2. ταγῆσθαι.

Substantivum εἰμὶ
Indicat.
Præsens.
S. εἰμ᾿,   εἶς, ἢ εἶ,   ἐςί.
  Dor. ἐμμί. Com. ἐῆ, ab ἔομαι. Dor. ἐνά.
    Att. ἐῖν.
    ἰωσί. Poet.
D.   ἐςὸν,   ἐςόν.
P. ἰσμὶν,   ἐςὶ,   ἀσί.

Dio.

Dor. ἀμὲν,　　　　　　Jon. ἴασι.
& ἀμὶς,　　　　　　　Dor. ἐντί.
　　　　　Imperf.
S. ἵων,　　　　　　ἦς,　　　　　ἆ.
Jon. ἴα,　　Æol. ἴσθα,　　　　ὦ.
　　ἴα,　　　　　　　　Dor. ἦς.
　　　　　　　　　　　Poet. ἴων.
Att. ἦ　　　　　　　　　ἤων,
Poet. ἴων, &　　　　　　ἦεν.
　ἴον, &
　ἴσκον,　　　　　　　ἔσκε.
D.　　　　　ἤτον,　　ἤτην.
　　　　　　ἤτον,　　ἤστων.
　　　　　　ἤτον,
　　　　　　ἴτον,　　　ἔστων.
P. ἦμεν,　　　ἦτε,　　ἦσαν.
Dor. ἦμες,　　　　　　ὦσαν.
　　　　　　　　　　　ὦ ὦ ἄρα.
κἀκεῖνοι παλακάρδιοι. In Epigrammate
apud Æschin. κατὰ κτησιφῶντος.
　　　　　Futur. 1.
S. ἔσομαι,　　ἔσῃ,　　　　ἔσεται.
　　　Jon. ἔσεαι, Sync. εἶται.
　　　Poet. ἔσσεαι,
Dor. ἐσοῦμαι,　ἐσῇ,　　ἐσοῦται, &c.
　　　　　Imperat.
　　　　　Præsens.
S.　　　　　　ἴσω.　　ἔστω.
　　　　　　　ἴσθι,　　ἤτω.
D.　　　　　　ἔστον,　ἔστων.
P.　　　　　　ἔστε,　　ἔστωσαν.
　　　　　　　　　　Att. ἔστως.
　　　　　Optat.
　　　　　Præsens.
S. εἴην,　　　εἴης,　　　εἴη.
　　　　　　　　　　Poet. ἴοι.
D.　　　　　εἴητον,　　εἰήτην.
P. εἴημεν,　εἴητε,　　　εἴησαν.
Sync. εἶμεν, εἶτε,　　　εἶεν.

Fu-

Grammatices. 257

		Futur. 1.	
S. ἐσοίμlω,		ἔσοιο,	ἔσοιω, &c.
		Subjunct.	
		Præsens.	
P. ἐὰν ὦ,		ἦς,	ἦ.
Jon. ἔω,		ἦης,	ἔῃ.
	Æol. ἦσθα,		
D.		ἦτον,	ἦτον.
P. ὦμεν,		ἦτε,	ὦσι.
			Jon. ἴωσι.

Infinit.
Præfens.

εἶναι Communiter, ἔμεναι Attice & Dorice. ἴμμεναι Æolice, ἔμεν Jonice, ἦμεν Dorice. Futur. 1. ἴσεσθαι.

Participium.
ὤν, & ἰών.
οὖσα, & ἰοῦσα.   } Poet. vel Jon.
ὄν, & ἰόν.

Obfervationes quædam.

1. Attice fit παραγωγὴ, ut, αὐτῶ, αἰάζω : σελαγῶ, σελαγίζω.

2. Attice σ omittitur, ficut Jonice additur, ut, παγήλαντος, pro παγήλαυστος : ἀκμήεις, pro ἀκασμένος, Θιόσδωρος, & Θιόσδοτος, pro Θιόδωρος, & Θιόδοτος.

3. ο in ω Attice : ut δόσις, δώσις : πότις, πώτις : δύο, δύω.

4. Duplex σσ, Attice per duplex ττ effertur : θάλασσα, θάλαττα, πράσσω, πράττω.

5. Ζ Dorice in σδ folvitur : ut συρίζω, συρίσδω.

6. Futura in σω a Verbis in ζω, per ξω Dorice efferuntur : ut λυγίζω, λυγίσω, λυγιξῶ.

7. Dores ω fæpe in α mutant : ut πρῶτος, πρᾶτος : ἐποίησω, ἐποίησα, ab ἐποιησάμlω, Hinc credo ω pronuntiatum fuiffe per α obfcurum, ficut Hebræorum Cametz.

R   8. Do-

8. Dorica sunt, δυόφω, pro γνόφω; Σωκράτης, pro
Σωκράτης: μῆον pro μεῖον.

9. Tenues Jonice pro aspiratis ponuntur: ut, χιτών, κιτών: ἀφίκοντο, ἀπίκοντο: ἐφ' ἧς, ἐπ' ἧς, At. ἐνθεῦτα, pro ἐνταῦθα.

10. Æoles quoque fugiunt Aspirationem: ut
ἔτω, pro ἕτω: ἀτῆκε, pro ἀφῆκε. Ideo olim utebantur litera F, quod Digamma Æolicum dicitur: ut
ἰλένω, Fελένω.

11. Æoles præponunt, aut postponunt, aut geminant Consonantes: ut

ῥαδινός, βραδινός: χαλυβικός, χαλυββικός: ὄχω, ὄγχω, ἄμαθω, συγκιττῇ ἀμω, Æolice ἀμμω. Sic ἀχιλλεύς, quia ἄχω τοῖς Ἰλίοισιν ἐποίησε, dolorem Trojanis dedit: Æolice: Ἀχιλλεύς. Aliter etiam Joannes Tzetzes in Lycophrone derivat.

12. Pro πάλας, & τύψας, dicitur Æolice πάλαις, & τύψαις.

13. Æolice Πηλλεύς, pro Πηλλεύς.

14. Elei σ in ρ mutabant: ut, ἴππω, ἵππορ: ὕπος, ὕπορ: μάρτυς, μάρτυρ. Plura de Dialectis Joan. Grammaticus, Plutarchus de Dialectis Homericis, & Corinthus: qui libelli in calce Lexicorum additi conspiciuntur; Item in toto Eustathio.

Καὶ τόδε μὲν βαρίαις ὀδύνῃσι πεπαρμένω ἦτορ
Ἐξ ἀλόχοιο μόρη, ξωέγραψα πολυτλανὲς ἔργον.
Σοὶ δὲ, βροτῶν σῶτερ, μεγάλη φίλω ψὲ θεοῖο,
Δόξα, κλίω τ' ἦς αἰώνας περικυδὲς ἄπαυστος.

Grammatices.

GRÆCORUM MENSIUM DISTRIBUTIO

Secundum Gazam.	Secundum Scaligerum.	Secundum Petavium.
	1. ἑκατομβαιών.	
	2. μεταγειτνιών.	
	3. βοηδρομιών.	
μαιμακτηριών.	4. πυανεψιών.	μαιμακτηριών.
πυανεψιών.	5. μαιμακτηριών.	πυανεψιών.
ἀνθεστηριών.	6. ποσειδεών.	
ποσειδεών.	7. γαμηλιών.	
γαμηλιών.	8. ἀνθεστηριών.	
	9. ἐλαφηβολιών.	
	10. μουνυχιών.	
	11. θαργηλιών.	
	12. σκιρροφοριών.	

His Græcis Mensibus Latini respondent.

1. Junius.
2. Julius.
3. Augustus.
4. September.
5. October.
6. November.
7. December.
8. Januarius.
9. Februarius.
10. Martius.
11. Aprilis.
12. Majus.

Distributio Scaligeri omnium probatissima est, quippe confirmata duabus marmoreis Inscriptionibus ex Græcia recens erutis, & a Jacobo Sponio in suo Itiner. Græciæ relatis.

Athenienses enim a Solstitio æstivo, quod apud nos in medium fere Junium incidit, annum inchoabant, observato præcipue cursu Lunæ.

R 2

ἀνθεστηριών magis videtur fuisse Martius: ut doctissimus, & diligentissimus Xylander in fine Annotationum in Vitas Plutarch. docet.

Mensis Divisio.

Mensis dividitur in tres Decadas. Prima dicitur ἱσαμένε, sive ἀρχομένε μηνός, instantis, vel ineuntis Mensis: altera μεσῶντος, vel ἐπὶ δέκα, vel ἐπὶ δεκάδι, seu δεκάτῃ, medii, vel supra decem: tertia φθίνοντος, λήγοντος, vel ἀπιόντος, praecipitantis, desinentis, exeuntis.

Primus dies Mensis dicitur Νουμηνία, Novilunium: quia Luna mensem & incipiebat, & finiebat.

Ultimus dicitur ἔνη, ᾗ νέα, Vetus & novus: quia inter elapsum, & proxime sequentem mensem intercederet.

    Exemplum dierum Mensis.

1	Dies Calendæ	Νουμηνία	)
2	IV	δευτέρα	)
3	III	τρίτῃ	)
4	Prid. Non.	τετάρτῃ	)
5	Nonæ..	πέμπτῃ	)
6	VII	ἕκτῃ	) ἱσαμένε, vel
7	VIII	ἑβδόμῃ	) ἀρχομένε
8	VI	ὀγδόῃ	)
9	V	ἐνάτῃ	)
10	IV	δεκάτῃ	.
11	III	πρώτῃ	)
12	Pridie id.	δευτέρα	)
13	Idus.	τρίτῃ	.
14	XVIII	τετάρτῃ	)
15	XVII	πέμπτῃ	)
16	XVI	ἕκτῃ	) ἐπὶ δέκα.
17	XV	ἑβδόμῃ	)
18	XIV	ὀγδόῃ	)
19	XIII	ἐνάτῃ	)
20	XII	εἰκάς	)
21	XI	δεκάτῃ φθίνοντος.	

vel πρώτῃ ἐπὶ εἰκάδι, seu μετὰ εἰκάδα, & sic deinceps.

22	X	ἐνάτῃ	)
23	IX	ὀγδόῃ	)
24	VIII	ἑβδόμῃ	)
25	VII	ἕκτῃ	)
26	VI	πέμπτῃ	) φθίνοντος.
27	V	τετάρτῃ	)
28	IV	τρίτῃ	)
29	III	δευτέρᾳ	)
30		Pridie Cal. ἔνῃ ᾗ νέᾳ, seu τριακάς.

Quando mensis erit 29. dierum, pro δεκάτῃ φθίνοντος dicebatur ἐνάτῃ φθίνοντος, quando plus quam triginta; post δεκάδα ἐνδεκάτην addebatur.

Usus apud Auctores.

ἑβδόμῃ ἱσαμένε, septimo Idus. Lucianus.

ἐπὶ χαιρώνδε ἄρχοντος, ἐλαφηβολιῶνος ἕκτῃ ἰσαμίνε. Prætore Chæronda, 8. Idus Februarii, Demosth. περὶ στεφ.

ἐπὶ ἄρχοντος μνησιφίλε, ἑκατομβαιῶνος ἔνῃ ᾗ νέᾳ: Mnesiphilo Prætore, pridie Calend. Julii. Ibidem.

De Notis Numerorum.

Græci in designandis numeris utuntur literis Alphabeticis modis tribus.

1. Quotum locum quæque litera tenet in Alphabeto, ejusdem loci numerum repræsentat. Itaque α, 1. β, 2. γ, 3. usque ad ω, 24. Hoc modo numerantur libri Iliados, & Odysseæ Homeri: nec ultra 24. progressio fit.

2. Totum Alphabetum in tres classes dividitur. Prima est unitatum, ab α usque ad ι denarium numerum: hæc nota ς (quæ τὸ ἐπίσημον vocatur) pro senario usurpata.

Secunda est denariorum, ab ι usque ad ρ centenarium, interjecta pro nonagenario hac nota ϟ, quæ ἡ σκόπημα dicitur.

Tertia centuriarum, a ρ usque ad finem, pro nongenario addita hac nota ϡ, quæ χαρακτὴρ nominatur. Singulis his literis, & notis cum virgula toni acuti subscribitur, vel ut quidam volunt, supra inscri-

scribitur : prima classis millenariorum Monadas, secunda Decadas, tertia Centurias significat.
3. Sex duntaxat Literæ adhibentur.
   I unitatem significat.
   Π πέντε.
   Δ δέκα.
   Η ἑκατόν.
   Χ χίλια.
   Μ μύρια.

Hæ omnes, præter Π usque ad numerum quaternarium, sive per se, sive aliis adjunctæ multiplicantur.

Decadum, Centuriarum, Chiliadum, & Myriadum quinarios, hæc elementa, Δ, Η, Χ, Μ, Literæ Π inclusa significant.

Major numerus in Compositione minorem præcedit, & in secundo, & tertio modo.

1	α	I.
2	β	II.
3	γ	III.
4	δ	IIII.
5	ε	Π.
6	ς	ΠI.
7	ζ	ΠII.
8	η	ΠIII.
9	θ	ΠIIII.
10	ι	Δ.
11	ια	ΔI.
12	ιβ	ΔII.
13	ιγ	ΔIII.
14	ιδ	ΔIIII.
15	ιε	ΔΠ.
16	ις	ΔΠI.
17	ιζ	ΔΠII.
18	ιη	ΔΠIII.
19	ιθ	ΔΠIIII.
20	κ	ΔΔ.
21	κα	ΔΔI.
22	κβ	ΔΔII.
30	λ	ΔΔΔ.

Grammatices.

31	λα	ΔΔΔΙ.
32	λβ	ΔΔΔΙΙ.
40	μ	ΔΔΔΔ.
41	μα	ΔΔΔΔΙ.
42	μβ	ΔΔΔΔΙΙ.
50	ν	|⌐Δ|.
51	να	|⌐Δ|Ι.
52	νβ	|⌐Δ|ΙΙ.
60	ξ	|⌐Δ|Δ.
70	ο	|⌐Δ|ΔΔ.
80	π	|⌐Δ|ΔΔΔ.
90	ϟ	|⌐Δ|ΔΔΔΔ.
100	ρ	H.
200	σ	HH.
300	τ	HHH.
400	υ	HHHH.
500	φ	|⌐H|.
600	χ	|⌐H|H.
700	ψ	|⌐H|HH.
800	ω	|⌐H|HHH.
900	ϡ	|⌐H|HHHH.
1000	͵α vel ά	X.
2000	͵β	XX.
3000	͵γ	XXX.
4000	͵δ	XXXX.
5000	͵ε	|⌐X|.
6000	͵ϛ	|⌐X|X.
7000	͵ζ	|⌐X|XX.
8000	͵η	|⌐X|XXX.
9000	͵θ	|⌐X|XXXX.
10000	͵ι	M. &c.

Poſtremo notandum ϛ quatuor ſignificat, ϟ quatuor millia, ϟ quartam partem. Sicut Coſ. ſignificat Conſulem, Coſſ. Conſules, Imppp. tres Imperatores: ita ξ'ξ', ſexageſimas. Ea geminatio affert pluralem numerum.
ξ'ξ' ϛ, ſexageſimæ ſex.
Ut autem Caſus exprimatur, ultima ſyllaba ſuperimponitur.

R 4   K A-

ΚΑΤΗ´ΧΗΣΙΣ ΧΡΙΣΤΙΑΝΙΚΗ´.

ΕΥ´ΧΗ´ ΚΥΡΙΑΚΗ´.

Πάτερ ἡμῶν, ὁ ἐν τοῖς Οὐρανοῖς. Ἁγιασθήτω τὸ ὄνομά σου. Ἐλθέτω ἡ Βασιλεία σου· γενηθήτω τὸ θέλημά σου, ὡς ἐν οὐρανῷ, καὶ ἐπὶ τῆς γῆς. Τὸν ἄρτον ἡμῶν τὸν ἐπιούσιον δὸς ἡμῖν σήμερον· καὶ ἄφες ἡμῖν τὰ ὀφειλήματα ἡμῶν, ὡς καὶ ἡμεῖς ἀφίεμεν τοῖς ὀφειλέταις ἡμῶν. Καὶ μὴ εἰσενέγκῃς ἡμᾶς εἰς πειρασμόν, ἀλλὰ ῥῦσαι ἡμᾶς τοῦ πονηροῦ. Ἀμήν.

Ἀσπασμὸς τοῦ Ἀγγέλου πρὸς τὴν Ἁγιωτάτην

ΠΑΡΘΕ´ΝΟΝ.

Χαῖρε κεχαριτωμένη Μαρία, ὁ Κύριος μετὰ σοῦ· εὐλογημένη σὺ ἐν γυναιξί, καὶ εὐλογημένος ὁ καρπὸς τῆς κοιλίας σου Ἰησοῦς. Ἁγία Μαρία, Μῆτερ Θεοῦ, πρόσδεχου ὑπὲρ ἡμῶν τῶν ἁμαρτωλῶν, νῦν, καὶ ἐν τῇ ὥρᾳ τοῦ θανάτου ἡμῶν. Ἀμήν.

Σύμβολον τῶν Ἁγίων Ἀποστόλων.

Πιστεύω εἰς τὸν Θεὸν Πατέρα παντοκράτορα, ποιητὴν Οὐρανοῦ, καὶ Γῆς.

Καὶ εἰς Ἰησοῦν Χριστὸν τὸν Υἱὸν αὐτοῦ ἕνα μόνον, Κύριον ἡμῶν.

Συλληφθέντα ἐκ Πνεύματος Ἁγίου, γεννηθέντα ἐκ Μαρίας τῆς Παρθένου.

Παθόντα ἐπὶ Ποντίου Πιλάτου, σταυρωθέντα, θανόντα, καὶ ταφέντα.

Κατελθόντα εἰς Ἅδου, τῇ τρίτῃ ἡμέρᾳ ἀναστάντα ἐκ νεκρῶν.

Ἀνελθόντα εἰς τοὺς Οὐρανοὺς, καθεζόμενον ἐν δεξιᾷ Θεοῦ Πατρὸς τοῦ παντοκράτορος.

Ὅθεν μέλλει ἔρχεσθαι κρῖναι ζῶντας, καὶ νεκρούς.

Πιστεύω εἰς Πνεῦμα Ἅγιον.

Ἁγίαν

Ἁγίαν Ἐκκλησίαν Καθολικὴν, Ἁγίων κοινωνίαν.
Εἰς ἄφεσιν ἁμαρτιῶν.
Σαρκὸς ἀνάστασιν.
Καὶ ζωὴν αἰώνιον. Ἀμήν.

Ὕμνος πρὸς τὴν Ἁγιωτάτην Παρθένον

ΜΑΡΙΑΝ.

Χαῖρε Δέσποινα, Μῆτερ ἐλέους, ζωή, γλυκύτης, καὶ ἐλπὶς ἡμῶν, χαῖρε. Πρὸς σὲ βοῶμεν οἱ τῆς Εὔας ἐξόριστοι παῖδες. Πρὸς σὲ ἀτενίζομεν στενάζοντες, ᾗ θρηνοῦντες ἐν τῇδε τῇ τοῦ κλαυθμῶνος κοιλάδι. Ἄγε δὴ, Συνήγορε ἡμῶν, τοὺς σπλάγχνους σου ὀφθαλμοὺς ἐφ᾽ ἡμᾶς ἐπίστρεψον· ᾗ Ἰησοῦν τὸν εὐλογημένον καρπὸν τῆς κοιλίας σου, μετὰ τὴν ὑπεροχίαν ταύτην, ἡμῖν ἀνάδειξον. ὦ ἐπιεικὴς, ὦ εὔσπλαγχνε, ὦ ἡδεῖα Παρθένε Μαρία.

ΓΡΗ-

ΓΡΗΓΟΡΊΟΥ ΤΟΥ ΘΕΟΛΌΓΟΙ

Ἐπίγραμμα.

GREGORII THEOLOGI

Epigramma.

Εἰς Προαιρέσιον Σοφιστώ.

Μηκέτι Κεκροπίην μεγάλ' ἄχεο: ὁ θέμις ἐςὶν
Ἠελίω τυτθώ ἄττα φέρειν δαΐδα,
Οὐδὲ Προαιρεσίω ῥήτρη βροτὸν ἄλλον ἐρίζειν,
Ὃς ποτε ἀρρήτοις κόσμον ἔσησε λόγοις.
Βροντὼ Ἀτθὶς ἔνεικε νεόκτυπον: ἀλλὰ Σοφιστῶν
Πᾶν γένος ὑψιλόγων ἄχει Προαιρεσίω.
Ἔξι μὲν: ἀλλά μιν ἔχει μόρῳ φθόνος. οὐκέτ' Ἀθῆναι
Κύδιμοι. ὦ νεότης, φάγετε Κεκροπίην.

NOI RIFORMATORI

Dello Studio di Padova.

COncediamo Licenza a *Giovanni Manfrè* Stampator di Venezia di poter ristampare il Libro intitolato *Compendium Græcæ Grammatices Institutio in usum Seminarii Patavini &c.* ristampa; osservando gli ordini soliti in materia di Stampe, e presentando le Copie alle Pubbliche Librarie di Venezia, e di Padova.

Dat. li 15. Novembre 1782.

Nicolò Barbarigo Rif.
Alvise Contarini II. Cav. Proc. Rif.

Regiſtrato in Libro a Carte 63. al Num. 607.

Davidde Marchesini Seg.

www.ingramcontent.com/pod-product-compliance
Lightning Source LLC
Chambersburg PA
CBHW032140230426
43672CB00011B/2399